互动与整合：镇远县辽家坳村历史文化变迁研究

田文 著

西南交通大学出版社
·成都·

图书在版编目（CIP）数据

互动与整合：镇远县辽家坳村历史文化变迁研究 / 田文著. —成都：西南交通大学出版社，2021.1
ISBN 978-7-5643-7797-7

Ⅰ.①互… Ⅱ.①田… Ⅲ.①乡村－文化史－研究－镇远县 Ⅳ.①K297.35

中国版本图书馆 CIP 数据核字（2020）第 210507 号

Hudong yu Zhenghe: Zhenyuan Xian Liaojia'ao Cun Lishi Wenhua Bianqian Yanjiu
互动与整合：镇远县辽家坳村历史文化变迁研究
田 文 著

责任编辑	郭发仔
助理编辑	李 欣
封面设计	原谋书装
出版发行	西南交通大学出版社 （四川省成都市金牛区二环路北一段 111 号 西南交通大学创新大厦 21 楼）
发行部电话	028-87600564　028-87600533
邮政编码	610031
网　　址	http://www.xnjdcbs.com
印　　刷	成都蜀通印务有限责任公司
成品尺寸	170 mm×230 mm
印　　张	17.5
字　　数	253 千
版　　次	2021 年 1 月第 1 版
印　　次	2021 年 1 月第 1 次
书　　号	ISBN 978-7-5643-7797-7
定　　价	98.00 元

图书如有印装质量问题　本社负责退换
版权所有　盗版必究　举报电话：028-87600562

"田野史学丛书"序

当代史学已经在传统的文献考证、现代史学理论和书写范式基础上有了新的启程,着力于主动面向社会发展需求,与民众对话,为民众着想,在学理与常理之间寻求平衡。只有下到人民的社会的汪洋大海中去搏击,史学才可能得到真正的繁荣发展,这越来越成为史学界的共识。

基于十多年的教学与研究实践,在上述认知的启示下,我于2014年底提出田野史学的理念。经过多年的实践,这个理念得以不断丰富,其基本内涵是:以社会现实问题为起点,发挥历史认识主体的历史文化根底、人文视野、认知能力和通识智慧,借助人类学、社会学、考古学等多学科的知识和现代信息技术手段,与民众一起,对活态社会的历史文化进行系统调查、记录、书写、传播与研究。在学理与常理之间对话,合理评估并发挥其价值,形成一定的文化自觉、文化担当和文化批判精神,主动参与社会文化建设。田野史学不仅要眼光向下,更要自觉践行"从群众中来,到群众中去,一切为了群众,一切依靠群众"的原则,强调学术服务于人的实践性,故又具有自己的人才培养模式。

学问在自得于心,非求苟同。现代学术研究的分途异畛,理路精深,需要去洞察。但各种理论方法之间,各种学者之间,阈见我执,高下相倾,前后相随,音声相和,纷然杂陈,莫衷一是。或有学而不术者,或有术而不学者,更有不学无术者。这或许是一种有代价的进步,也是一种现代性陷阱,我们身在其中,逃离是何其之难。田野史学不是为学术而学术,为研究而研究,但决非不学无术。学与术皆关乎大道,必有所本、所由、所处、所务。民心与人情,小以识大,近以致远,末以归本。道不远人,不舍小者、近者、末者,能与民并用,可以知古,可以察今。为此,我们在努力"学"的同时,将"术"也进行了多角度的尝试,试图在平庸中悟出道之所在，寻求到新知识、新观念、新方法。现在学界强调的学理，包括学术的话语、思维和表达范式等，是辩证逻辑与学术问题的结合，是现代学术文化的一部分。而常理则是更大众的，是经历长期历史的变迁而积淀在人们生活规范中的客观规律。如何将理论知识的有效性与历史中积淀下来的延续的"理"实现对接和互补，是"学理和常理"对话方法突破的关键。我们现阶段的田野史学，仍然没有完全逃出既有学术话语体系的窠臼，而"学理和常理"的进一步结合，才是田野史学接下来的重点。

顺数既往，则可以逆推将来。我们似乎在模仿孔子带着学生周游，口宣其诚，笃行其道。孟子、荀子、韩愈、慧能、朱熹、王阳明、顾炎武、黄宗羲、章学诚、陶行知、钱穆，等等，一路下来，都影响着我们的抉择。《礼记》礼运篇以为圣人耐天下为一家，"必知其情，辟于其义，明于其利，达于其患，然后能为之"。顾炎武说过："'君子居则观其象而玩其辞'，观之者浅，玩之者深矣，其所以与民同患者。"我们当今所观之象，乃社会之实，非深不可，所玩之辞，则远超学术之文，非广不可。在观玩之间，则必须知人情，辟人义，明人利，与民同患同乐，为真向善，以前民用。我们深信这才是传之久远的正道，也是田野史学所追求之本义。居之久，则知之深，知之深，则行之切，而左右能逢其源。希望这是一种正能量的集聚，成为逃离现代性陷阱的一种新的可能。

伴随着一批批的学生，我们一如既往，走到了2020岁末，也还将继续走下去。走过很远的路，爬过很高的山，穿行在蜿蜒盘旋的小道上，总是路转溪头，山外有村。在一座座的山寨里，总是有百年乃至数百年的家族落地生根，开花结果，迁徙繁衍与朝夕耕耘；在大山的深处，总是有独特的故事静静地等着被发现和书写；在特殊的时节里，总是有精彩的仪式活动吸引我们去拍摄；在逼仄的门庭内，总是有德高望重的老人触动着我们的灵魂。没有经费支持，就自己掏腰包，所到之处，只求有个吃住，有时候，一天只吃一顿饭。颠沛之中，造次之间，师生总是满足的快乐的。

我们都很享受这种游走的状态。寻碑铭、访故老、观民情，徜徉于山水之间，边听边看，边想边说，怀思古幽情，品人世沧桑。把书斋里的历史放下，走进当下的活态社会，悟对古今，究问天人，侃谈中外。累了就坐下来，大家慢慢聊天。和乡亲们一起，朝夕相处二三十天甚至更长，都成了不期而遇的老朋友。晚上，大家要总结调查的内容，相互讨论，讲事实，摆故事，引证理论，回应心灵的关切。每天还要写出调查日志，整理调查资料。什么是人？人何以存在？什么表示人？所有人对此都可以有所感悟。诉不尽的喜怨哀乐，悟不尽的人世沧桑，理性者崇势利，劳碌奔波，感性者闲庭雅致，皆不免滑稽而又心酸，愚昧而又狂欢，固执与偏见无处不在。什么是善？什么是真？什么是历史？未来在哪里？是我们每天不可回避的追问。

贵州民族大学田野史学的理论与实践探索，已经走过了十年，总算有了一些小小的积累。除了老师们关于史学学术与社会、时代关系的思考，更有与我们一起成长的学生们的一批作品。这些作品都是基于长期的活态社会调查而形成，并都在很大程度上得到乡亲们在生活与情感上的回馈，思想上的感召，既有记录性质的村寨志和乡土调查报告，也有区域社会变迁的个案书写与研究。第一批成果分别是《田野史学指归》《历史学观念变迁探析》《贵定县清代碑刻调查研究》《平寨村布依族历史文化变迁研究》《区域社会史视野下花溪清代碑刻调查与研究》《互动与整合：镇远县辽家坳村历史文化变迁研究》。《田野史学指归》主要论述田野史学的理论与方法，《历史学观念变迁探析》主要讨论中国历史学观念的发展与变迁，对当下史学的发展提出建设性思考。其他作品则是在田野史学理论方法启示下，对具体村落的历史文化进行调查研究。理论思考是对多年来田野调查的小结和概括，解决田野史学是什么及如何做的问题，而具体的碑刻调查、村落文化书写等则反映了我们的实践内容，是将理论初步融入实践的尝试。总体而言，这套丛书是我们在常理和学理之间寻找共识的产物。

当然，第一阶段的成果总体上还是既有学术框架下的仿作，显示我们还处于田野史学人才培育的摸索阶段，与田野史学的真正目标相差甚远。现在把师生的部分作品结集出版，以求栖身于学术百草园，热切期望学界给我们真诚的批评。希望越来越多的史学爱好者和乡村社会建设的知识青年,加入到田野史学的研究和创作中来,努力创造出更多适应乡土社会需要的历史文化书写成果。让田野史学走进民众生活,展现乡村社会历史上不同的精彩瞬间,揭示乡村社会历史文化发展逻辑,从而成为以史为鉴并推演未来的重要催化剂。这对于史学来说无疑是一种尝试性的推进,是我们力主史学惠及大众的学术呼吁。

叶成勇

2020 年 12 月

序　言

　　若要溯源中国民族史学的源流演变，司马迁的《史记》应该是一个极其重要的"源头"，或者说对周边民族的系统关注的史学传统肇始于此；也就是从《史记》开始，对南北民族史的撰述方式上显示出不同之处：例如其对北方民族的记述多以族属为类，分而记之，而对于南方民族的记述总笼统地概之以"西南夷"之属。这一传统基本上为后世史家所沿用，如《汉书》对北方民族的叙述主要针对匈奴民族展开，对南方民族则总括以西南夷；《后汉书》对北方民族分述为东夷、乌桓鲜卑、西域、南匈奴等族属，对南方民族同样概以西南夷；《旧唐书》在周边民族板块中的突厥、回纥、吐蕃、北狄、东夷、西戎、南蛮、西南蛮，也明显地沿用了《史记》中西南夷的思路。《宋史》对南方民族在区块上的甄别显然有所进步，《明史》中才弃用西南夷的这一称呼与传统，代之以土司，藉可成为考察今天西南地区民族历史与现实状况的重要参考。

　　事实上，《史记》对南北少数民族撰述方式的不同是基于南北民族各有特点的客观历史事实，由于受到地理环境、地缘关系、经济形态、文化传统等因素的影响，相对于北方民族，南方民族具有三个明显特点：

　　一是稳定性。北方民族多事畜牧，或长途游牧，或在一定范围内驻牧为业，少数民族杂以小规模的农业，大致形成了基本的生业状态。这种以畜牧为主业的生存形式决定了长距离的迁徙与游移，再加上战争与自然灾害的因素，社会发展面临着极大的不稳定性。公元46年北方草原的天灾以致南北匈奴分裂，公元840年地处草原的回鹘汗国北攻破，发生著名的回鹘三迁等大事莫不如此。南方民族多是农耕，辅以渔猎为生，除了古代的瘴气与洪水外，特大自然灾害发生的概率也要比北方小得多，因此在社会发展以及百姓生计方面应比北方民族稳定一些。

二是内敛性。无论是以长安或洛阳开封为首都的早期阶段及中古时期，还是以南京和北京为首都的明清时期，对中央政权最大的威胁来自北方。如何应对北方民族的南下几乎成为历代每一个王朝必须认真考虑的问题。当然，北方民族的南下在客观上向中华文明注入了新的活力，具有积极的一面。南方民族的活动范围基本在长江以南的区域，也鲜有由南及北危及中原政权的情况。东汉时期的羌人东进，给西北地区的经济社会造成不少混乱；唐代时期处于四川北部甘肃南部一带的党项民族在唐朝怀柔政策的感召下一路北上，扎根于河套地区，并建立的西夏政权，但比及北方民族南下，历史上像羌人、党项北上的例子算是凤毛麟角了。由此可以看出南方民族鲜有扩张的倾向。

三是连续性或传承性。虽然在古代汉文史籍的记载中对南方民族概以西南夷，缺乏明晰的族属分类，但南方民族在发展上基本是连续的，中间尚未发生过大的历史断裂。北方民族则有所不同，虽然在关键的时间节点上能够连接和串联起来，但总有一种"你方唱罢我登场"的感觉，一波一波地来，然后是一波一波地走，这样在文化传承或文化的连续性上就差了一些。近年来民族史学界一直在关注和呼吁能够编写一部能够反映北方民族自身发展脉络的通史类教材，根本上亦源与此。

正是由于南方民族历史发展路径有其自己的特征和内涵，今天我们在观察南方民族地区的社会状况和历史考察也有一些丰富的资源禀赋。例如，南方民族在发展演变中连续性和传承性较为凸显，历史沉淀并且可以观察到的东西就多一些，从20个世纪90年代兴起的历史人类学方法就派上了大用场，而用这一方法去观察北方民族的历史与现实就不如南方民族那么"灵验"，也有一些学界学人在西北地区进行过类似的实验和探讨，但效果不甚理想。

田文同学的《互动与整合：镇远县辽家坳村历史文化变迁研究》就可以看作是用历史人类学的方法来认识西南民族地区的历史与现实结合点的有益尝试。田文同学2019年进入北方民族大学攻读民族学博士学位，作为他的学业导师，不应该对该书有先入为主的判断，相信读者会有自己的评价。但在该书出版之际，一则向田文同学表示诚挚的祝贺，在读博期间能够出版一部学术著作,足以看出田文同学有一定的前期学术积累,值得鼓励和肯定!二是希望田文同学在此基础上能够以更宽阔的视野深入思考南方民族研究的路径与方法,能够为南方民族研究的学术园地的建设贡献出"一块砖头"来!

谨奉数语,是以为序!

杨 蕤

庚子秋月于贺兰山下

前　言

2009年，怀揣着不可描摹的梦想，走进了意识中缤纷的大学校园。那一刻，我的家族和我本人，都期待了太久太久……以历史学本科生的身份进入大学，我以为自己将要面对的是整堆整堆泛黄的文献，去实践一直以来"书海遨游"的那种温馨和快乐，果真如此，自然也是很好的！

本科开学的第一天，我遇到了叶成勇老师，也就是大学四年的班主任，当然更是我后来学习生涯的启蒙者和引路人。叶老师总是利用周末、节假日时间，带我们去田间地头，去和农村的老年人聊天，开始不知道这样的行为代表着什么，直到老师将在乡间收集到的碑刻文字整理、分析以形成文章后，我才知道，这是一种学术，是一种叫作"田野"的学习和研究模式。从此，我们总是在空闲时间约上两三个志同道合的同学去田野，去找碑文、找家谱，抑或是单纯地跟老年人聊天，了解和学习乡村社会那一套特有的历史逻辑和社会秩序。叶老师在后来的一些交谈和文本中，将这样的方式称为"历史学的第二课堂"。

也许是对于图书馆阴郁氛围的抵触，也许是生而好玩的性格，总觉得田野中的东西对我有着极强的吸引力，尤其是当几个同学因讨论一个学术问题而又僵持不下但又能够在随后的田野调查中得到较为合理的解释后，那种亲切感就会更加强烈。同样幸运的是，我遇到了几个很乐于做田野的同学，如范兴卫、李恒、杨祖能、滚华等，和他们走在一起感觉总能迸发出一些新的思考，他们总能想到我所想不到的东西，这无疑对我是很好的促进。

当然，田野中最吸引我的还是和老年人聊天这种事，只要我们表明学生身份，很多老年人都愿意跟我们交流，他们的祖先、他们的家族、他们的个人经历、他们的子女还有村落文化、民族习俗等，都是很好的交谈话题。当你见到某一位老人因为讲故事因情到深处而流下感动的眼泪时，你会自觉不自觉地被带入到那样的场景中，感同身受！这些故事就是发生在他们的身上或者身边，那种清晰的感觉历历在目。于是，我们认为，这样的田野，这样的第二课堂，是有温度的，是能够让我们心灵产生共鸣的！

为了探索一条"田野史学"的历史学教学模式，叶老师开始了他的学科建设之路。而于我们，就是从头至尾的参与者和实践者。当老师说同学们要以分组的形式去到乡村做田野调查并写出调查报告时，我不知道说了一句什么话，看起来表现比较积极，就被老师任命成为其中一个小组的组长，天啊，似乎从那刻开始，我就要承担更多的任务了！

2012年8月份的专业实习，全班分组到关岭县的各个乡镇，我也很自然地成为小组长，每天给组员们以"指导"的名义服务，这其实也是一种锻炼。当我们走到石漠化极其严重的板贵乡时，那种艰苦的条件的确有些让人望而却步。但当我们能够在翻越了一座又一座大山后在岩壁半空发现摩崖时，对区域文化的记录和传承使命就一直在督促我们披荆斩棘地坚持；当我们在山中走了很久终于见到人户且主人家热情招待我们以饭菜的时候，我们体会到了光秃秃的石漠地里扎根的人们那份纯真的温度，如当地的骄阳之热，却热得那么暖心。同年，与同专业的另一班的谭发启（室友）等三位同学一起到长顺县鼓扬镇做调查，当听到一位接受过我们采访的阿姨到处寻找我们要请我们吃饭的时候，那种感动，我现在依旧因泪目而无以言表，更别说阿姨一家特意给我们包粽子过节了！

2016年，再次进入校园，开始了硕士研究生生活，披着一件"研究生"的外衣，每次回到家乡都会有人问我到底是研究"飞机"还是"大炮"，自然每次都会跟他们解释一下自己的专业，并从身边的一些故事入手和他们聊起家长里短，这或许就是我在这个"高尖端技术领域"研究的真正意义。硕士三年间，我更多的是自己做田野，当然有时候也有老师们的指导，甚至偶尔以"指导老师"的身份和低年级的同学们去田野做乡土文化调查，在田野中去淬炼，虽未成钢，也或多或少具有了些钢性。2018年3月，跟随导师叶成勇教授到镇远县的辽家坳进行蹲点田野调查，实际上就是为了完成我的硕士学业论文，半年的时间，我对田野的认识，似乎更加深刻。那些感动的瞬间暂不必说，因为田野间除了热情，自然也不缺乏冷漠，有同情，自然也少不了讥讽，甚至还有可能因为一些不知名的原因出现极为不和谐的情况。或许这才是更为复杂的田野，我们需要去适应，去认识，并尽力去导以善良。

毕业后，因为找工作的需要，到人才博览会转了一圈，以为自己是个"人才"了，却找不到一个与专业相符合的工作岗位，换句话说，就是自己的专业被抛弃了。这种委屈在跟叶老师诉说了之后，他给了另外一番回答："我们的专业，就目前的这些行政单位、企事业单位都用不上，我们的作用是传送一种温度，需要继续不断地学习，到田野中去，才能找到出路。"这番话坚定了我继续考博求学的信念。幸运的是，北方民族大学收留了我，博导杨老师收留了我，还有很多老师都肯定了我并辅以帮助，得以继续深造的机会，似乎距离自己的目标更近了，我就是想要成为田野调查的长期实践者。博士开学之前的一段时间，受硕士同学罗成建罗哥的邀请，去对他们家族的历史进行了调查，通过我们的努力，查看所能见到的每一块墓碑，总算把他们家族原来没有弄清楚的"世系"问题弄清楚了，这种成就感，总有些让人莫名地感动。

或许我们不能真正做"飞机大炮"的研究，但我们能够走进乡土社会，为哪怕看起来并不宏达的家族，甚至一位平民做一下活态的记录，也是我们专业的意义所在。再者，随着习总书记多次在不同场合表达的"文化强国"思想的传开，我们有理由相信，这是一个值得而且需要部分学者去深入研究、全力守护事业。这种历史的温度，需要我们一拨又一拨的学人去感知，去做家族史、口述史、村落史、区域史等"接地气"的研究，通过一个个鲜活的案例去解读社会，解读历史。

2020年5月份，叶老师突然通知说可以给我的硕士论文出版，需要我抓紧修改、增删内容。听到这个消息，心中异常激动，原来感觉遥远的"出书"目标似乎瞬间拉近了很多很多。该稿之所以被老师推荐出版，可能更多的是因为相对详细的田野工作和资料分析，能够在一定程度上反映"田野史学"的某些侧面,甚或说我们可以通过这样的形式逐步向着"田野史学"的目标迈进。就文章本身而言,可能更多的是对"辽家坳村"这个小型区域的社会历史有一个相对清晰的认识,而建立在这之上的关于"文化边地社会"的思考或许可以激发更多的人、更多的研究者去对当地区域社会进行更加深刻、全面地研究和把握。这本身可以作为研究的一种过渡,是学术温度和学术视野的进一步结合。

田 文

2020年9月30日星期三

于北民大1号楼336宿舍

目录
CONTENTS

绪　论……………………………………………………………………001

第一章　家族的迁入及村落的形成与变迁……………………………025
　　第一节　辽家坳村的历史沿革及概况……………………………026
　　第二节　辽家坳村各家族的迁入与互动…………………………031
　　第三节　村落的形成与地名的变迁………………………………045
　　小　结………………………………………………………………056

第二章　农耕生计方式的变迁…………………………………………058
　　第一节　稻耕各环节的变迁………………………………………059
　　第二节　旱地作物种植环节的变迁及功能的转型………………068
　　第三节　辽家坳村农耕生计方式变迁的原因……………………077
　　小　结………………………………………………………………080

第三章　典型建筑样式的变迁…………………………………………082
　　第一节　典型建筑样式功能的变迁………………………………083
　　第二节　室内空间的变迁…………………………………………089
　　小　结………………………………………………………………094

第四章　婚姻习俗………………………………………………………095
　　第一节　辽家坳婚姻习俗概述……………………………………096
　　第二节　婚姻习俗中典型事项解读………………………………101
　　小　结………………………………………………………………111

第五章　清明节祭祖活动的传承与变迁………………………………112
　　第一节　祭祖仪式过程的传承与变迁……………………………114

第二节　祭祖活动意义的变迁⋯⋯⋯⋯⋯⋯⋯⋯⋯⋯⋯⋯ 120
　　小　结⋯⋯⋯⋯⋯⋯⋯⋯⋯⋯⋯⋯⋯⋯⋯⋯⋯⋯⋯⋯⋯ 123

第六章　以梁氏墓地为例看当地墓葬习俗的变迁⋯⋯⋯⋯ 125
　　第一节　葛藤坪梁氏墓地文化解读⋯⋯⋯⋯⋯⋯⋯⋯⋯⋯ 126
　　第二节　梁氏墓地中诸问题探析⋯⋯⋯⋯⋯⋯⋯⋯⋯⋯⋯ 139
　　第三节　换碑习俗的文化内涵解读⋯⋯⋯⋯⋯⋯⋯⋯⋯⋯ 144
　　小　结⋯⋯⋯⋯⋯⋯⋯⋯⋯⋯⋯⋯⋯⋯⋯⋯⋯⋯⋯⋯⋯ 148

第七章　辽家坳"烧蛋"习俗考察⋯⋯⋯⋯⋯⋯⋯⋯⋯⋯ 149
　　第一节　"烧蛋"习俗概况⋯⋯⋯⋯⋯⋯⋯⋯⋯⋯⋯⋯⋯ 150
　　第二节　"烧蛋"的功能嬗变⋯⋯⋯⋯⋯⋯⋯⋯⋯⋯⋯⋯ 158
　　第三节　"烧蛋"仪式的文化内涵及其
　　　　　　对当地社会治理的借鉴作用⋯⋯⋯⋯⋯⋯⋯⋯⋯ 163
　　小　结⋯⋯⋯⋯⋯⋯⋯⋯⋯⋯⋯⋯⋯⋯⋯⋯⋯⋯⋯⋯⋯ 167

第八章　多神信仰的变迁⋯⋯⋯⋯⋯⋯⋯⋯⋯⋯⋯⋯⋯⋯ 168
　　第一节　指路碑刊立及其功能变迁⋯⋯⋯⋯⋯⋯⋯⋯⋯⋯ 169
　　第二节　土地神信仰及其变迁⋯⋯⋯⋯⋯⋯⋯⋯⋯⋯⋯⋯ 176
　　第三节　社节文化的历史展演及价值⋯⋯⋯⋯⋯⋯⋯⋯⋯ 184
　　第四节　飞山信仰、观音及诸神信仰⋯⋯⋯⋯⋯⋯⋯⋯⋯ 197
　　小　结⋯⋯⋯⋯⋯⋯⋯⋯⋯⋯⋯⋯⋯⋯⋯⋯⋯⋯⋯⋯⋯ 201

第九章　辽家坳区域社会历史文化的演变特征⋯⋯⋯⋯⋯ 203

结　语⋯⋯⋯⋯⋯⋯⋯⋯⋯⋯⋯⋯⋯⋯⋯⋯⋯⋯⋯⋯⋯⋯ 216

参考文献⋯⋯⋯⋯⋯⋯⋯⋯⋯⋯⋯⋯⋯⋯⋯⋯⋯⋯⋯⋯⋯ 218

附录一　辽家坳调查后记⋯⋯⋯⋯⋯⋯⋯⋯⋯⋯⋯⋯⋯⋯ 226

附录二　调查图片选⋯⋯⋯⋯⋯⋯⋯⋯⋯⋯⋯⋯⋯⋯⋯⋯ 239

附录三　部分墓碑形制规格信息表⋯⋯⋯⋯⋯⋯⋯⋯⋯⋯ 247

附录四　梁氏墓地墓碑对联信息表⋯⋯⋯⋯⋯⋯⋯⋯⋯⋯ 249

附录五　调查日记选⋯⋯⋯⋯⋯⋯⋯⋯⋯⋯⋯⋯⋯⋯⋯⋯ 254

绪 论

一、选题缘由及田野调查

中国少数民族史作为中国历史的重要组成部分，其书写、研究与解读必然以宏观的中国历史为背景。以前中国少数民族史的研究，更多的是依靠已有的传世文献资料，从中去发现与少数民族有关的历史文本进行叙述，并对其做出具体解释，进而得出结论，形成成果。史学界形象地将这种研究称为"书斋史学"。

随着人类学从西方传入中国，系统的田野调查方法也随之而来。伴随研究的深入，学者们在民族历史与文化的解释上出现了瓶颈，历史文献中民族类的资料已不能满足民族史的研究，有的描述甚至出现错位的情况。而田野调查正好能够提供民族史的研究所需要的大量的第一手资料，补充和勘正历史文献记载的不足和错漏。于是，跳出书斋研究民族历史，成为研究者们的理想选择。

田野调查赋予了民族史研究全新的内涵和视角。近年来，越来越多的历史学者、民族学者等将研究的主要精力投入到活态社会中去，尤其在多民族聚居的贵州，18个世居民族的历史形成贵州历史的主体脉络。因此，要想更好地研究贵州历史，对少数民族地区区域社会的个案研究是不错的选择。而田野调查正是现当代实现民族史研究的全新路径。

2018年3月中旬至8月底，笔者对以镇远县金堡镇辽家坳村为中心的区域进行了为期近半年的田野调查，调查主要涉及家族、地名、典型民俗、墓葬习俗、地方信仰和文化遗存等几大方面。在调查过程中，对当地耆老、能工巧匠以及其他具有一定影响力的人进行了较为细致的访谈。对土地庙、指路碑、楼居、"烧蛋"习俗以及各类信仰进行寻访、拍照和记录，对葛藤坪梁氏墓地的墓碑全部拍照、抄录。近半年的参与观察和访谈记录为笔者的写作提供了重要的第一手资料。

2018年清明节，笔者跟随辽家坳村罗家寨刘太裕老人到邻近的苦李坪村（属㵲阳镇）参加了刘氏家族的清明祭祖活动，全程记录了刘氏家族清明过节的仪式，第二天早上又跟随房东姚敦科到本村白岩姚家组参加了姚氏家族的祭祖活动，并在坟山与姚氏家族老少几十个人共进午餐。通过参加两次清明祭祖活动，笔者对这一习俗有了较为深刻的理解和认识。

2018年4月9日，在老泥湾自然寨走访调查过程中，遇见一位年近八旬的老人前往土地庙祭拜，笔者对祭拜仪式的全过程做了视频录制和访谈，了解到土地信仰仪式中的步骤。老人在仪式过程中表现出来的虔诚，让人坚信当地的土地信仰已植根于人们日常生活的"血液"中。在这之后，笔者又多次对这一习俗做了进一步的补充调查。"神性"和"人性"的互动已然植根于以辽家坳为中心的区域社会的文化内涵中，在各种文化要素的变迁过程中起到了关键的串联作用和调合作用。尤其是土地神的信仰成为解开当地历史文化变迁过程中"人神互动"的一把钥匙。

辽家坳村隶属于贵州省黔东南州镇远县，处在镇远县和三穗县的交界处，在黔东南地区的交通"网络"中占有极为重要的地位。笔者在毗邻的冽洞村发现了两截宽在90~120厘米的鹅卵石铺成的小路，通往金堡镇；在冽洞村的矮子沟自然寨还发现了规模更大的宽约150厘米的石板古道，当地人称之为"古道"，证明此处在古代应为交通要冲地带。

时值国家精准扶贫攻坚的关键时期，贵州民族大学响应了党和国家的号召，以派驻第一书记的形式对辽家坳村进行精准扶贫，对口帮扶。笔者导师作为第一书记进驻辽家坳村。民族学与社会学学院吴大旬教授、金德谷副教授带领多名学生对辽家坳村进行实地调查，撰修村寨志。这些因素均为笔者的论文写作创造了极为有利的条件。

在调查过程中，为了更加全面深刻地了解辽家坳区域的社会历史文化全貌以进行论文写作，笔者对于一些文化事项的调查在范围上有所扩大，超出了作为行政建置的辽家坳村。根据当地家族发展演变的规律和家族互动中交际圈的范围而适当扩大了调查区域，涉及邻近的冽洞村的一些自然寨，正如对风榜、矮子沟自然寨杨氏和欧阳氏关系的探讨就是跨行政村区域拓展研究的一种尝试。在文章结构的描述上以辽家坳村为核心，但在文化内涵的表述上将外延扩大，力求更加宏观和系统地认识该地区域社会的发展逻辑，在剖析各种历史文化事项的基础上进一步深入解读其内涵。在文化要素的解析上，笔者以较长时段的参与观察为基础，引用了较多未见诸史籍或其他手册的记忆材料。在论述墓碑信息的时候，为了能够更为真实地记录和描述，以墓碑朝向为视角来叙述，遵循"左为大，右为小"的原则，即面向墓碑，人的右手边对应墓碑的左边，人的左手边对应墓碑的右边。文章中相关部分的论述也即是以此为依据。

同时，由于村落历史文化的内涵和外延都极为宽泛，前期的资料收集和后期的文本写作均涉及一个取舍的问题，即写哪些和怎么写，在此简要说明。本文的写作并未面面俱到进行地毯式叙述，而是选择较有当地特色的历史文化事项进行提炼，主要包括家族迁入及村落的形成与变迁，农耕生计方式的变迁，建筑结构的变迁，包括清明祭祖、"烧蛋"习俗和指路碑在内的典型民俗事项的变迁，梁氏墓地的个案探索，土地信仰、飞山信仰和观音及诸神信仰在内的多神信仰变迁等。这些文化事项构成论文的主体，笔者力图以此来解读辽家坳村落社会的历史发展逻辑。

在与导师多次讨论了辽家坳当地区域社会的文化类型后，逐渐对该地"过渡地带"类型提出了一些思考，现概述之，以待后续研究。"过渡地带"的概念，首先由拉铁摩尔在其著作《中国的亚洲内陆边疆》一文中提出，主要用以区分农耕与游牧两种经济形态，此不赘述。而在贵州省黔东南州的镇远至施秉一线以南清水江以北的广大区域，也表现出来两种文化上的过渡。我们在此所说的"过渡地带"，主要有两层含义：一是历史上中央王朝与地方少数民族势力、前后两个政权在朝代更替和权利争夺中军事上的缓冲地带，这种地带以明朝时期今镇远、三穗到施秉、岑巩一线与清水江流域一线之间的区域为典型，形成了中央王朝势力与苗疆少数民族势力的缓冲区域，这种缓冲建立的军事的基础上，逐渐在文化上表现出多元并存性。二是由两种军事势力引起的缓冲地带，进而出现了文化上兼有多重要素和特性的类型，这种称作文化上的过渡。故我们认为，"过渡地带"既是一种地理概念，同时又是一种文化类型。

"过渡地带"作为一个动态的过程，无论是在地理界限上还是在文化模式上都体现出一定的"过渡性"。从军事层面来说,"过渡地带"伴随着战争双方势力强弱和攻防态势而呈现动态调整的趋势。正如明清以来随着中央王朝势力对苗疆的开拓与治理而出现的"过渡地带"南移的情况一样。文化现象伴随着军事势力范围的移动而移动,同时又带有相对的稳定性,两种文化态势一旦在"过渡地带"落脚,就会对当地的社会历史文化产生影响,甚至可能决定当地长期的社会生活模式和文化模式。文章在这种认识的基础上,提出"文化边地社会"的说法,以求进一步探讨。

二、研究综述

(一)关于侗族苗族社会历史文化的研究

关于侗族、苗族历史文化变迁的研究成果特别多,研究范围特别广,这与两个民族较为鲜明的民族特色有直接的关系。相关的地方志和地方文献为研究黔东南地区侗、苗等民族的历史文化提供了较为丰富的资料。《镇远府志》①《镇远县志》②《三穗县志》③等方志都是研究辽家坳区域历史文化最为直接的文献。

罗锡勤④对(康熙)《黔书》、(乾隆)《贵州通志》、(乾隆)《黔南识略》和(光绪)《黎平府志》等书中有关清代黎从榕地区侗族苗族的种类、饮食习惯、生产生活、婚姻、丧葬和土司的资料进行摘录、整理和简单分析,方便了研究者们对于黎平、从江、榕江等地侗族、苗族历史文化的文献查询。但罗锡勤的文章更多的是进行资料的收集和整理,没有深入分析和研究,在给侗苗历史文化研究者带来便利的同时也留下了很大的空间,去做进一步的努力。

---

① (清)蔡宗建修,龚传坤等纂.(乾隆)镇远府志[M].成都:巴蜀书社,2006.
② 贵州省镇远县志编纂委员会.镇远县志[M].贵阳:贵州人民出版社,1992.
③ 三穗县志编纂委员会.三穗县志[M].北京:民族出版社,1994.
④ 罗锡勤,女,贵州民族大学民族学与社会学学院2009级历史学本科生。

1983年初，由中国西南民族研究学会和贵州省民族研究学会联合发起，贵州省民族研究所牵头组织多方面的研究人员对贵州的"六山六水"①实施全方位、多学科、综合性的田野调查。②调查所得资料经整理，形成《贵州民族调查》20册的成果，并在内部印刷。潘永荣、谭厚峰的《"六山六水"民族调查与侗族研究》③和李筱竹《贵州民族调查与苗族研究》④两篇文章，作为综述性的文献对"六山六水"调查成果中关于侗族和苗族的研究内容做了历时性的梳理，为笔者在本文中关于侗族、苗族历史文化的相关研究起到了指引作用。

彭无情、吴才敏以黔东南苗族侗族自治州为例，对侗族丧葬习俗的宗教文化内涵进行了探析。⑤通过对黔东南侗族地区的丧葬仪式的描述和相关文化的解释，以宗教学和社会学为视角，论证了自然崇拜在侗族人民心中的重要性，重点指出"土地公"在当地社会的特殊地位。作者认为黔东南侗族地区的葬俗受到了多元文化的影响，涉及儒、佛、道等文化的内容，而在其中起到支配作用的还是侗族所信仰的原始宗教遗存。这样的认识与笔者在当地的田野调查过程中所感知的文化现象是一致的。

黄才贵从历史民族学的角度对百年前日本学者鸟居龙藏和伊东忠太在玉屏所观察的"熟苗"进行调查，认为该"熟苗"就是现在玉屏的侗族。⑥同时从姓氏及人口分布、侗族村寨与汉族屯户、衣着服饰、飞山公崇拜等七个方面证明了当今玉屏的文化实际上就是侗汉人民双向互动的

---

① "六山六水"是一个关于贵州的学术性地理概念"，"六山"包括雷公山、月亮山、大小麻山、武陵山、乌蒙山；"六水"包括都柳江、清水江、乌江、潕阳河、北盘江、南盘江。"六山六水"区域面积约占贵州全省总面积的80%。
② 潘永荣,谭厚峰."六山六水"民族调查与侗族研究[J].贵州民族研究,2002（3）:73-82.
③ 潘永荣,谭厚峰."六山六水"民族调查与侗族研究[J].贵州民族研究,2002（3）.
④ 李筱竹.贵州民族调查与苗族研究[J].贵州民族研究,2002（3）:91-95.
⑤ 彭无情,吴才敏.侗族丧葬习俗的宗教文化内涵探析——以黔东南苗族侗族自治州为例[J].经济与社会发展,2009（2）:135-137.
⑥ 黄才贵.黔东门户的百年变迁——玉屏侗族自治县历史民族学调查[G].//贵州省民族研究所.《贵州民族调查》(之十四),1997.

结果。张民通过对三宝地区中华人民共和国成立前后两个时间段婚姻情况的对比，认为新中国成立后该地区的婚姻习俗发生了物色对象、恋爱方式、彩礼和花费等几方面的变化，成为时代变迁的一个缩影。①还从恋爱生活、配偶的选择、缔结过程等方面对剑河县小广村的侗族婚姻进行了研究。②向零对从江县朝利村侗族的婚丧习俗做了今昔对比研究，认为"从繁到简"是变迁的一大趋势。③也对从江县信地乡的婚姻与家庭做了调查研究，阐述了"父权"在当地社会中的重要地位。④这些文章虽然未对笔者的写作起到直接的作用，但其分析和思辨的过程给予了笔者对于"葛藤坪梁氏家族墓葬习俗个案的探析"以及"多神信仰的变迁"等内容的写作有着重要的启示和借鉴作用。

吴嵘在对从江县龙江村调查基础上，发现当地传统精神文化表现形式主要有"侗款""侗歌""侗戏""吃相思"等，对当地的侗族传统文化做了简单调查和解读。⑤黄才贵对黎平县肇兴侗族鼓楼的结构装饰、社会功能等情况做了初步调查。⑥上述论著涉及的相关调查研究，涉及婚姻、丧葬、建筑、风俗习惯、传统文化等侗族社会历史和生活的很多方面，但这些研究调查和研究大多较为浅显，对文化的解读不够深入，且多以南侗地区为研究对象，涉及北侗地区的很少。但因辽家坳地处北侗地区，上述的研究在很大程度上给本文的研究提供了对比借鉴。本文希望通过对辽家坳区域的历史文化变迁研究，来填补北侗地区相关研究的空缺。

王梨从文化变迁的角度对贵州侗族的服饰文化进行了研究，文章分区域对南侗和北侗地区的服装做了记录和叙述。作者重点对侗族服饰的材料、样式、装饰和功能的变迁进行了研究，并发现了日常服装的改变趋势、服饰渐趋简化、传统技艺的流失和服饰文化的减弱等相关问题，

---

① 张民. 榕江县三宝侗族婚姻调查[D]. 《贵州民族调查》之四，1986.
② 张民. 剑河小广村的侗族婚姻调查[D]. 《贵州民族调查》之六，1989.
③ 向零. 从江县朝利村侗族婚丧习俗的今昔[D]. 《贵州民族调查》之六，1989.
④ 向零. 从江县信地乡的调查报告[D]. 《贵州民族调查》之三，1985.
⑤ 吴嵘. 弘扬传统文化，促进经济发展——从江县雍里乡龙江村侗族传统精神文化调查[D]. 《贵州民族调查》之十五，1998.
⑥ 黄才贵. 黎平县肇兴侗族鼓楼调查[D]. 《贵州民族调查》之四，1986.

相应地提出了关于侗族服饰文化的传承、保护和发展的几点思考。①该文章为笔者在文章结语处提及的"北侗地区民族文化与汉文化的互动交流"的观点提供了极为有力的支持。

董成家对侗族婚恋习俗的历史过程进行了记录和梳理。②向丽以相关碑刻资料为中心对黔东南苗侗地区的婚姻做了专题整理与研究，探究了苗侗民族婚姻财礼与社会风尚的历史变迁。③龙配城对镇远报京乡"三月三"节日的文化内涵做了相应的解读，充分肯定了"三月三"在镇远报京地区特殊的地位。④冯毓杰以黔东南从江县高增乡为例，用经济人类学的视野对侗族音乐文化变迁做了较为细致的研究，对当地侗族音乐活动中的经济行为和文化内涵做了解读。⑤

孔小英以湖北宣恩县的匠科村为例，对移民侗寨进行了个案研究。⑥唐晴晖对湘西苗族文化变迁做了研究。⑦张晃玮以建筑为视角对湘桂边境地区苗族与侗族居住文化的互动和变迁做了探讨。⑧陈志峰对生活方式的变迁和传统苗族纹样设计做了研究。⑨侯曙光以广西靖西市弄关屯为田野点，对弄关苗族回归边民文化做了变迁研究。⑩这些研究拓宽了笔者写作的思路，为本文的创作提供了很大的参考和借鉴。

辽家坳村域，既带有传统侗族、苗族社会的文化特征，同时又在与

---

① 王梨. 贵州侗族服饰文化变迁研究[D]. 贵阳：贵州民族大学，2012.
② 董成家. 黔东南侗族婚恋习俗[J]. 今日民族，2011（7）：31-32.
③ 向丽. 黔东南地区苗侗民族婚姻财礼的变迁——以碑刻资料为中心[D]. 贵阳：贵州师范大学，2016.
④ 龙配城. 镇远报京"三月三"：以"葱篮为媒"的侗族情人节[J]. 贵州民族报，2017年3月28日.
⑤ 冯毓杰. 经济人类学视野下的侗族音乐文化变迁——以黔东南从江县高增乡为例[D]. 贵阳：贵州财经大学，2014.
⑥ 孔小英. 移民侗寨的文化变迁研究——以宣恩县匠科村为例[D]. 恩施：湖北民族学院，2013.
⑦ 唐晴晖. 湘西苗族文化变迁研究[D]. 西安：西林农业科技大学，2007.
⑧ 张晃玮. 湘桂边境地区苗族与侗族居住文化互动与变迁研究[D]. 长春：吉林建筑大学，2017.
⑨ 陈志峰. 生活方式变迁与传统苗族纹样设计研究[D]. 北京：北京服装学院，2013.
⑩ 侯曙光. 苗族回归边民文化变迁研究——以广西靖西市弄关屯为例[D]. 南宁：广西民族大学，2017.

汉文化及周边民族文化的交流融合过程中吸收了全新的文化元素，使得辽家坳地区既有少数民族特有的文化特质，也有汉文化系统作用下的多元化倾向，在实际生活中表现得极为明显。在高速发展的当今社会，要想以单一的构架去叙述一个地区、一个民族或群体的发展序列，已然无法反映其发展的全貌。抓住文化多元化和社会互动的频繁化两个重要课题，对于研究区域、民族有着极为重大的意义。也即是说，辽家坳区域内没有特别明显的文化事项来对包括侗、苗等民族在内的文化运行逻辑做概括性的描述。同时，辽家坳区域又带有明显的民族文化传承印记，甚至体现在村民的日常生活之中。

（二）关于家族社会的研究

家族自诞生之日起，就在社会历史的发展和变迁过程中起到了基础性的组织和治理作用，对于整个国家社会秩序的维系具有极为重要的功能性意义。因而家族历来就是历史学、民族学、人类学等学者们重点研究的对象。

早期中国学者对于家族或宗族的研究主要以其产生—发展—消亡或弱化①为研究视角。徐扬杰在《中国家族制度史》一书中，以我国最早的父系家长制为起点，以宋代以后近代封建家族制度的形成为终点，全面而系统地对中国社会历史发展各个时间段的家族形态做了解析。②林耀华先生在《义序的宗族研究》一书中，以结构—功能主义为方法论指导，以中国的历史典籍资料为基础，对福建义序乡黄氏家族进行了参与观察研究，从宗族乡村的基础、宗族的组织形式和功能、宗族与家庭的连锁体系、亲属关系的系统与作用、婚嫁、死丧、葬祭等几个方面剖析了以义序黄氏宗族为代表的乡村社会的运行机制。③在《金翼》一书中，林耀华先生以小说体的形式书写历史，对黄东林和张芬州两个人及黄张两个家

---

① 王韬. 贵安新区马场镇平寨村布依族历史文化变迁研究[D]. 贵阳：贵州民族大学，2016.
② 徐扬杰. 中国家族制度史[M]. 武汉：武汉大学出版社，2012.
③ 林耀华. 义序的宗族研究[M]. 北京：生活·读书·新知三联书店，2000.

族不同命运的述说，既是作者的亲身经历和家族历史的再现，也是中国农村社会生活情景及经济变迁、家族体系的缩影。①庄孔韶在《银翅》一书中，对《金翼》中黄村的宗族构成及其变迁做了细致的描述，实际上是《金翼》一书的延续，也是家族史研究的一种延续。结构—功能主义的色彩贯穿于上述这些早期的关于中国家族、宗族的研究著作中。②

家族作为区域社会极具代表性的社会组织，已然成为民族地区社会形态的一个缩影。因此，梳理好家族与民族之间的关系，是研究地方区域社会的有效途径。叶成勇教授以贵州广顺《金氏家谱》为中心，结合历史文献和民族志资料，深入剖析了金竹金氏"夜郎竹王"认同及其变迁的实质，论证了家族与民族之间的互动关系。本书认为家族与民族间的互动关系是随着家族的现实需要而发生，金竹金氏土司为了保证其社会政治权利，在对待族属问题上采取了灵活多变的策略，进而形成了独具特色的"家族—民族"之间的互动关系。③这一研究为笔者在文中关于"改姓"的写作提供了有益参考。叶成勇教授还以晴隆县长流乡为个案，在调查基础上对贵州"喇叭苗"家族史中的相关问题进行了探析。④文中对"喇叭苗"的来源和构成做了较为深刻的分析，同时梳理了清至民国时期的相关地方志对其复杂多变的称谓和归属问题，也反映了"喇叭苗"来源的多元性以及与当地土著在融合、发展过程中的复杂性。另外还指出了"异源合流"的"家族"发展之路。

（三）关于黔东南苗侗社会典型民俗文化事项变迁研究

1. 关于婚姻的研究

研究婚姻，是区域社会研究的"敲门砖"，想要更好地了解区域社会的运行方式，就不得不对当地的婚姻进行研究。学界关于婚姻的整体性

---

① 林耀华. 金翼[M]. 北京：生活·读书·新知三联书店，1989.
② 庄孔韶. 银翅[M]. 北京：生活·读书·新知三联书店，2000.
③ 叶成勇. 家族与民族之间：黔中通道上金竹金氏族属认同及其变迁探析——以《金氏家谱》为中心[J]. 地方文化研究，2013（6）：12.
④ 叶成勇，贵州"喇叭苗"家族史调查与相关问题探析——以晴隆县长流乡为个案[J]. 地方文化研究，2015（1）：1-13.

和地方性研究都比较多。黔东南侗族苗族自治州因其地理和人文特色，也成为学界，尤其是贵州业内专家们研究的重点，很多文章都从不同角度对当地婚姻习俗进行了阐释。笔者仅抽取其中一些对本文写作帮助较大的文章罗列。

龚力新《侗族婚姻习俗的传承性与变异性——析小广侗乡〈永定风规〉碑》一文，从相关碑文出发，探讨了剑河县小广侗乡的婚姻习俗的传承与变异，得出了"永恒的民俗变异性，相对的传承性、群众性、区域性和民族性"的认识。[1]这种认识对于笔者在相关章节的小结时就有重要的启示作用。杨再奎在其文章《侗族婚姻习俗与现行婚姻法的冲突》一文中，对传统的侗族婚姻习俗如近亲结婚、包办婚姻等进行罗列，并将之置于现行婚姻法的背景中，指出了两者之间的冲突，最后强调"摈弃旧俗宣传法律"。[2]这是基于过去和现在对比得出的思考。蔡亚玲《社会文化变迁下的侗族婚姻习俗探析——以新民中寨为个案》一文，将新民中寨侗族的婚姻习俗放在了文化变迁的背景下思考，说明了文化稳定的相对性和变迁的永恒性、绝对性的道理。[3]蒋兴梅在其文章《侗族婚姻习俗文化的传统驻留与调适研究》，注意到了婚姻制度作为一种社会事实，要想取得其合法性，其关键因素在于将其上升到文化层面并需要获得相应的礼俗地位。[4]罗康智《清水江流域木材贸易与侗族传统婚姻习俗的变迁》一文，以清水江流域的木材贸易对当地的婚俗影响作为思路，论述了传统的"姑舅表婚"在当地渐渐地退出历史舞台，展现了侗族婚俗在面对资源和权利的配置中所表现出来的对文化适应的能动力。[5]项萌、刘雨露、邓敏《侗族婚姻习俗变迁的社会性别分析——基于个人生活史的田野考

---

[1] 龚力新.侗族婚姻习俗的传承性与变异性——析小广侗乡《永定风规》碑[J].贵州文史丛刊，1988（2）.
[2] 杨再奎.侗族婚姻习俗与现行婚姻法的冲突[J].西南民族大学学报（人文社会科学版），2005（1）.
[3] 蔡亚玲.社会文化变迁下的侗族婚姻习俗探析——以新民中寨为个案[J].歌海，2009（3）.
[4] 蒋星梅.侗族婚姻习俗文化的传统驻留与调适研究[J].凯里学院学报，2010（4）.
[5] 罗康智.清水江流域木材贸易与侗族传统婚姻习俗的变迁[J].原生态民族文化学刊，2011（1）.

察》一文，以广西三江的某乡为田野点，以口述史为视角，从性别角度探讨侗族婚姻民俗的变迁，认为当地婚俗的变迁过程是传统婚姻习俗与现代婚姻习俗的变迁过程。①

杨庭硕《苗族习俗结构刍议》认为，对苗族习俗的研究应进一步深入，避免习俗因子现象的简单罗列，苗族的习俗因子可分为残留、借入、主体等三类，各因子之间又分别结成同根、并存、依附、同链四种关系。②这对于笔者文本写作中关于侗、苗等民族婚姻和丧葬习俗的思考都具有较大作用。姚金泉《论苗族婚习同婚姻法的差异与调适》一文，从苗族婚恋自由问题上的误区、苗族婚习同婚姻法的差异与调适、在少数民族地区贯彻实施婚姻法应注意的几个问题等几方面着手，对苗族传统婚姻习俗与现行婚姻法的调适做了思考。③当然，也还有其他的很多关于侗族、苗族婚姻习俗的研究，在此不一一列举。

2. 关于丧葬习俗的研究

关于侗、苗民族的丧葬习俗的研究也很多，除了散见于地方志之外，近来越来越多的论文呈现出来。彭无情、吴才敏《侗族丧葬习俗的宗教文化探析——以黔东南苗族侗族自治州为例》，从宗教学和社会学的视角对该地区的丧葬习俗进行了分析，归纳了侗族丧葬习俗所蕴含的宗教文化意义。④卢敏飞《追求族群的永生——融水苗族自治县滚贝侗族丧葬文化透视》一文，通过对桂西北部滚贝侗族的丧葬习俗进行解读，认为其中蕴含着古老的鱼图腾崇拜和"萨"神信仰以及"女性"文化内涵。认为当地丧葬仪式展示了团结互助精神和寻求群体永生的强烈愿望。⑤孙立生《人类学视野下黔东南苗族丧葬习俗功能探析》，表述了黔东南地区丧

---

① 项萌、刘雨露、邓敏. 侗族婚姻习俗变迁的社会性别分析——基于个人生活史的田野考察[J]. 民族文化研究，2014（2）.
② 杨庭硕. 苗族习俗结构刍议[J]. 思想战线，1988（6）.
③ 姚金泉. 论苗族婚习同婚姻法的差异与调适[J]. 贵州民族研究，2001（1）.
④ 彭无情、吴才敏. 侗族丧葬习俗的宗教文化内涵探析——以黔东南苗族侗族自治州为例[J]. 经济与社会发展，2009（2）.
⑤ 卢敏飞. 追求族群的永生——融水苗族自治县滚贝侗族丧葬文化透视[J]. 广西民族研究，2002（2）.

葬习俗的教育功能和文化传承功能。①周永健《论苗族丧葬习俗的社会文化功能》一文，强调了苗族丧葬习俗承载着传统的族群血缘观念，指出其作用在于"生者常态生活的回归以及社会的调适，在神圣状态下减缓压力、化解情感危机、证实孝道，实现伦理教化"等功能。②

3. 关于墓葬习俗的研究

墓葬的研究，历来为考古学家的"专利"，考古学家们通过对墓葬的形制、墓葬棺椁结构、随葬品、墓主身份信息和社会信息等的研究，揭示不同历史时期社会文化的态势和历史信息，但考古学上对于墓葬的研究更加注重其内部结构。随着社会历史的发展，尤其是宋以来理学的发展，墓葬内部结构逐步简化，取而代之的墓葬外部结构渐趋复杂，包括墓碑碑文的书写、墓碑形制的改变、墓地宽窄的改变等，这种转变为历史学、人类学、民族学等对墓葬的研究提供可能性。

杨杰、黄尚军有选择性地对四川南江县清代墓碑的概况和价值做了初步研究，其论文主要叙述了南江县墓碑的历史文献价值和文化价值。文章图文并茂，所选的墓碑在结构上也很有代表性，但其研究带有概述性质，没有能更深刻地去剖析墓碑文化的内涵。③王科本、宋军从墓碑的石雕装饰结构与图腾文化对水族地区墓碑的文化内涵做了较有针对性的研究，④但选择的图案纹饰只有"凤鸟"和"双鱼托宝葫"两种，这对于笔者在本书中关于墓碑的研究起到了一定的参考作用。

近些年来，关于墓葬的研究成果还相对欠缺。贵州民族大学叶成勇教授在探索"田野史学"的过程中，将"墓葬"作为一个重要的切入点，指导了本科生关于"墓葬"的毕业论文多篇，其中以杨培飞⑤《黎平肇兴

---

① 孙立生. 人类学视野下黔东南苗族丧葬习俗功能探析[J]. 民族论坛，2012（5）.
② 周永健. 论苗族丧葬习俗的社会文化功能[J]. 求索，2013（6）.
③ 杨杰，黄尚军. 论四川南江县清代墓地的研究与保护价值[J]. 牡丹江师范学院学报，2017（4）：87-92.
④ 王科本，宋军. 水族墓碑石雕的装饰结构与图腾文化初探[J]. 美术大观，2017（3）：78-79.
⑤ 杨培飞（1992—），男，贵州凯里人，仫佬族，贵州民族大学民族学与社会学学院2010级历史学本科生。

陆氏家族墓地碑刻调查研究》和梁海霞①《清代以来贵州从江洛香镇大团村侗族梁氏墓地碑刻调查研究》两篇文章最具有代表性。两人均应用了图表分析的方法，对墓碑的外形结构、碑文、对联、纹饰等做了较为细致的分析。

  杨培飞通过对肇兴侗族陆氏家族墓地的相关论述，按不同时段分析了自清代乾隆时期以来该地区的墓碑形制等的发展与变迁状况以及墓碑所反映的相关历史和社会问题，其中包括墓主姓名与年龄问题、墓碑发展演变的背景等。可以说，通过杨培飞关于肇兴陆氏墓地的相关分析，不难得出"当地墓地文化的变迁过程实际上就是汉族文化与当地少数民族（侗族）文化的逐步融合、交流与互动的过程"这样的认识。

  梁海霞在对清代以来贵州从江洛香镇大团村侗族梁氏墓地碑刻收集整理的基础上，分析了该地区的社会历史文化变迁情况和所反映的历史问题。作者在论文中总结出了"大团村的梁氏墓地墓碑，是侗族文化与汉族文化相结合的体现"的观点。这种基于实地调查的论文写作，越来越多地成为乡村社会历史文化个案研究的重要方式。

  以上两人对于墓葬习俗及相关历史文化的探讨，是近些年来贵州民族大学历史系师生在"田野史学"探索过程中具有重要意义的个案研究典型。两人选择的墓地所在的村落也都具有较强的代表性。但他们的研究均还可以进一步深入，对墓碑中的一些重要的文化现象的解析还可以加强，对于共时互动与历史变迁没有能很好地结合起来，本书期待在这方面能有所突破。

  4. 关于土地信仰的研究

  在辽家坳，土地信仰相当普遍。笔者在调查过程中，见到大大小小的土地庙数以百计，基本上家家户户都有一个由三块砖搭建而成的小型土地庙，里面供奉着"家土地"。每个自然寨均有较大的土地庙，以供全寨人共同祭祀土地神。土地神在中国传统文化中占有重要的地位，甚至在整个农耕文明时代作为农耕文化的信仰象征。

---

① 梁海霞，女，贵州民族大学民族学与社会学学院 2010 级历史学本科生。

杨存田系统论述了"土地情结"的概念，同时从进步性和局限性两个方面对土地信仰做出了评价。①关于土地信仰的研究，文献资料较多。杜正乾以文献学为基础，从宏观层面对中国古代土地信仰文化做出了极为细致的文献梳理和研究，综合应用了宗教学、人类学、民族学和历史学的方法，向我们展示了历史上中国土地庙的历时变迁和文化意义。②可以说，杜正乾的文章代表了土地信仰研究的极大成就，为笔者在本文相关部分的写作提供了极大的参考和帮助。笔者拟在此基础上对当下辽家坳区域的土地信仰的共时性做进一步探讨，努力解释土地信仰过程中重要的文化内涵。范静从土地信仰在人们生活中的表现和作用两方面出发，对土地信仰做了论述。③

吴秋林从文化人类学的角度，以贵州七种类型的土地神信仰为重点，对中国土地信仰文化进行了历时性追述和共时性研究，揭示了中国土地信仰文化从自然信仰到人文信仰的发展历程和基本原因、中国土地信仰文化的国家形态与民族民间形态之间的互动关系。④然而，由于宏大的写作视野，也使得吴老师更多地只能对中国的土地信仰从宏观上进行把握，在微观层面的具体研究少有涉及，本文在参考吴老师优秀成果的基础上，希望能从微观角度对以辽家坳为中心的区域土地信仰文化做历时和共时的探索。林移刚从清代四川土地崇拜的内容与变迁、土地神信仰的内容与变迁等两个方面进行研究，较为系统地提出了"人格化的土地神"的概念，⑤这一概念对笔者的写作以较大的启示。刘佳以泰州市的一个村庄为例，以社会学的视角对农村居民土地神信仰行为做了研究，将土地神信仰的历史脉络及其在当下的状况做了结构梳理和逻辑叙述。⑥霍晓丽在

---

① 杨存田. 土地情结——中国文化的一个重要原点[J]. 北京大学学报，2001（5）：104-113.
② 杜正乾. 中国古代土地信仰研究[D]. 成都：四川大学，2005.
③ 范静. 土地信仰及其功能[J]. 长治学院学报，2012（4）：90-91.
④ 吴秋林. 中国土地信仰的文化人类学研究[J]. 宗教学研究，2013（3）：148-170.
⑤ 林移刚. 清代四川土地崇拜和土地神信仰[J]. 农业考古，2014（3）：307-311.
⑥ 刘佳. 农村居民土地神信仰行为研究——以泰州市 L 村为例[D]. 南京：南京农业大学，2016.

其博士毕业论文第二章中写到了土地信仰问题，对与农业、狩猎、村寨等相关的土地神进行历史文献分析和文化内涵解读。并对土地神的祭拜仪式做了较为系统地追述和分析。[①]从宏观角度进行把握，文献类的资料丰富，但历时性的变迁问题稍有欠缺，本文写作可从中得到启示。文中虽有个别说法让人不太敢苟同，仍具有重要的借鉴作用。可作为"区域社会史"研究的一个借鉴。潘国英也对土地神信仰作了概述性阐释。[②]王守龙提出了"过客式农民"的概念，[③]对于当下土地信仰在农村的影响起到了引导性思考的作用。

还有很多关于土地庙和土地神信仰的研究，有的是从文学的角度，有的是从社会学的角度，各有侧重。一叶[④]、修成国、常江[⑤]等专门对土地庙的对联进行了罗列论述和文化解读，也将成为笔者论文写作中的一个文化视角参考。各种关于土地神信仰研究的文章，多有不同的角度，要么历时性的文献研究，要么共时性的民俗学、社会学解读，更多地从宏观的角度入手。笔者力图兼顾历时性变迁和共时性互动两个方面，以使写作视野更加开阔。

5. 关于指路碑的研究

关于指路碑的研究，晋鸣在其文章《哀牢山上指路碑》中，根据滇南哀牢山的地形特点和民族分布特点，总结了立碑的原因，即少数民族群众为给自己的孩子求吉利，得以保平安而立。[⑥]王建纬从民俗学的角度，用历史文献的相关记载对指路碑刊立的原因和意义做了分析，认为"新生婴儿甚至幼子不为纯粹的人类，而是寄养给自然界的。箭和碑为男女

---

① 霍晓丽. 信仰、仪式与地方社会——湘西苗疆民间信仰研究[D]. 武汉：华中师范大学，2017.
② 潘国英. 南方民间的土地神信仰[J]. 东南文化，1998（4）：62-66.
③ 王守龙. 论土地庙的没落与"过客式"农民的诞生. [C]//第二届中国人类学民族学中青年学者高级研修班论文集. 2012.
④ 一叶. 各地土地庙妙联[J]. 江南游报，2009（1）：1.
⑤ 修成国、常江. 土地庙对联的文化解读[J]. 国土资源科普与文化，2015（1）：42-47.
⑥ 晋鸣. 哀牢山上指路碑[J]. 中国民族，1988（1）：43.

两性交合的一种模拟，碑作为女性以接纳过路众人（即箭）的生殖力，以保护和促使幼子平安无事"。①这样的认识给予笔者的写作以极大参考，但在很多指路碑中，有"开弓弦断"等字样，这又不禁让人产生疑惑，认为"弦断"与"接纳"等字样产生了解释上的矛盾。对于这种疑惑，我们可以从吕养正关于"挡箭碑"的文章②中得到答案。吕先生以苗族的民族史为线索，论证了指路碑"一体两面"的特征，即苗族人民"生存"和"免于被淘汰之恐惧"的信仰需要。指路碑既是获取"公众与自然界的生殖力量"的需要，也是"保种护生"的需要，并指出苗族社会"人神共主"的二元人生观，这应是指路碑刊立的深层次的原因。朱欣对指路碑做了概述性研究，认为指路碑的教育指向即是"善的观念"。③欧阳大霖④、郭宸利⑤等在他们的文章中也对指路碑有所涉及。

上述学者和专家从各自不同的角度对指路碑的相关问题进行梳理和研究。但这些研究大多从宏观角度进行，有的著述甚至只是提及相关内容，并未做进一步深入探讨。这给之后的研究者们提供了更多的研究空间。笔者拟从微观角度，以实际的田野调查为基础，辅以一些重要的历史文献，对辽家坳村域内的指路碑做更加深入的历时性和共时性探讨。

卷帙浩繁的历史文化变迁研究论著，给人以疲于应付的慌乱感。质量好的论文、著作也非常之多，但要从中选择对自己有更多帮助的参考文献并非一件简单的事。尤其是对乡土历史文化研究，因地域的针对性极强，故而在选择参考文章时尤为不易。

---

① 王建纬. 挡箭碑的民俗学意义[J]. 文史杂志, 1996 (2): 61.
② 吕养正. 苗疆"挡箭碑"一体两面特征及民族繁衍意识蠡探[J]. 吉首大学学报, 2001 (1): 53-55.
③ 朱欣. 滇南民族地区指路碑的民俗要义与教育指向[J]. 牡丹江大学学报, 2010 (3): 93-95.
④ 欧阳大霖. 田野调查实录系列——贵州侗族村落文化[J]. 黔南民族师范学院学报, 2014 (5): 125-128.
⑤ 郭宸利. 天柱县石洞镇摆洞村侗族交通文化调查研究[C]. //走进原生态——人类学高级论坛 2010 年卷, 2010.

（四）关于地名的研究

关于地名的研究，是历史书写中的一项重要内容。中国古代的正史和地方志研究中都将地名研究作为重要的内容，如《汉书·地理志》《续汉书·郡国志》《晋书·地理志》《宋书·州郡志》《南齐书·州郡志》《魏书·地形志》《隋书·地理志》《旧唐书·地理志》《新唐书·地理志》《旧五代史·郡县志》《新五代史·职方考》《宋史·地理志》《辽史·地理志》《金史·地理志》《元史·地理志》《明史·地理志》。地名的研究成为解开中国历史奥秘的一把钥匙，许多关于区域文化现象研究的论文也必然以"地理环境"为切入点，在对相关历史地理概况进行叙述后再做进一步深入的研究。近年来，随着地名学的兴起，研究中国历史地理的著作和论文越来越多，这为区域社会历史文化的研究提供了很好的路径。

王彬《地名的文化生态分析》一文以岭南部分地名为例，对地名的文化生态意义和地名文化与地理环境的相互关系等问题进行了宏观分析。①《广州市南沙区地名文化研究》对广州市南沙区地名文化进行了研究。②姚静等人对河南省地名景观特征进行了概述，③隋小真从语言文化的角度对山东潍坊境内的村名进行了探讨，④张景艳在其硕士学位论文第三、四章对忻州市的地名进行归类解读，比较系统地展现了当地地名的文化特征。⑤王荣、王林伶对盐池县的人文地名类型以及其分布特征做了具体分析，⑥为笔者的研究提供了借鉴。蓝勇从历史地理的角度对历史上巴蜀地区以"朝天"命名的地名进行了变迁考证，⑦展现了当地地名的历时变迁范式。李浩然、贾文毓对贵州省榕江县的村名进行了收集、统计

---

① 王彬.地名的文化生态分析——以岭南部分地名为例[J].学习与实践，2006（08）：145-150.
② 王彬，司徒尚纪，朱竑.广州市南沙区地名文化研究[J].华南理工大学学报（社会科学版），2006（4）：20-24.
③ 姚静，李爽，许丹海，赵嫘.河南省地名景观特征与区划研究[J].河南大学学报（自然科学版），2009（6）：607-612.
④ 隋小真.山东潍坊村名的语言文化考察[D].济南：山东师范大学，2012.
⑤ 张景艳.忻州市地名与人地关系实证研究[D].临汾：山西师范大学，2012.
⑥ 王荣、王林伶.盐池县人文地名类型与分布特征研究[J].宁夏社会科学，2012（1）：102-107.
⑦ 蓝勇.巴蜀"朝天"地名变迁考[J].重庆社会科学，2010（7）：84-86.

和分类,将村名取名中的地形、气候、水文、动植物、方位等因素总结出来,形成了村名研究的示范性成果。①这些文章为笔者对于辽家坳自然寨地名的研究提供极为有益的参考,尤其是李浩然等的文章更是给予笔者写作上很大的启发。

三、研究思路和方法

民族史、区域史的研究,很难绕开"变迁"这一主题,运用历时性视角能够理清一段历史发展的脉络、思路和其发展变化。但对其变迁过程中的原因、特征和相关社会意义却不能很好地做出解释,这就需要研究者结合变迁过程中的重要时间节点,以横向的视角去剖析,求得到更为全面和深刻的认识。基于此,笔者大胆提出"共时互动"和"历时变迁"的议题,分别从"互动"和"变迁"的角度去解释论文中涉及的历史文化现象。

正如宋蜀华所言,民族文化的研究,在研究方法上应该关注纵横(即共时与历时)研究相结合;民族传统文化研究与生态环境研究相结合;文化变迁与民族关系的研究相结合。②在各区域文化交流互动逐渐深入和影响逐渐深远的今天,同一区域的文化要素来源广泛,且各文化要素在变迁过程中也呈现出多样化的发展趋势。这种多样性决定了研究手段和方法的多样化,只有借助更多的诸如考古学、民族学、人类学甚至理工类学科的研究方法才能更好地去解释当下村落历史文化的深刻内涵。

(一)田野调查前的资料收集

由于本次论文选题具有很大的偶然性,在深入田野点进行调查之前,对于辽家坳村的具体情况是一无所知的,只听闻位于镇远县三和穗县的

---

① 李浩然,贾文毓. 贵州省榕江县村名的地理学分析[J]. 山西师范大学学报(自然科学版)研究生论文专刊,2013(3):148-170.
② 宋蜀华. 中国民族学理论探索与实践[M]. 北京:中央民族大学出版社,1999:18.

交界处，仓促间翻阅了相关的地方志进行浏览，以了解其概况或可能存在的文化现象，并希望在田野调查实践中去补充和完善。但辽家坳所在的清水江、潕阳河流域处于苗、汉等多元文化交汇处这一特点却是可以被提前感知的，这成为笔者深入田野并下定决心进行论文写作的原动力。

田野调查前的资料收集主要以贵州民族大学逸夫图书馆文献资料阅览室所藏与黔东南地区尤其是镇远、三穗两县相关的资料为主，辅以贵州民族大学民族学与社会学学院历史系办公室所藏相关书目。笔者现将所收录书目列出：《黔东南苗族侗族自治州志·地理志》①《黔东南苗族侗族自治州志·农业志》②《黔东南苗族侗族自治州志·林业志》③《镇远县志》④《三穗县志》⑤《贵州六山六水民族调查资料选编》⑥。这些文献资料对于了解笔者所选的田野调查点"辽家坳村"的历史和现实起到了基础性的作用。

（二）田野调查法

田野调查越来越成为时下研究历史的重要手段，科学的田野工作以参与观察为重要标志。⑦参与观察的方法要求调查者前往田野点居住体验一定的时间，一般以一年为一个周期，以便能全方位、多层次地体会到当地不同时令的风俗民情、各个季节的生产活动和仪式节日。而历史学的研究正好能够通过当下所见之文化现象来反推历史，从"现实的已知"

---

① 黔东南苗族侗族自治州地方志编纂委员会编.黔东南苗族侗族自治州志·地理志[M].贵阳：贵州人民出版社，1990.
② 黔东南苗族侗族自治州地方志编纂委员会编.黔东南苗族侗族自治州志·农业志[M].贵阳：贵州人民出版社，1993.
③ 黔东南苗族侗族自治州地方志编纂委员会编.黔东南苗族侗族自治州志·林业志[M].北京：中国林业出版社，1990.
④ 贵州省镇远县志编纂委员会.镇远县志[M].贵阳：贵州人民出版社，1992.
⑤ 三穗县志编纂委员会.三穗县志[M].北京：民族出版社，1994.
⑥ 贵州省民族事务委员会、贵州省民族研究所编.贵州六山六水民族调查资料选编[M].贵阳：贵州民族出版社，2008.
⑦ 汪宁生.文化人类学调查——正确认识社会的方法[M].北京：文物出版社，2002：27.

来合理推测和科学建构"历史的未知"。为了能合理地安排论文写作时间，笔者的参与观察分为前后两个阶段，前期阶段为居住体验阶段，拟定为2018年3月份到同年7月底。在这个阶段，笔者住在辽家坳，以体验当地的生产生活和节日活动。后期阶段为8月份到12月份，这个阶段只在当地有重大活动的时候前往观察体验，如秋收时节等，其余时间回到学校参阅相关典籍和文献资料，做到居住体验与针对性体验相结合。

对于语言，因为笔者家乡与辽家坳相去不远，除了少许词汇之外，正常的交流没有问题，可以说无缝对接，这是笔者在论文第一手资料收集和行文研究过程中的一大优势。

辽家坳区域的很多历史文化现象可以与笔者家乡（属黔东北地区）的文化现象联系在一起进行对比研究，在"有"和"无"、规模与形制、社会意义和文化内涵等方面进行比较，比如"烧蛋"习俗在笔者家乡并未发现，而在辽家坳村却非常普遍。清明节祭祖活动中的一些现象也可以进行比较论述，详见后文。通过对比以达到更加深刻地剖析当地历史文化内涵的目的。

文化人类学在田野调查时采用的访问形式一般为"结构性访问"和"非结构性访问"。① 所谓"结构性访问"指调查前拟好提纲，在访问时对受采访者一一提问，并希望其依次一一作答，但这种访问形式似乎会让一部分受访者产生少许的抵触心理，对一些问题不愿作答。而"非结构性访问"指提出一个较为宽泛的问题或粗线条的问题大纲，由访谈者与受访者在一定范围内自由交谈，并在此过程中引导受访者朝着自己的目的方向交谈，对于提问的方式、顺序、访谈记录等也没有统一的要求。这样往往能让受访者无拘无束，更有利于调查资料的收集。当然，"结构性访问"和"非结构性访问"两种形式并不冲突，在一定程度上甚至形成互补。笔者在本次论文写作中，主要采用"非结构性访问"的形式，从较为宽泛的交谈内容中深入引导受访者，以获取更宽、更深的信息。

---

① 汪宁生. 文化人类学调查——正确认识社会的方法[M]. 北京：文物出版社，2002：28.

（三）文化因素分析法

肇始于考古学的文化因素分析法，指"通过分析一个考古学文化内部所包含的不同来源，文化因素的面貌及其在该文化中所占的比重，以判定该文化主体的文化面貌和属性，探索该文化的主流来源、形成机制和流变，最终判定其在文化谱系中的位置"。[①]这种方法越来越多地被应用于民族学、人类学和历史学等学科的写作中。在本文的研究中，将同属于一个社会层面的不同文化因子分解开来，逐一分析其来源、产生的原因、变迁过程以及在变迁过程中与相关文化因子间的互动，以此来解构一种文化因素，认知其历史与现实、结构与功能。[②]

辽家坳村位于镇远县和三穗县的交界处，当地居民来自不同历史时期的不同地域，在此形成了一个多元文化的交汇点。运用文化因素分析法，往往能更加直观和深刻地认识和解读当地的社会历史文化。诸如"烧蛋"与"打卦"结合的"蛋卜"仪式、观音庵中供奉土地神和其他神祇、墓碑文化中的孝名多立男性等现象，就可以运用该研究方法来解读。

四、研究目标及意义

在社会经济高速发展的今天，各区域的社会建设均在向前推进，而置于黔东南北侗地区的辽家坳村也在快速的发展和变化之中。区域的历史文化正经历着前所未有的变迁。很多历史文化也在以惊人的速度流失，甚至处于消亡的边缘。作为历史研究者的我们更多的只能是在这个变迁过程中起到记录作用，以配合相关文保单位对传统文化的抢救和保护行动。

[①] 王巍. 中国考古学大词典[M]. 上海：上海辞书出版社，2014：8.
[②] 王韬. 贵安新区马场镇平寨村布依族历史文化变迁研究[D]. 贵州民族大学硕士毕业论文，2016：9.

（一）研究目标

本文的主要研究对象是以辽家坳为中心的区域社会的历史文化变迁，力图通过家族迁入、生计系统、建筑结构、墓碑文化、信仰体系等文化事项来阐释当地的历史文化发展脉络和当地人的生活变迁序列，以此为基础勾勒该区域的历史与现实的梗概，对自有人居住于此以来当地的历史发展类型提出自己的一些看法。具体来说体现在如下几个方面：

（1）对该地村落文化的历史视角的认识。

（2）对区域内民族、家族关系做系统研究。

（3）总结辽家坳村民族、家族互动的特点。

（4）梳理该区域政治、经济、文化的社会变迁，以此总结民族间的相互关系。

（5）对以辽家坳为中心的区域文化类型做出适当的探讨。

（6）以调查为基础，窥探多民族互动作用下当地社会的变迁模式。

（二）研究意义

区域社会史（小历史）和通史（大历史）实际上是中国历史的一体两面，研究中国历史，必然要有整体的思维和全国的视野，通过大历史的视野可以更加全面地分析区域史的变迁，而对区域史的研究则能丰富大历史的内涵。[①]区域社会的相关历史事件，尤其是比较重大的历史事件和关键性的历史人物往往能够影响着大历史的进程，而大历史的发展又不可避免地影响着区域社会的发展变迁。

区域社会史及相关历史文化的研究是从局部出发来认知历史，表现为一种"碎片化"的研究。至于"碎片化"研究重不重要或多不多余的问题，诚如王笛所言"中国学者研究的'碎片'不是多了，而是远远不够"[②]。笔者对此表示极为赞同，且在多年来田野调查和文献阅读的过程

---

① 此表述为调查期间与导师交谈心得。
② 王笛.不必担心碎片化[J].近代史研究，2012（4）：32.

中深刻地感知了"碎片化"研究的重要性，尤其对于见诸正史研究较少的祖国边疆地区的社会历史，更是需要"碎片化"以补正史之缺。在本文的研究中，笔者也力图借助"碎片化"研究的热潮，对辽家坳区域社会做重点突出且不失全面的研究，做到选点"碎片化"，而研究整体化。

在调查走访的过程中，笔者深感辽家坳村的很多自然寨已然退去了昔日的繁华，正逐渐向空心化的方向走去。自然寨的空心化，必然导致当地历史文化赖以支撑的实体逐渐减少，这对于传统文化的保护和传承是极为不利的。经济高速发展的同时，部分地区自然寨的空心化或许不可避免，但文化的空心化是不应该被允许的。我们有义务去对曾经影响了且现在仍在影响着当地社会面貌的文化做记录、保存和研究，自觉充当文化传承者的角色。

第一章 家族的迁入及村落的形成与变迁

对于家族史的研究，尤其是家族迁入历史的研究，是解读区域社会历史的重要切入点，是立足过去以解读现在进而窥探未来的重要手段。而村落的形成，是建立在家族社会发展的基础上的社会历史发展的一个缩影。也即是说，家族的迁入过程，其实就是区域社会的形成过程。不同家族在不同的时间段迁入后，逐渐形成纵横之间的互动，对于当地原有资源拥有权力的重新整合，进而形成区域社会具有标识性的文化特征。

第一节　辽家坳村的历史沿革及概况

一、辽家坳村的历史沿革

辽家坳地处镇远与三穗的交界地带，因而其沿革与镇远和三穗两县的历史沿革都有密切的关系。此处以镇远县沿革为主体，辅以三穗县的地理沿革，力图探清辽家坳各自然寨在不同历史时期的行政归属。

镇远从春秋开始即有建置，秦属黔中郡镡城县境，汉属武陵郡，无阳县地，隶荆州。唐代，置梓姜县，属奖州龙溪郡，武后长安四年（704），割沅州夜郎、渭溪二县置沅州，开元十三年（725），改名鹤州[①]。二十年（732），改称奖州，领峨山（岑巩）、渭溪（玉屏）、梓姜（镇远）三县。[②]梓姜，本隶兖州，天宝三载（744），废为羁縻州，以县来属。[③]从原来的经制州废为羁縻州，证明此地开始虽为经制州地，实则欠开化，至少与中央王朝直接统辖下的经制州在发展水平上有着极大的差异，故才被废为羁縻州（后文仍会论及）。从经制州到羁縻州的转变，最为明显的当属"赋税"上关于"免"与"不免"的不同，整个区域在国家政权组织中的角色发生了转变，是当地社会发展程度的体现，是中央王朝根据这一地区的社会发展情况做出的相应改变。

[①] 开元十三年（725），以武舞（沅）音相近，更名鹤州。（明）郭子章著，赵平略点校. 黔记[M]. 成都：西南交通大学出版社，2016：161.

[②] 峨山，本夜郎，天宝年更名。渭溪，天授二年（691），析夜郎置。梓姜，本隶兖州。天宝三年，废为羁縻州，以县来属。

[③] （明）郭子章著，赵平略点校. 黔记[M]. 成都：西南交通大学出版社，2016：161.

北宋徽宗大观元年（1107），在现镇远县地置安夷县，隶属于思州。元世祖至元十四年（1277），置镇远沿边溪洞招讨使司，隶属思州军民安抚司；二十年（1283），改置镇远军民总管府，隶属湖广行省，旋即改隶思州宣慰。明洪武二年（1369）置镇远溪洞金容金达蛮夷长官司，属思南宣慰司；五年六月十三日（1372年6月13日），改隶湖广行省；二十二年（1389），置镇远卫，隶湖广都司。永乐十一年（1413），废思州、思南二宣慰司，分其地置镇远府，与州同治，隶贵州布政使司。弘治十一年（1498），改蛮夷长官司为镇远县。①

清康熙二十二年（1683）以湖广镇远卫属府，省卫入县。设知县一；县丞一，驻府地邛水；主簿一，驻四十八溪；教谕一；训导一；典史一……东南至府属邛水白虫塘五十里。②三十八年（1699）移县治入卫城，府县分治。雍正十年（1732）设县丞一员，驻邛水，称邛水县丞。宣统元年（1909）县并入府。③邛水即为今三穗县的前身，原来隶属于镇远府。可以说，三穗县的历史沿革与镇远府的历史沿革一脉相承，现在的辽家坳行政村正是处于镇远县和三穗县的交界处。

民国二年（1913）九月，废府存县，包括镇远县在内原府辖县皆属黔东道。十九年（1930）镇远县设7区。④辽家坳属南区。民国二十年（1931），镇远县设5区、41乡。⑤辽家坳应属第三区（驻金堡）。民国三十年（1941）9月13日，全省划拨插花地，三穗县的冽洞、老棚、纸棚、庙冲、新寨、竹田沟、槐家坡、烟棚、报京、巴所、桂酒、打龙井、白岩、稿托沟共3保、28甲、365户、1449人拨入镇远县。⑥其中，老棚、纸棚（子棚）、庙冲、烟棚、白岩等地为现在辽家坳村中的自然寨寨名。而村内其他自然寨当属镇远。1952年全县设5区、1镇、40乡。金堡区领金堡乡、报京乡、松柏乡、松明乡、爱和乡、冽洞乡。⑦辽家坳区域在冽洞乡。辽家坳的罗家寨、葛藤坪、白岩等地在1958年属于三穗，1959年归镇远。⑧

---

① 根据《镇远县志》历史沿革部分整理。
② （清）爱必达、罗绕典著，杜文铎等点校. 黔南识略·黔南职方纪略[M]. 贵州：贵州人民出版社，1992：124.
③ 据2017年再版《镇远县志》第一篇第49~50页相关史料整理。
④ 贵州省镇远县志编纂委员会. 镇远县志[M]. 北京：中国文史出版社，2017：50.
⑤ 贵州省镇远县志编纂委员会. 镇远县志[M]. 北京：中国文史出版社，2017：50.
⑥ 贵州省镇远县志编纂委员会. 镇远县志[M]. 北京：中国文史出版社，2017：51.
⑦ 贵州省镇远县志编纂委员会. 镇远县志[M]. 北京：中国文史出版社，2017：52.
⑧ 采访人：叶成勇、田文。采访时间：2018年5月25日。受采访者：梁博贤，79岁，原住葛藤坪；龙远昌，78岁，关土人。

1992 年版《镇远县志》第 57 页有关于洌洞村委会辖地的记载。洌洞村委会辖洌洞、雷家、魏家坡、大坪坡、高山、白岩、魏家湾、罗家寨、葛藤坪、二龙抢宝、关土、老牛湾、烟棚、大树脚、方寨、独田沟、领大坡、子棚、凉柳沟、矮子沟、甘溪、风榜沟、对门坡、下寨、溶洞、沙坪、都甫坡、茄洞、平棚、盘坡、庙冲、火烧坪、煤炭坳村民组。[①]其中白岩、罗家寨、葛藤坪、二龙抢宝、关土、老牛湾、烟棚、大树脚、方寨、领大坡、子棚、庙冲、火烧坪、凉柳沟（良里沟）等为现在辽家坳村的自然寨或小组地名，所缺少的"老棚"地名紧挨大树脚，也介于老泥湾、子棚、岭大坡和方寨之间，故"老棚"在当时也必属洌洞。

二、自然地理环境

辽家坳村隶属于贵州省镇远县金堡镇，距离金堡镇镇府驻地 18 公里，距离镇远县城 24 公里，北与镇远县㵲阳镇苦李坪村接壤，东北毗邻焦溪镇田溪村，东到东南与三穗县的响水村相连，西到西南与本县洌洞村相接，全村略成不规则的三角形（如图 1-1 所示），是一个苗、侗、汉等民族杂居而成的中心行政村。全村有 12 个自然寨，共 14 个村民组 484 户 1986 人，少数民族人口占 88%，贫困户 134 户 520 人，中共党员 45 名，预备党员 1 名。全村国土面积 908 公顷，有耕地面积 1336 亩，其中水田 859 亩，旱地 477 亩；林地 2270 亩。全村盛产茶叶、粮油、辣椒、稻田鱼，遍布林果、药材等，有村农贸市场一处，为村集体管理。[②]

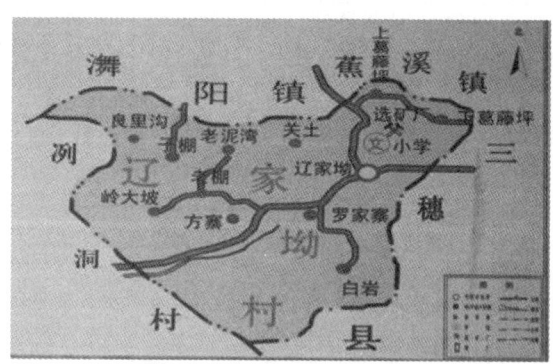

图 1-1　辽家坳村示意图

---

① 贵州省镇远县志编纂委员会. 镇远县志[M]. 北京：中国文史出版社，2017：57.
② 数据和相关资料来源于辽家坳村委会公示栏。

三、社会人文环境

辽家坳村共12个自然寨,分别是上葛藤坪、下葛藤坪、辽家坳、关土、罗家寨、白岩、老泥湾、方寨、老棚、子棚、岭大坡和良里沟,还有一些因居住的人少而被归并入组的寨子,如烟棚、大树脚、二龙抢宝等。由于地形因素,各自然寨分界明显,但寨与寨之间相去不远,人与人之间往来密切,尤其相连两寨之间更是如此。通过婚姻、收养等形式构成了极为严密的亲属关系[①]网,是辽家坳村人们相互往来的最为直接的驱动力。镇三(镇远到三穗)快速通道、镇三县道穿境而过,交通较为便利。

辽家坳村居民主要为侗族,且11个自然寨均以侗族为主,子棚多为苗族居住,另有少量汉族人口分散杂居于各自然寨。在村内人们的互动中,汉族文化和侗族文化交流与影响表现得尤为突出,包括老年人在内的侗族人们都已不会讲侗话,代之以汉语方言作为日常交流用语。

四、经济概况

山高水深坡陡林密,是对辽家坳区域内地形结构的一种总结,其经济发展也深深地打上了地势形态的印记。

稻田集中在大山的低洼处,也有在山腰间成阶梯状分布。地处亚热带季风气候区,水稻一年一熟。859亩的稻田,对于全村近2000人来说,平均每人约4分田。水稻种植大多为籼稻,以供日常食用。有的人家选择性地种植糯稻,供逢年过节时制作糯食之用。糯食除了食用外,还有用作祭祀时的祭品,因此很多人家即便不种植糯稻,也会到市场购买或到邻家兑换少许。每逢赶集天,会见到一些农民搬运大米到集市口卖,可见除了食用之外,大米是有很多剩余的。

可耕土477亩,人均不到2.4分。耕土多分布在山坳处或山坡上,平

---

① 费孝通. 乡土中国[M]. 北京:北京大学出版社,2013:26.

缓之地较少。过去多用于种植玉米等，山林坡脚都被开垦用于种植。近年来，随着青壮年人口的大量外出，有的家庭甚至举家搬迁，加之坡度大不太适宜耕种，导致很多土地荒芜，无人料理。修建公路占用了较多的土地。2017年入冬以来，黔东南州农委认真贯彻落实州委州政府关于做好农业供给侧结构调整，加快推进脱贫攻坚的工作进度，采取多项措施扎实推进"一减四增"①工作。所谓"一减"指减少玉米种植面积，"四增"指的是增加酸性食品原料、精品水果、中药材和花卉产业的种植。

  林地2270亩，人均约1.1亩。山腰和山顶，为山林地区，杉树为大宗，且木材种植的历史由来已久。辽家坳所在的潕阳河流域及清水江流域，历来是木材供应的重要场所之一，当地杉木因其材质优良而被成批运抵东南沿海甚至全国各地。"清水江文书"的研究热潮已然说明了这个问题，此不赘述。具体到辽家坳区域，因水运交通不便，历史上大规模的木材贸易较少，但木材仍然在当地的历史发展过程中起到了极为重要的作用，为当地人的生活带来了较大的经济收入。杉木种植从未间断，现在仍可见到成片的杉林地，且很多田边土角都有陈腐的杉木树桩，足见杉木在当地社会的特殊历史价值和现实价值。现在，木材更多地被用作当地的建房材料，远销外地的情况已然少见。

  山地农业种植已然不能满足当地人正常的经济开销和人情世故往来的需要，村里青壮年劳动力多已外出务工，有的到邻近的镇远县城，有的到邻县三穗，更多的是到东部沿海经济发达地区。

  山间活水为养鱼提供了良好的条件。稻田鱼作为重要的收入来源，在辽家坳区域很常见。秧苗下田后，很多人会购买鱼苗放在水田里，到六七月份即是收鱼的季节。专门建鱼塘养鱼的人家也较多。渔业作为一种重要的生计方式，主要用于市场销售，自家食用的情况也不少。

  经济往来定期展开。集贸市场成为辽家坳辐射区域内的经济活动中心，每逢赶集天（逢农历初一、初六、十一、十六、二十一、二十六），周边地区各寨甚至邻近的三穗县的滚马乡、县属焦溪镇、潕阳镇和洌洞

---

① 相关精神见贵州省农委《关于调减优化2018年玉米种植结构的实施方案》（黔农发〔2017〕96号）和《黔东南州农业结构调整"一减四增"工作方案》（黔东南农领发〔2017〕1号）文件精神。

村等地的生意人和赶集的人们都聚集于此,甚至有来自湖南等地的商人,一派生机勃勃的景象,形成宽泛的经济活动辐射区域。市场商品随着季节的变化而不断变化,对季节有很大的适应性。各种生产生活方式正在发生着日新月异的变化。

第二节 辽家坳村各家族的迁入与互动

一、辽家坳村域内家族的迁入

除了相关的纸质文献以外,墓碑碑文往往是反映一个区域社会历史变迁的重要史料,墓碑上的各个时间节点对于说明家族迁入历史和发展变迁过程尤为重要。找到在当地最为古老的墓碑的立碑时间,大致能推测出相关家族迁入该区域的时间下限。再根据这种时间下限,结合相关的家谱材料和口头传说进行描述,对于理清一个家族的历史具有极为重要的作用。

辽家坳村域内至迟在清代乾隆年间已有人居住。在田野调查过程中,笔者于该村葛藤坪组梁氏墓地发现道光二十六年(1846)立的墓主为"梁婆杨氏"的墓碑,道光二十七年(1847)立的碑墓主为梁允相,墓主生于乾隆乙未年(1775),殁于辛丑年(1841)。据葛藤坪梁厚忠[①]老人介绍,梁姓到葛藤坪始祖为"祚"字辈,分别为祚冻、祚住、祚贵(《梁氏族谱》写作祚桂)、祚榜、祚松。(见附录图1、2)梁氏到葛藤坪始祖为梁祚冻等兄弟五人。考《梁氏族谱》,"长房廷台裔原居渡马春花团(现在贵州天柱县渡马杨村)……嘉四公后,廿三世祚冻、祚松、祚榜徙镇远各藤坪辽家坳等处",[②]"祚"字辈到现在葛藤坪最新的"明"字辈共10代人,即梁氏到葛藤坪的时间已有200~250年。而梁允相(即《梁氏家谱》之

---

① 采访人:叶成勇、田文。采访时间:2018年6月13日。受访人:梁厚忠,75岁,居下葛藤坪。
②《安定堂·梁氏族谱·华丰村贤伟派下索引》第2页。族谱由贵州民族大学民族学与社会学学院历史系15级文博专业学生在吴大旬教授的带领下在辽家坳葛藤坪梁厚礼家获得。

梁永相）墓碑信息显示，墓主生于乾隆乙未年（1775），为梁祚冻之长子，故梁祚冻等应于18世纪60~70年代至葛藤坪居住，时间约250年左右，与上述推测时间吻合。梁氏始祖五兄弟至此居住，延续到现在已有70~80户人家的规模，其中以上葛藤坪为多。有的人家因生计等原因已搬迁至其他地方居住。

在罗家寨杨氏墓地发现民国四年（1915）年所立的墓主为"杨再松"的墓碑，墓主生于乾隆壬寅年（1782），殁于咸丰丙辰年（1856）。在罗家寨对面山坡上发现咸丰二年（1852）立的墓主为"陈母龙氏"的墓碑，墓主生于乾隆癸丑年（1793），殁于道光戊戌年（1838）。其配偶陈汉文墓地位于罗家寨十字路口旁，虽然生卒年不可见，然立碑时间为"陈母龙氏"之后一年为实（见附录图3、4）。

位于方寨王堂先老人①房前的坟墓墓主为王姓初到方寨时嫁到杨家的女性，是为王堂先老人之姑婆②。（见附录图5）据墓主信息显示：墓主生于辛未年（1871），殁于乙未年（1895），立碑时间为"大汉壬子年"（1912），故王姓迁入方寨的时间为19世纪80年代末至90年代初。其祖至江西迁至三穗，后由三穗逃荒至方寨。③

在邻近的冽洞村枫榜寨调查时，发现杨氏家族到此地的始祖之墓碑。通过墓碑信息，结合当地杨氏家族"再、政、通、光、昌、盛、秀"七辈转祖的规律，了解到杨家已然搬迁至枫榜有14~15代人，按20年一代算，杨家至此已有300年左右，即至迟在17世纪末至18世纪初期，杨氏家族已然居住于此（见附录图6、7）。而冽洞杨家与辽家坳杨家为同宗，且两地相连，故此地为杨氏家族久居之地。

在方寨杨仁怀④老人的引领下，笔者在方寨寨中发现墓主为"杨婆王氏"的墓碑（见附录图8），该碑原在冽洞村矮子沟地，杨家后人将其搬运至方寨。据杨仁怀老人介绍，墓主生前就居住在方寨，只是后来仙

---

① 王堂先，73岁，现居方寨。
② 嫁到杨家的女性为其姑婆，即其爷爷的妹妹。王堂先老人言其姑婆一表人才，故与杨家联姻，共同居住在方寨。
③ 采访人：叶成勇、田文。受访人：王堂先，73岁，现居于方寨。
④ 采访人：叶成勇、田文。采访时间：2018年6月12日。受访人：杨仁怀，67岁，方寨人，1969（18岁）参军，5年后复员。在凯里师专读书两年，到金堡中学任教3年后到冽洞小学任教至2002年退休。

逝后抬到冽洞安葬。立碑人为其玄孙杨宗元，时间为"大清光绪二十二年"（1896），墓主与立碑人之间间隔四代人，约 100~125 年，即墓主"杨婆王氏"应是生活在 18 世纪中后期的乾隆年间。"杨婆王氏"之子杨昌维墓也在邻近（见附录图 9），墓碑清晰地记录了杨氏家族于此地居住后各房的分支情况和人丁发展情况。据墓碑信息得知，杨家从"光"字辈到现在"学"字辈已历 11 代，以每代 20~25 年计，则杨家居住方寨已 220~275 年之久，也即至迟到清乾隆年间既居住于此。杨家人口述记忆与墓碑的时间信息极为吻合，故可以肯定地说：在清朝乾隆年间，已有杨家人于方寨居住。方寨现有杨、王、张、陈、滕等姓氏，杨姓、王姓人数较多，人口相当，平均约为 20 多户，100 多人不等。张家有 7 户，共 60 多人。陈、滕两姓人户较少，分别只有两户和一户。方寨是以最初迁入的杨姓和 19 世纪 80 年代末至 90 年代初迁入的王姓的姻亲关系为基础，加之后来陆续迁入的张、陈等姓氏而形成的杂居形态的自然寨。

老棚潘家是较早迁来现居地的姓氏之一，当地传说最早来现辽家坳区域的也是潘家。但笔者在老棚收集到的《潘氏家谱》上对潘家迁到此地的信息却没有明确记录，只能以潘家的墓碑信息作为参考。据潘尚富老人介绍，潘家由湖南迁到天柱，后迁来现居地老棚。现居住在老棚的潘家有 10 多户，80 余人。新修的墓碑（如图 1-2 所示）有潘氏家族支脉传承的记录。

（a）墓碑全景　　　　　　　　（b）墓碑近景

图 1-2　老棚潘家新修的始祖墓碑

墓主为"潘海禄牛公"的墓碑有如下文字:"海禄公德大量:原籍天柱三团地,徙居镇远金堡乡,明清二代老棚住,武艺高强来护乡,无奈地皮来骚扰,刘公正时田中忙,时而就把牛来放,及时抱牛来洗凉,地皮见了回头跑,此地一方免秋粮。"考"潘海禄"墓碑上的字辈,自墓主"潘海禄牛公"起,到现在潘家最小字辈"存"止,除去房族因素另论外,已有11代人,也即约270年。碑文上明确记载"明清二代老棚住",且有"田中忙"字样,说明当地在明代就有人居住,且水田农耕已经发展到一定程度。如按潘氏家族字辈来推,则可知至少约在清嘉庆年间已有潘姓在老棚居住。另据碑文信息"地皮"等字样,则可认为当地在潘家进入老棚以前便有人居住于此繁衍生息。而"一方免秋粮"则说明至迟到清朝前期,此地已经被纳入王化之地,证明这里开发较早,且受到中央王朝的管辖也较早。但作为皇粮国税的延伸之地,在经过"潘海禄"吓退"地皮"之后而"免去秋粮",这从侧面说明国家对当地的管控力量是极其微弱的。也正因为如此,"免去秋粮"不仅是对当地平民抵御"地皮"的恩惠,同时也是国家政治管控力量无法有效实施于此的背景下的一种举措。

老棚杨姓之祖婆为潘姓,因生活困难,其后家①潘家人将杨家接到老棚居住。②据杨朝华老师介绍,杨家有10多户共70多人居于此。杨家祖婆张氏,来此购买潘家田地后定居于此。张家到此现已有12代人,即至此为240~300年的时间,现有5~6户人家,20余人,与子棚的张家、冽洞的张家同为一宗。③

子棚林家现有20多家,70多人。经历了约10代人的发展,从"军"字辈发展到"泽"字辈,共200多年的历史。10个字辈依次为"军、功、幸、文、秀、再、昌、顺、世、泽",再接下来为"安、长、永、通、博、

---

① 后家:已婚妇女的娘家。
② 采访人:叶成勇、田文。采访时间:2018年6月16日。受访人:潘尚富,67岁,老棚人。
③ 采访人:叶成勇、田文。采访时间:2018年6月28日。受访人:张学忠,79岁,居大树脚。

济"等①，由于林家旧时墓碑未有碑文，只有口述记忆作为林家到此居住的根据。张家现有 50 多户，迁于天柱高野，后移居子棚。张家到此也经历了与林家差不多的时间。

据现居于良里沟的李秀松老人②介绍，良里沟原为杨姓人家居住，且人数较多，有二三十户。后有李文红③来此租种杨家田地谋生，定居于此。杨姓渐次搬迁外出，李姓留居于此。李姓来自镇远报京，后迁往三穗居住几年，再到响水村，后李文红之母提脚④到猫坡，李文红长大后至凉柳沟租田地谋生，为李姓入良里沟之始。现在也只有 5 家人在此居住。

由上述调查资料得知，在辽家坳村域内，至迟到乾隆年间已经有人在如葛藤坪、罗家寨、方寨等地居住，甚至可能更早。之后各个姓氏渐次迁入各自然寨，人口逐渐繁衍，形成今天辽家坳村域内的人口居住格局。

二、家族迁入的特征及原因

辽家坳村域内，姓氏众多，来源也并不完全一致，但通过表 1-1 可以清晰地看到：辽家坳村域内的人大多来自贵州天柱、湖南会同等地，呈现出沿着潕阳河流域和清水江流域自东向西迁徙的特征。结合原来辽家坳等地的地理环境和当地人的口述记忆，可知他们迁徙的主要原因有二，一是躲避战乱，二是为了逃荒，而逃荒又多是因为战乱引起。据当地很多老年人讲述，他们家族迁徙的原因为"反苗"战争。由于缺乏具体的资料记载，关于"反苗"战争笔者只能从当地人的口述和历史文献的相关记载出发，结合当地家族迁入的时间对可能影响当地"家族迁徙"的战争进行罗列和推测。

---

① 采访人：叶成勇、田文。采访时间：2015 年 8 月 10 日。受访人：林昌国，68 岁，子棚人。
② 采访人：叶成勇、田文。采访时间：2018 年 6 月 13 日。受访人：李秀松，壬申年（1932）生，86 岁，现居于良里沟。
③ 李文红，李秀松老人之祖父。
④ 提脚，方言，即指在丈夫去世后，妻子改嫁别处。

表 1-1　辽家坬村自然寨地名信息简况表

序号	寨名	地名来历	主要居住姓氏	现住人口	主要家族迁入地
1	辽家坬	1. 有廖姓居住；2. 地多蓼箭	杨、陈、田、罗、姚、梁、曾、李、龙、刘、戴、潘、石、周等	80多户	村内自然寨及周边三穗、镇远等地
2	上、下葛藤坪	梁姓到此地时有老屋基长满葛藤	梁姓	上下约80户	湖南会同→天柱堡子脚→葛藤坪
3	关土	因旧时为"关羊"抢劫之地	龙姓、梁姓	共30多户	龙姓迁自白岩，梁姓迁自邻近的葛藤坪
4	罗家寨	原名雷家寨，有雷姓居住	罗、刘、杨、戴、曾等姓	约15户	刘家迁自天柱
5	白岩	因有法师追白马钉于白色岩石上	姚、周、杨、龙、刘、陈等	共50多户	龙家、姚家、周家均来自天柱，刘家自天柱→金堡→白岩
6	方寨	原名荒寨，讹"荒"为"方"	杨、王、张、陈、滕等	50多户	王家来自江西→三穗→方寨
7	老泥湾	因地理特征	龙姓、姚姓	近30户	姚姓迁自湖南新晃的扶罗、伞寨
8	老棚		潘、杨、张	近40户	潘家迁自天柱
9	子棚	原名刺棚，旧时荆棘丛生	张、林	近70户	张、林两家均迁自天柱
10	岭大坡	因"岭宽坡大"	张、吴、陈、邰、黄	42户	张家来自湖南新晃
11	良里沟	原名凉柳沟，因有柳树供行人乘凉	李姓	5家	报京→三穗→响水→猫坡

辽家坬区域内家族的迁入，是自清代前期至新中国成立以前一个渐次的过程，尤其是在康熙、乾隆、嘉庆等朝，是移民进入辽家坬的高峰期。这种迁徙，与明末及有清一代贵州东南部少数民族和中央王朝时缓时急的关系紧密相连。

据（康熙）《天柱县志》："顺治四年（1647），苗人破城，烧毁西南房屋数□间，杀害七十余□、顺治六年（1649）贼将郝永忠屠戮一图下半里男妇约记千余……"①、"康熙十九年（1680）春二月，吴逆兵溃，掳杀二三图地方，白林一带生死离别惨不可言。"②《镇远府志》载：

"（明）正统十四年（1450）师武臣弗力，两江黑苗渡松溪平冒河，遂由府后长驱直突至掠库焚城、屠劫村寨；万历初年，镇远府卫屡苦苗害，乃于施秉、邛水及卫之东西二路设老和、把贡、定边、美斗、杨晚、盘山、石虎十一哨……近邛水者设青洞等十一哨……二十一年（1593）苗复乘隙，夜袭府治掠东西二关，知府阮宗道始募狨兵防守；诸苗肆出，掘冢枭尸，拿人勒赎，蔓延思、清，流毒思、石，官商驿马，遭其劫杀，每岁无宁。"③ "崇祯四年（1631），诸苗又移师邛水，荡平绞罗、六甫、六利、巴野、梁上诸苗……越十年，苗以无田乏食，纠连九股、两江、横坡、革彝、冷西、臻凯诸苗及江外丹章鸡讲、大肚婆、高坡诸苗，大肆猖獗，壬午春，发难于施秉，杀提调杨凌魁于杨坪营，罗联芳弃城走，遂上攻清平，占据凯里，下劫偏、镇一带，地方人烟断绝，羽檄难通……崇祯甲申迄于丁亥，则黔东下卫悉为苗蔽……"④

根据上文所载，自明以来便存在着贵州东南边疆少数民族与中央王朝势力的角逐。盘山哨应指现在紧挨着辽家坳村的盘山地，现在仍有驻军，这与当时中央王朝势力与当地少数民族地区的势力角逐有很大的关系。明末清初作为西南边疆开发的重要时期，处于贵州东部及东南部的苗族群众在与中央王朝的利益争夺中时战时和，尤其以战争状态居多，在冲突不断的背景下，当地民众为了能够取得更加安宁的生活环境，多选择举家迁徙以躲避战祸。故我们认为，有清一代尤其是清早期至中期，贵州东南少数民族多与清王朝处于利益的博弈状态，冲突自然也就不可避免，成为这一时期家族迁徙的一个主要时代背景和主要特征。

---

① （清）王复宗纂修.（康熙）天柱县志[M].成都：巴蜀书社，2006：102.
② （清）王复宗纂修.（康熙）天柱县志[M].成都：巴蜀书社，2006：103.
③ （清）蔡宗建修，龚传坤等纂.镇远府志[M].成都：巴蜀书社，2006：174.
④ （清）蔡宗建修，龚传坤等纂.镇远府志[M].成都：巴蜀书社，2006：174.

三、村域内的家族互动

村落的形成除了因单一家族的发展壮大外而来外,更多的是以两个或两个以上家族之间的互动为基础而形成的。故村落的形成多是单一家族发展到多家族互动的结果。辽家坳村域内各家族间的互动大致包括联姻、结义、分房、帮工和改姓等几种形式。

(一)联 姻

联姻作为一个区域内家族互动最为频繁也最为直接的互动方式,不仅是一个宗脉得以延续的保障,也是家族发展、变迁的必要推动力,更是区域社会历史发展的内在推动力量。在辽家坳村域内,通过联姻而逐渐发展起来的自然寨如下。

正如前文所言,方寨杨家在入住该地以后,以单独姓氏占据着方寨这个区域,从事生产劳动,逐步发展。及王家因逃荒到此后,以王姓一女儿与杨家喜结姻缘,杨、王两家共同居住和繁衍于此。王姓到方寨之时,杨姓尚未形成较大规模的家族群体,故后来的方寨实际上应为两姓在以联姻为前提的基础上共同劳动创造而发展起来的。王姓的迁入,在事实上为当地婚姻圈的扩大提供了可能。

关土主要为龙姓居住,虽然梁姓较少,但其融入关土的过程却体现了该自然寨从单一姓氏居住到两姓杂居形态的变迁过程。据当地人介绍,梁姓原来住在葛藤坪,因弟兄多而土地少,有一女嫁到龙家,龙家女性见梁家生活困难,遂将其举家迁到关土,分田地以救济。龙、梁二姓遂共同居住于此。

(二)结 义

笔者在调查过程中,了解到一些姓氏旧时有互相不开亲①的现象。相互之间的不联姻是因为在家族迁入之时有结异姓兄弟之义。子棚的林家

---

① 开亲:方言,即联姻,结婚。

原居住于老棚，因旧时自然条件极为恶劣，周围地区不时有劫匪出没，为了更好地保护好生命财产以求得生息繁衍，林姓始祖与老棚潘家始祖以"结义"的形式巩固两家关系维系两家的势力，故当地潘、林两姓之间不准联姻，直到现在依然如此。人们对于亲戚有这样的认识，即"一辈亲二辈表三辈四辈认不了"，而潘、林两家的结义即是建立在这样的认识基础之上的，认为亲戚关系再好也不过三代，而兄弟则是世世代代的事情。潘、林两家希望以"结义为兄弟"的形式长期、世代维持着友好关系，并以"禁止结亲"的口头协议作为约束。

同样，子棚林家、张家两姓虽然没有严格规定不准开亲，也有两姓旧时曾结为兄弟之说。两家族间班辈明显，张林两家的字辈传承有一定的对应关系。中华人民共和国成立前，但凡张家接媳妇，新婚后三天，新郎新娘便要到林家香火前作揖跪拜，因两家神龛同宗同源，称为"拜三朝"。①直到现在，如若两家青年发生口角之争，长辈们便会给年轻人讲起过往两家结义之事，以此劝告争执的双方，启示后人。

子棚林、张两家以及林家与老棚潘家的结义，实际上是因历史发展过程中结义双方对于共同维护生存环境和财产利益的需要而形成的关系网。开始因共同开拓生存之地而结义，后来这种结义关系逐渐演变成为处理寨邻之间关系的准则。对于维护当地社会的稳定和发展起到了积极的作用。以此为基础，自然寨融入了大量结义的因素，成为聚落形态形成和发展的一种极具代表性的方式。正如卢百可在其文章中讲道："中国社会与历史中的异姓联合的例子其实不少，一般有两种方式。第一种，也比较普遍，是异姓以'结拜为兄弟'的互助形式联合"②笔者于调查中还了解到辽家坳区域姚姓、吴姓和杨姓三姓人不开亲，《镇远县志》上也有相关记载。龙姓和李姓、刘姓和罗姓两两之间均不开亲，实际上就是旧时有结义之交。

---

① 采访人：叶成勇、田文。采访时间：2018 年 5 月 23 日。受访人：林昌国，68 岁，子棚人。
② 卢百可. 屯堡人：起源、记忆，生存在中国的边疆[D]. 北京：中央民族大学，2010：171.

随着时代的变迁，人们的思想观念也在逐渐地发生变化。青年人之间自由恋爱观念的加强，已经跳出了原本由祖辈定下的特定异姓之间的不婚规定，转而以更加自由的方式进行恋爱和婚姻选择。原本以结义维系的家族与家族之间的关系也正渐渐地淡化，进而形成一种更加开放、包容的关系，在很大程度上为部分原本不开亲的两家族之间婚姻的缔结提供了可能。在邻近的一些地方甚至有"同姓相婚"的现象。这是社会历史变迁和人际互动相互作用的结果。

（三）分　房

分房指因人口增长等因素而导致的原本属于同一家族的不同支系分散到不同地方居住发展的社会历史现象。分房作为家族互动的另一种重要表现形式，在辽家坳区域内也有较为明显的表现，影响着辽家坳区域内村落形态的形成和发展方式。最为典型的数龙家的分房。据龙家人口述记忆，龙家迁自天柱，到辽家坳区域后首先便是居住于白岩。白岩龙家、关土龙家和老泥湾龙家均为同一族，后因地少人多和偶尔的家族内部小矛盾等原因而出现了分房搬迁的现象。

据位于老泥湾的墓主为龙秉超的墓碑信息显示，龙家共分九大房，其中五、六两房没有录入碑文（龙氏分房墓碑如图 1-3 所示）。白岩、老泥湾龙家在碑文上均有较为清晰的体现。

图 1-3　龙氏分房墓碑

在家族人数渐次增加的情况下，因人多地少、矛盾纠纷等原因，分房成为解决家族内部矛盾的重要渠道。通过分房和迁出，家族分支的居住地发生了变化，家族结构实现了重组。脱离原居住地的各房族在其他自然寨与其他姓氏杂居在一起，形成了新的聚落形态，进而丰富了村域内各自然寨的结构。各自然寨也因为有其他家族的迁入而实现了自然聚落形态的多样化以及寨内文化的多元化。通过分房，同一家族的不同分支又将原来联系较少的各自然寨更加紧密地联系在一起，增强了相互之间的交流往来与文化、生计等方面的互动。

（四）帮　工

李姓初来良里沟时，因迫于生计而不得不以帮工的形式依附于当地的杨家，以租种田地为生，以为杨姓劳作为报酬方式，具有"佃户"的性质，进而居住于此。在杨家搬迁外出后，原来以帮工依附于杨家的李姓人家在此定居下来，逐渐占据着良里沟自然聚落的主体地位，直到现在，良里沟自然寨也是单独李姓的聚居之地。通过帮工形式逐渐稳定下来，并在社会发展和生计选择中留守定居，很好地展现了因帮工发展为村落的过程。

老棚的潘家与杨家的历史关系相对复杂。据杨朝华老人讲，祖上有张氏远祖因生活需要从外地迁往现居地老棚，在潘家购买田地，定居繁衍。① 而据潘家潘尚富老人介绍，潘家由姑婆嫁到杨家，后见其生活困难，四处逃荒而将其接到老棚，分田地以救济杨氏姻亲，两姓共同居住于此。② 无论哪一种说法，可以肯定的是，杨家要晚于潘家进入老棚，且杨家在入住老棚时在经济上对于潘家具有极大的依赖性。在经济上，无论两家是平等买卖关系，还是姻亲的依附关系，必然是建立在以"帮衬"为前

---

① 采访人：叶成勇、田文。采访时间：2018 年 6 月 17 日。受访人：杨朝华，老棚人，曾任教多年。
② 采访人：叶成勇、田文。采访时间：2018 年 6 月 17 日。受访人：潘尚富，老棚人，67 岁。

提的家族互动的基础之上，笔者将之定性为"帮工"。也正是这种"帮工"形式的互动，潘、杨两家才得以和谐地居住于此并延续至今。

现居住于浏洞村矮子沟的欧阳家也是以"帮工"的形式迁入的。欧阳广坤老人据前辈传言追忆，欧阳家从天柱雷寨而来，先至凯里居住，后不知何故而迁至浏洞矮子沟。欧阳家初到时，此地为罗姓人家居住，罗姓人口繁衍较多。为了求得生存，欧阳家以帮工的形式寄居此地。后因勤劳诚恳而家境渐殷实，遂买田置地，居住于此。①现在矮子沟自然寨为欧阳家居住，罗家早已搬迁出去。帮工不仅作为个人或单个家庭谋生的重要手段，同时因帮工而产生的互动关系也是农村社会建构的一种重要方式。因帮工而获得的居住权利，使得帮工的家庭人口得以繁衍，势力得以壮大，进而与原来居住于当地的家族形成更大的互动，共同推进当地历史的发展。

联姻、结义、分房和帮工，作为辽家坳区域内村落形成过程中最为重要的几种形式，大致勾勒出了辽家坳村域内村落形成的一种过程。这些现象在中国广大的农村地区多有所体现，是祖国西南乡村社会聚落形成方式的典型概括。而家族间直接互动最明显的案例莫过于邻近的浏洞村欧阳姓曾经的改姓活动了。

（五）改　姓

改姓作为家族互动的一种重要表现形式，在辽家坳村域内表现并不明显，笔者在调查中除了发现因寄养等原因而改姓的零星情况外，并未发现规模较大的改姓行为。在邻近的浏洞村，这种现象就表现得特别突出，其中邻近辽家坳村良里沟组的矮子沟和枫榜两个自然寨的欧阳氏和杨氏之间的相互关系最具有代表性。欧阳氏在历史上曾几次因生存的需要出现了改为杨姓的情况。

---

① 采访人：叶成勇、田文。采访时间：2018年6月13日。受访人：欧阳广坤，70岁，现居于浏洞村矮子沟。

收藏于洌洞村矮子沟欧阳广坤家中的《欧阳氏族谱》①（见附录图10），清晰地记录了关于"欧阳氏"改为"杨"姓和恢复欧阳姓的情况，现据书中原文（见附录图11）作简要辨析。

> 英公六世孙仲桢公乔迁天柱雷寨（仲桢公为一世祖），开报十二石钱粮纳税。当时柱邑开化初，正直地方战乱，格斗誓杀弱户，况且柱邑境内十姓九杨，以多欺少，吾族不能自立，于是舍本宗而冒他氏，遂易杨姓。②

从文段资料来看，我们可以得到几点信息。一是欧阳氏改姓杨是其在天柱的一世祖欧阳仲桢时，二是欧阳氏改姓的时代背景是"地方战乱"和"十姓九杨，以多欺少"，为了求得一个相对安宁的生存环境，欧阳氏将自己原有的姓氏隐去，改用了能在当地被广泛接受和认可且能保全身家性命的姓氏"杨"姓。

在当地流传着这样的说法："为了平定地方少数民族战乱，中央王朝派遣杨姓将军来此地平叛，因地方势力较为强大，导致纷争极为激烈和残酷，杨姓将军以极其严酷的手段才将当地叛乱平息。待到杨姓将军返回中央向皇帝报告时，地方势力再次兴起，因曾遭受到杨姓将军的镇压，见到杨姓人就大开杀戒，对杨姓人家驱赶追逐，也即'凡是姓杨的都杀'。后来杨姓将军重新来此镇压，也实行了过激的杀戮政策以威震此地，'凡是非杨姓的就杀'。"这种地方势力与杨姓势力的反复厮杀，成为当地改姓频繁的历史背景。很多人为了自保，时而改姓杨，时而恢复到本来的姓氏。后来杨氏平定此地后，整个纷争以代表中央王朝势力的杨姓的胜利而告终，很多人又再一次大规模地改为杨姓。而"欧阳"家族的其中一次改姓活动，也正是基于这样的历史背景。

---

① 《渤海堂·欧阳氏族谱》，现藏于洌洞村矮子沟欧阳广坤老人家中。采访人：叶成勇、田文。采访时间：2018年6月13日。受访人：欧阳广坤，70岁，现居于洌洞村矮子沟。

② 贵州省天柱县雷寨迎春坪总祠编修. 欧阳氏族谱[Z]. 2012：2.

仲桢公三子十四兴,子孙人口发展极速极隆,所谓金枝盛于江,玉叶茂远方,由于人多地少及社会形式(势)变化等,遂向囊邻县四周迁徙。乾隆年间,清廷颁布新律法:世人均可复宗,建祠,修族谱等,而此时仲桢公后裔众多,在仕瑃公等人的倡议下,于乾隆十七年(1752)通族邀约建祠于雷寨迎春坪。又因反清复明运动被清廷剿之并诛灭九族,千里无人烟而移民,吾族外徙十之八九,史称"湖广填充"。族员外徙需要带族谱,再元公、仕瑃公等48人于乾隆28年癸未岁第一次创修族谱(即癸未谱又叫乾隆谱),终将雷寨房由杨姓恢复欧阳本姓(唯有兴旺公派下秀明公后裔于二十世纪末才恢复本姓)。①

这段文字记录了欧阳氏在改为杨氏之后,由于追根溯源的需要,在仕瑃公时恢复欧阳本姓的问题(见附录图12)。其中讲到了恢复本姓的具体原因,一是人口发展后造成人多地少的矛盾,二是社会形势的变化,三是乾隆时颁布法令准许世人复宗、修祠堂和家谱等,四是"湖广填充"的历史事件。这些原因成为欧阳氏家族修谱和恢复欧阳姓的时代背景和具体原因。

改姓是家族互动的一种重要表现形式。无论是从"欧阳"改姓"杨",还是从"杨"姓恢复为"欧阳",欧阳氏的两种行为均是其家族利益的适时选择。在恶劣的战乱和饥荒背景下,为了求得生存和发展而更改姓氏,在迁徙过程中为了记住本源而恢复姓氏。

在一系列的改姓过程中,一个姓氏的上层精英在其中起到了极为重要和关键的作用。在遇到紧急情况下,尤其是遇到家族群体性命攸关的时刻,向当地有势力、有实力掌控局面的家族靠拢,改姓也就成为较为安全和可靠的选择。改姓是保种存族最为直接的方式之一。而改姓行为要想得到社会的认可,最为直接和有效的手段就是修家谱。家族的上层精英通过"修谱",将原来不存在的家族文化建构出来,迎合当地历史发展的大势,并将自己家族的生存和发展利益全部寄托在最为强大的势力

---

① 贵州省天柱县雷寨迎春坪总祠编修. 欧阳氏族谱[Z]. 2012: 2-3. 原文献中"乾隆十七年"和"乾隆28年"的写法即不统一,不影响本书论述,故此处照实录入,不做修改。

群体的庇护之下，这种家族的生存策略在祭祀祖先的仪式时加以宣扬和解释，通过改写、建构以后再向社会宣传出来，正好又符合整个家族生存和发展的利益需要，进而成为家族共识。将这种共识以书面形式记录下来，使之昭然于世，这就给自己家族群体以合法的身份跻身到强大的其他姓氏之中，求得生存的庇护所。

由于家族间的互动和各个家族人口的增多及自身的发展，原来零星散居于村域内的人逐渐组合形成一个个规模较大、紧密联系的整体——村落。村落是人际互动的产物，在很大程度上见证着历史的发展。辽家坳村共有上葛藤坪、下葛藤坪、辽家坳、关土、罗家寨、白岩、老泥湾、方寨、老棚、子棚、岭大坡和良里沟共12个村落。

第三节　村落的形成与地名的变迁

一、村落的形成

辽家坳村域内，要么以单一姓氏形成自然寨，要么以一姓为主体多姓氏后入形成交错居住的自然寨。在多元文化和多家族互动的基础上，原本单一家族居住的形态逐渐向多家族杂居的形态转变，适应了文化交流过程中人际互动的需要。

辽家坳村自然寨中不乏单一姓氏家族居住的形式。这种居住形态以上、下葛藤坪梁氏最具有代表性。梁氏自定居于此开始，并以单一姓氏的形式居住，直到现在依然如是。良里沟为李姓人家居住地，随着镇三（镇远到三穗）快速通道过境，当地李姓几户人家正面临较为艰难的居住地抉择，是迁是留成为一大难题。即使是单一姓氏居住，其经济交往、婚姻形态等都是与周围村寨连接在一起的。

作为多家族杂居的自然寨在辽家坳村域内表现最为明显，很多自然寨皆是在原来单一家族基础上形成和发展起来的。通过联姻、结义、分房等互动形式逐渐形成多族聚居的自然寨形态。甚至因为联姻、分房等行为又将整个村域内的不同自然寨紧密地联系在一起，使多个自然寨成为一个不可分割的整体。

两种自然寨类型又可以分为以传统生计为基础的传统聚落和以市场经济为基础的新型聚落两种。但传统聚落和新型聚落之间的界限并没有特别的明确，传统聚落已然减少了很多传统意义上的耕织产品的生产，更是改变了过去男耕女织的生产生活方式，转而向市场寻求必要的生产生活产品以弥补日常所需。而新型的以辽家坳集贸市场为中心的聚落则是脱胎于传统聚落，其住户主要来源于村域内的传统聚落，且很多居住于集贸市场区域的人们大多并没有脱离日常的耕作，田土耕种和林地管理等依然在其生活中占有极为重要的作用。这两种聚落形态是现行市场经济条件下，大多数农村聚落形态的表现形式。传统聚落为人们提供生活所需的物质基础，而新型聚落则承担了经济类产品交换的场所，两种形态相互补充，代替过去"男耕女织"的农耕生计方式而成为新的统一的聚落文化结构。

近年来，辽家坳村的很多自然寨都有"空心化"的趋向，很多地方因外出务工、外出工作、移民搬迁等原因，人口已经大大减少。罗家寨只有十几户人家还留居本寨。方寨有很多人因外出务工、工作，逐渐向外迁徙定居。岭大坡因快速通道过境而出现大量人口进住移民安置点的情况，而良里沟却在因通道过边线而处于极为艰难的居住抉择之中。

辽家坳村各自然寨正经历着新的分化和整合，"空心化"也好，"多姓杂居"趋势的加强也罢，包括出现诸如因市场经济的交往和互动等因素而形成的新型聚落形态，都在很大程度上体现了辽家坳区域在社会发展大背景下的共时互动与历时变迁。

二、辽家坳村域内自然寨地名形成与变迁

地名作为反映一个区域历史发展的重要载体，是人际互动的历史产

物。对于地名的探究，能够窥探当地社会历史发展的诸多要素。笔者在调查过程中，分别对辽家坳村域12个自然寨的名称来源、姓氏分布等作了访问和调查，以下对其中一些典型的寨名做简要分析。

（一）辽家坳村域内地名的来历

1. 辽家坳

辽家坳自然寨位于三穗与镇远两县的交界处，是在人口流动和汇聚的基础上、集贸市场兴起的推动下由多姓户口汇聚而成的寨子。"辽家坳"寨名来历有二：（1）相传在清代以前，该地为森林和荆棘覆盖之地，尤其在此坳口处，当地称作"蓼箭"的植物特别多，迁入此处居住的人称其为"蓼箭坳"，后人渐渐音变讹为"辽家坳"。①（2）此坳口在旧时为交通必经之地，相传一"廖姓"人家坐在山坳口，据险"关羊"②。这一廖姓人家在此区域内有着重要的"知名度"，因此这里被称作"廖家坳"，后音讹为"辽家坳"。③持第二种说法的人较少，笔者也更倾向与第一种。现居于辽家坳的有杨、陈、田、罗、姚、梁、曾、李、龙、刘、戴、潘、石等10多个姓氏，80多户人家。分别来自村内的葛藤坪、罗家寨、老棚、关土、老泥湾、白岩等地，同时也有来自邻近的冽洞村高山组、烂泥沟等地人户，镇远、三穗县城和其他周边地区也有人因经商等原因而迁居于此。辽家坳村的自然寨，大多因社会的互动而逐渐形成多家族聚居的形态，辽家坳自然寨便是如此。

---

① 采访人：叶成勇、田文。采访时间：2018年3月20日。受访人：杨朝根，1960年出生，高中文化，1994年7月加入中国共产党。1999年元月起任原子棚村党支部书记，后子棚村合并到辽家坳村后，任村支书。后来在调查过程中，一些受访者（如现上葛藤坪组长梁厚林等）对"辽家坳"地名来源作了类似补充说明。
② 关羊，当地方言，指对过往行人、商贾等扣押置于隐秘处，由受扣押人写信求助，其亲人携带钱财前往换人。如亲人不出钱前往营救，则杀死被扣押的人，将其头装在竹笼悬挂在树上，以作威胁其他受扣押的人之用。
③ 采访人：叶成勇、田文。采访时间：2018年3月26日。受访人：刘太裕，73岁，罗家寨人，曾任教多年。

2. 上、下葛藤坪

两个自然寨位于辽家坳村东北角，寨内均为梁氏居住，依山而建形成村落。两个寨子相距不远，上葛藤坪的人家是陆续由下葛藤坪搬迁上去的。相传梁氏从外地搬迁至此地时，发现有房屋建筑的地基痕迹，但已然不清楚为何方人士在此居住，因见地基上长满葛藤①，遂以"葛藤坪"命名。后因人口的繁衍对于房基和耕地等的需求增加，一部分人陆续迁出到今天的上葛藤坪，上葛藤坪自梁家分支迁入至今约40年。为了准确称呼，便以"上下"区分开来。②但两个自然寨很多时候被认为是一个自然寨，长期以来也只是作为一个"组"存在于辽家坳村的建制中。为了便于管理，应梁氏家族要求，2018年3月底划分为上下葛藤坪两个小组。③因血缘关系，上下葛藤坪之间的相互往来极为密切，尤其是在遇到婚丧嫁娶等事务时更是如此。

3. 关 土

关土自然寨位于辽家坳村正北方向。此地原为深山老林之地，因地势极为险峻，其"二龙抢宝"处和"辽家坳坳口"一样，为劫匪据险抢劫的两个关卡之处，相传包括冽洞、报京、金堡等地均有人来此地拦路抢劫，因会意"设关卡'关羊'抢劫之地"，为远近交通之关口而名"关土"。④初为一龙姓人家居住于此，后渐次繁衍，现有龙、梁两姓。龙姓由白岩迁来，为白岩龙姓之满房⑤，现有20多户，100余人。⑥梁姓从葛藤坪迁入，有5、6户人家，30来人。由葛藤坪迁来已三代人，因有梁姓

---

① 葛藤：生长于山间，成绳状，常用以捆绑材草等，也可入药。
② 采访人：叶成勇、田文。采访时间：2018年4月20日。受访人：梁厚林，63岁，上葛藤坪组组长。
③ 采访人：叶成勇、田文。采访时间：2018年4月20日。受访人：梁厚林，63岁，上葛藤坪组组长。
④ 采访人：叶成勇、田文。采访时间：2018年5月28日。受访人：刘太裕，73岁，罗家寨人。
⑤ 满房，方言，即一个家族内几个房族中最小的一房。
⑥ 采访人：叶成勇、田文。采访时间：2018年6月16日。受访人：龙志军，53岁，关土人。

女嫁到龙家，龙家人见梁家兄弟多、生活困难而将其梁姓亲家接到关土，分田分土以共同居住于此。

4. 罗家寨

罗家寨原名雷家寨，以姓氏命名。雷家最早入住此地，陆续有罗、刘、杨、周等姓氏迁入，因雷姓居多且占有的土地多、势力大而取名为雷家寨。后因家道衰落，雷姓在此地后继无人，罗姓人家为了争取在多姓聚居地的主动权和有利地位，遂将"雷家寨"改名为"罗家寨"，沿用至今。据后文方寨杨氏历史推测，雷姓因在方寨杨姓入住后20多年开始衰落，而杨姓于清初时迁入方寨，故雷姓至迟在明末清初已居住在现在罗家寨，且其家族人丁和势力的发展已经具备一定规模。现寨内人户，或因生计，或因纠纷，多已迁出。如罗姓搬迁至邻近的黄泥岗、镇远、贵阳等地。刘姓搬迁至三穗县滚马乡枫木溪村的现已发展50多户，搬迁至丹寨县大寨现已发展60多户，搬迁至滚马乡的响水村的已发展到7户。现在罗家寨寨内居住的人较少，有刘姓4户，杨姓8户，戴姓9户，罗姓3户，龙姓4、5户，冯姓、曾姓等各1户。[1] 罗家寨自雷姓开始，后渐有罗、刘、杨、戴、曾等姓氏，形成多姓氏杂居的自然寨。

5. 白　岩

白岩以地势特征命名（见附录图13）。相传旧时黄平地有一农家在秋收时节用篾制晒席（方言晒天，见附录图14）晒谷子，只见谷子成片地消失，致使多次灾荒，但无论怎样也查不出粮食消失的原因。请来法师作法观天象，得知稻谷为白马偷食，因白马为神性灵物且颜色与太阳光相同，其本身可以隐形，故当地人见不到。为了保住来之不易的粮食以确保当地人不被饿死，法师作法驱逐白马。追至现白岩，为断绝后患，将白马钉死在山岩上。马血将石头染红，岩石在灵性白马魂魄的作用下

---

[1] 采访人：叶成勇、田文。采访时间：2018年5月28日。受访人：刘太裕，73岁，罗家寨人。2018年8月29日采访罗家寨代光明老人家时对此做了补充。

逐渐变成白色，故名"白岩"。①现白岩有周家、姚家、杨家、刘家、龙家和陈家等多姓氏杂居。姚家有 20 多户，80 多人；周家有 15 家；杨家有 6 户；刘家有 5 户，20 余人；龙家有 6 户；陈家有 1 户。

6. 方　寨

方寨原本名为荒寨，位于村东南部。相传从现罗家寨至冽洞村的溶洞地域归当时的雷姓所有，但开垦之地较少。现方寨之地一片荒芜，后有杨姓入住，从雷姓人家处购买以落脚，因该地面荒芜，入住成寨，遂取名"荒寨"。在辽家坳甚至北侗地区的很多区域的方言中，因拼音声母"h""f"难辨，"荒寨"与"方寨"同音，现为了书写和拼读上的便利，讹名为"方寨"。罗家寨雷姓在杨姓入住方寨后的 20 多年后家道渐渐衰落，土地变卖给罗家寨刘姓和方寨杨姓。后有王姓一家逃难至此，以女嫁杨家而共同居于方寨。②在此基础上渐次形成多姓氏交错杂居的状态。

7. 老泥湾

以地势条件命名。据位于老泥湾的龙氏碑《史序》结尾载："老上风光好，泥井水源长，湾中居后裔，源泥永流长。"无论该诗是后来所作还是之前有之，都概况性地总结了老泥湾地貌特征，即此地为"湾"状地形。据《史序》载，迁入老泥湾的姚姓，为河南姚云之后裔，由四十六世文献公由河南上湖南迁居到扶罗、伞寨③，五十六世通文公迁至铺田栗子坡④，六十四世启炳公因地少人多择老泥湾落户（其墓碑及其释文如图 1-4 所示）。相传因遇饥荒之年，姚姓始祖姚启炳用一根扁担挑着两个小孩在逃荒过程中落户于此。路经此地，见一屋基地上有瓦片的痕迹，但

---

① 采访人：叶成勇、田文。采访时间：2018 年 3 月 22 日。受访人：姚敦科，49 岁，白岩人，现居辽家坳。
② 采访人：叶成勇、田文。采访时间：2018 年 5 月 28 日。受访人：刘太裕，73 岁，罗家寨人，曾任教多年。
③ 扶罗、伞寨，在今湖南新晃。
④ 铺田栗子破，在镇远县青溪镇。

不知道为何方人在此居住过。认为这是生息繁衍的好征兆，且有一龙姓人家于处居住，遂相商落户于此。① 现居于老泥湾的姚绍权老人讲述了其家族因咸同年间战乱迁徙到此，即19世纪80年代中后期为姚家迁入老泥湾的时间。老泥湾现有姚、龙两姓居住，以姚姓为主。最初在老泥湾居住的龙家，现有3户，20多人。姚家现有25户左右，有的已经搬至辽家坳、镇远等地。

（a）墓碑

史序

启炳公乃河南鼻祖，一世云公之裔，由四十六世文献公由河南上湖南，居扶罗伞寨，后由五十六世通文公由伞寨迁至铺田栗子坡住，发丁六十四口。六十四世启炳公因地少人多，思量迁居，择其老泥湾落户。至今发丁二百二十八口，因该公姚佑房房发达，代代荣昌，为达我祖之思，各房人丁共捐资五千一十九元，另立新碑，愿我祖灵安泰，佑裔发达，李白赠笔架，杜甫留砚台，挥动千秋笔，史册载群才：老上风光好，泥井水源长，湾中居后裔，源泥永流长。

六十四世孙光前谨撰

下元甲子甲申年仲春 清明 立

（b）释文

图1-4 老泥湾姚家始祖墓《史序》

---

① 采访人：叶成勇、田文。采访时间：2018年6月28日。受访人：姚凯，现居辽家坳，时为辽家坳村委会纪律监督委员。

8. 老　棚

未能收集到关于"老棚"地名来历的相关资料或传说。老棚有潘、杨、张三大姓氏，分上排和下排，上排为潘家居住，下排为杨家居住，张家则集中居住在老棚寨的另一侧大树脚自然寨，但因人数较少，在划分行政村村民组时已归并到老棚。

9. 子　棚

子棚原名刺棚，因荆棘丛生而得名。相传林家于南宋绍兴十三年（1143）从湖南会同迁居到天柱，后从天柱迁至现老棚，因有种植烟叶[①]的技术而在老棚安家落户。后来随着迁入老棚的人口增加，为了避免不必要的冲突发生，林家主动放弃原来在老棚的居住之地，约同张家寻找"交通不便之地"以安身立命，顺着沟谷向前找，在邻近处发现了荆棘丛生的山沟之地，认为是风水宝地，定能人丁兴旺，家业发达。林张两姓合作开辟后建房于此居住。因刺网密布，故名"刺棚"。后来当地的人们为了去除"刺"的蛮荒含义而改为"子棚"，寓意为"子孙蓬勃繁衍之地"。现子棚仍为张、林两姓居住。[②]是张、林两姓共同繁衍、开拓和发展的结果。

10. 岭大坡

以地形"领宽坡大"而名（见附录图 15）。岭大坡有张、吴、陈、邰、黄等姓氏。张家入黔先祖张德权以教书为业，由湖南新晃移居铜仁万山特区高楼坪村仡佬寨组，后于镇远私学授课，至猫坡、葛藤坪，再到洌洞，最后定居在岭大坡。[③]其他姓氏陆续迁往，形成交错杂居的自然聚落格局。

[①] 吕凯等人在《我国烤烟生产的历史回顾与探讨》一文指出我国烤烟种植技术传入西南地区为 20 世纪 30~40 年代，与林家最初到此的历史不相符。故此处的"烟"应指西南地区的土烟。见吕凯等. 我国烤烟生产的历史回顾与探讨 [J]. 昆明学院学报，2011，33（3）：48-52.

[②] 采访人：叶成勇、田文。采访时间：2018 年 5 月 23 日。受访人：林昌国，68 岁，子棚人。1970 年参军，在 200 部队，建设工程兵，因热爱音乐，常参加部队文工团作慰问演出。1975 年复员，享受干部待遇。

[③] 采访人：叶成勇、田文。采访时间：2018 年 5 月 6 日。受访人：张仁明，60 岁，村主任张有平的父亲。

11. 良里沟

原名凉柳沟，因旧时有柳树于沟中路旁供行人乘凉而名。①虽然柳树早已腐朽不见，但因柳树而产生的地名得以延续下来，只是后来的地名出现了讹"凉柳沟"为"良里沟"的演变。地名随着原本赖以依托的柳树的消失而出现了音变。笔者认为，良里沟（凉柳沟）因"有柳树供行人乘凉"而得名，在杨氏家族迁入之前，此地应为道路交通相对发达的地方，至少已有行人经常于此经过，其发展的历史应较早。能够在一个"四面皆苗"的地方有乘凉之地，行人敢于在此乘凉，证明此处相对其他地方较为安定，至少少有劫匪进行拦路抢劫等行为。而李姓来此租地谋生，证明杨家在此地已然发展到较大规模。据李姓来此居住的历史推断，至少在 150 年前，杨家在此地有较大的家族势力，并在一定程度上影响着当地社会的发展。

（二）自然寨地名的形成方式分析

自然寨地名的形成，有多种多样的方式，就辽家坳村内的自然寨而言，有如下几种：

1. 以地面标志性植物取名

这种取名方式在整个中国地名文化中均占有重要的比重，很多地名的来历都深深地打上了特定区域的地表植物的烙印。如上、下葛藤坪是以当地葛藤多而得名；辽家坳地名来历传说的其中一种即因当地的蓼箭多而得名；子棚原名刺棚，也来自"刺"这一植物；方寨由"荒寨"而讹，反映出当时这个区域的自然环境状况。大树脚地名因该地有大树，人居"树下"而得名。这些地名的来历在很大程度上反映了人们到此地后的社会环境之恶劣，同时也折射了历史上到此居住的人们开拓进取的精神和斗志。

---

① 采访人：叶成勇、田文。采访时间：2018 年 5 月 29 日。受访人：张有平，33岁，岭大坡人，辽家坳村主任。

2. 以历史事件或传说取名

这种取名方式也是地名来历的重要形式，在中国各地地名中极为常见。具体到辽家坳，则有诸如关土因"据'关口'之险'关羊'抢劫"这一历史事件对以辽家坳为中心的广大区域内的社会历史产生了极大的影响而取名。白岩因钉白马于山岩上致使岩石渐白而得名。虽然其中带有极大的神话色彩，但以"白马食稻谷"这样的生活场景为历史追述，并以地名的形式确定和传承下来，实质上是在赋予当地地名神圣性的同时，给当地居住的人以神性系统下的合理性和合法性。正如湖南吉首大学罗康隆教授认为"神性"是凝聚家园的核心维度一样，①白岩的地名来源的神话传说在很大程度上说明了这一点。

3. 以山形、地形取名

以山形或地形取名在地名文化中同样占有极大的比重。辽家坳村域内，这种取名方式较为常见。"二龙抢宝"现虽不作为一个独立的自然寨，但其介于葛藤坪和关土之间的特殊地理位置却在《镇远县志》等地方志上都有记录，该地名因"两边山形似双龙汇首，龙头处地形为一山堡，有二龙抢堡之势"。为吉祥之地，即现在的"二龙抢宝"；"岭大坡"地名也因其地形"领宽坡大"而得名；"白岩"地名不仅以"历史事件或传说"的方式取名，而且也是山形的一种体现；位于老泥湾的《史序》也用诗词的方式体现了该地的自然地貌特征。

4. 以姓氏命名

这种命名方式在中国社会应该是最为普遍的方式之一，尤其是在传统宗法思想和家族势力影响较大的区域更是如此。在辽家坳村，以姓氏作为取名方式的地名中最有代表性的即是罗家寨，且罗家寨这个地名来

---

① 2018年11月23日，吉首大学历史与文化学院院长罗康隆教授到贵州民族大学民族学与社会学学院作题为"生态文化视野下的家园聚落研究"专题讲座，认为家园聚落由"人、文、地、产、景、史、神"七个维度构成，而后两者是凝聚家园聚落的核心。

历本身也包含了姓氏的变迁。最初因雷家人口多势力大而取名雷家寨，体现了雷氏家族在当地历史上的特殊地位。雷家衰落后，罗姓人将其改名为罗家寨，充分反映了罗氏家族在"雷家衰落"这一历史变迁时间节点上的心理状态。笔者认为，这种以姓氏相沿袭而改地名的做法，实际上是一种姓氏文化的建构，也是地名更改者在当地社会地位的体现，更是其寻求居住地人际互动主动权的外向彰显力。同样，以姓氏给自然寨命名，在很多地方都作为一种"他称"，即外人对特定区域的称呼，而罗家寨的得名显然属于前者。

同一区域内的不同地名的取名方式，是该区域历史文化变迁的一面镜子。地名的取名有早有晚，相对晚进的地名证明其地域内居住人口的晚进，反之亦然。地名对于村落历史文化的研究具有重要意义。

（三）自然寨地名的变迁

自然寨地名，是特定历史时期特定语言环境下所产生的以标识地域文化特征为目的的文化符号。辽家坳村域及其周边地区，自然寨地名经历了较大的变化，除了上文中提到的因家族认同等原因外，还有"音误"和"寓意"的因素（如表1-2所示）。

表1-2 辽家坳区域地名变迁表

序号	现名	原名	变迁原因
1	辽家坳	蓼箭坳	音误
2	各塘坪	葛藤坪	方便书写
3	罗家寨	雷家寨	家族认同的需要
4	方寨	荒寨	"h""f"音误
5	子棚	刺棚	音误，寓意"子孙蓬勃发展"
6	良里沟	凉柳沟	音误
7	矮子沟	矮刺沟	音误
8	老泥湾	老牛湾	应是《镇远县志》记载有误

通过上述表格，我们不难发现辽家坳及其周边地区的很多自然寨地名均已发生改变或正在发生改变，改变的原因大致有"音误""方便书写""家族认同的需要""良好寓意的需要"等几种类型。这些变化之后的地名，越来越多地被当地人熟记，原本的地名却慢慢被遗忘或即将被遗忘。

地名所折射出来的历史信息是研究村域历史变迁的一把钥匙，对自然寨地名来历及变迁的调查，可以从侧面了解一个村域内历史文化的变迁过程。从地名的来历传说中，我们可以清晰地知道取名的时间先后，进而了解当地家族迁入的时间下限。葛藤坪梁氏到此时有"老屋基长葛藤"，罗家寨雷家衰落后原来的地名被罗家人改名为"罗家寨"等都说明了这个问题。

从上述论述中不难看出，辽家坳村域内大多数的自然寨已然为多姓氏杂居的状态，有的甚至因为集市的兴起而形成以商业为中心、以农业生产为辅助，汇聚邻近地区的迁入人口的新型自然寨，这种集农业生产劳动和商业活动于一体的自然寨在西南边疆的农村地区较为常见。姓氏由原来单一的结构变成了较为复杂的混合结构，说明当地社会历史的变迁是建立在多家族、多姓氏的互动基础上的。

由此观之，一个区域在家族迁入后通常会引起家族人员结构的调整和变化，在人数上通常表现为增加的趋势。随着人口的增加，人与人之间的互动方式也会呈多样化。同时，村落的结构也会因此受到相应的影响。从各家族互动再到村落的互动，从各家族最初的迁入到现今的聚落状态，每一种互动都是适应当地历史发展需要的选择。

小　结

辽家坳至迟在清代乾隆年间已经有人持续居住至今，尤其是较早搬迁到此的梁姓、潘姓、杨姓等更是具有较为清晰的传承脉络，家谱和墓碑信息的相互佐证可以说明这一点。不同的地名体现着不同的家族互动，有以地面标志、历史传说、山形地理、姓氏和家族记忆等多种命名方式，这些都在很大程度上体现了家族间的互动过程，正如"罗家寨"从"雷家寨"改名而来一样突显着家族认同感作用下家族力量的角逐。随着"反苗战争"和其他诸如逃荒等原因而逐渐迁入的各家族在辽家坳区域聚合，共同创造了适应当地社会发展的区域文化。村落的形成是一个循序渐进的过程，并非一蹴而就地完成。不同家族间，通过联姻、分房、结义、帮工和改姓等形式形成一个又一个的聚落共同体，最终形成现在的单一姓氏聚族而居的聚落和多姓氏杂居的聚落。

这种建立在迁徙基础上的家族力量整合过程和聚落形成过程，是明末清初以来社会动荡背景下人们为了寻求生存而采取的较为直接和有效的互动方式。通过不同家族力量的重新整合和调适，形成新的社会居住格局和社会互动群体，不同的文化在同一个区域又逐渐衍生出新的文化样式。可以说，这种文化发展与家族互动的重新整合与调适，在很大程度上是当时农村社会形成和发展的一个缩影。

第二章　农耕生计方式的变迁

生计作为国之根基，民之根本，在整个人类历史长河中均是极为重要的一环。生计方式的变迁，成为研究一个地方、一个区域社会历史发展的重要突破口，因生计而催生的各种各样的互动又反过来作用于生计系统的各种文化事项。因此，认识和研究生计是解读区域社会历史的一把钥匙。

辽家坳地处贵州东南部，境内地质构造的主要特征为断裂[①]，以此形成了境内峰峦叠嶂，沟谷纵深，地势起伏大的地貌。为"沟较深、林极密、坡稍陡、湾特急而低地较为平缓"之地，因而其耕作系统也明显地打上了地形地势特征的烙印。受写作时间和篇幅所限，本书未能对所有与生计系统相关的文化事项面面俱到地研究，而是选择一些典型的文化事项尤其是辽家坳集贸市场影响下的农耕生计方式的变迁来进行解读。

第一节 稻耕各环节的变迁

辽家坳村域内的农业种植以水稻和玉米为主，兼有小麦、红薯、马铃薯、豆类等。近年来，越来越多山地被荒废，水稻种植成为最主要的粮食来源，旱地作物只是作为辅助性农业，且逐渐减少的趋势明显。

一、稻耕程序中各文化事项的变迁

水稻种植历来是辽家坳地区的主要生计方式，且在当地形成了较为鲜明的两套稻作系统，一是现代意义上牛犁精耕，二是具有当地特色的免耕。传统的稻耕系统在辽家坳区域因当地集市的开设而出现了变迁。随着国家改革开放政策向西部地区的逐渐深入，西部地区生计状态也随

---

① 贵州省镇远县志编纂委员会. 镇远县志[M]. 北京：中国文史出版社，2017：71.

之发生了巨大的变化。辽家坳及周边邻近区域的农耕生计方式，因辽家坳集贸市场的开设而出现了明显的变迁。辽家坳集市开设于20世纪80年代中期（1984—1986），这个时间段也成为当地耕作程序变迁的重要转型期。

（一）从自选种子到市场购种

选种作为耕作过程中最初的环节，在整个耕作系统中占有极为重要的作用。种子选择的好与坏，直接关系到收成的丰欠情况。在市场经济还没有全面影响到农作物领域时，原来的选种是从前一年的秋收时节便开始的。每年秋收时，庄稼人会选择圆润粗长且谷粒饱满的稻穗，捆绑成手腕般粗的几小捆，带回家挂在房梁通风口处，并时常关注着谷粒的好坏以及防止鼠虫等的偷食。待新的一年播种时节，将悬挂房梁的稻穗取下用作种子。

随着市场经济的全面兴起，各种农作物种子也随之市场化，原来需要自己保存的谷种可以从市场上购买获得，减少了人们精心料理谷种的各种程序，人工选种方式逐渐被取代。市场购买有省时方便、品种多样的优势，更为主要的是市场化的谷种大多为新品种，对山地的适应性要强于老品种，产量在原来的基础上得到较大的提高。

（二）从"栽懒秧"到二道育秧

农历三月中旬，将谷种放入常温水中浸泡2~3天后取出，滤干后置入相对密封的器皿中，每天以温水灌之。如此2~3天时间，待谷粒刚吐出白芽时用竹篾器或其他过滤装置将其滤干，均匀撒在用肥力较好的细泥土堆砌而成的长方形土箱上，或撒在秧地田中的长方形泥箱之上，用薄膜在竹弓的支撑下将种子盖住以保持稳定的温度，保障谷芽的生长。待到谷芽长成后进入插秧阶段。

插秧通常分为两种情况。一种是待谷芽在泥箱上长到10多厘米后，直接移栽到庄稼田里。这个过程习惯是被称为"栽懒秧",因为产量相对较低,在近 20 年以来逐渐被淘汰,只有少许的人家因劳动力不足而仍在采用。另一种是待到新芽长到 4~5 厘米高时,移栽到秧地田①中,这个过程常被称作"栽第一道育秧"或"栽咪咪秧"②(见附录图 16)。待秧地田里的秧苗长到农历四月底至五月端午节前后,约有 15~20 厘米高,遂将其移栽到正式的庄稼田中。这个过程常被称作"栽第二道育秧"或"栽大秧"(见附录图 17)。第一次插秧时,水位要相对浅些,超出秧田水面 1~2 厘米为最佳。栽大秧时,田中的水位要适宜,常高出田面 5~12 厘米。水位过高则会淹没秧苗,可能导致其夭折。水位过低则容易使秧苗暴晒于烈日之下,不利于秧苗成长。经此两道栽秧的过程,秧苗正式下田,成为稻秧。

在栽秧当天,农户通常会杀鸡、羊等以表示庆祝秧苗下田,姑且将其称作"庆祝宴"。旧时在晚间开饭之前还会到香火前祭拜祖先,以感念祖先传授农技之恩德,后来这一习俗渐次消失,但形式依稀保存了下来,笔者在调研期间也感受到了这一点。

(三)从牛耕到机耕

春节过后,人们渐次开始犁田,将田犁过第一次,关水覆盖浸泡使泥软化,待到快栽秧的前几天再犁一次,称作翻田。在翻田之后用耙(见附录图 18)耙田,称作耘田。经过翻田和耘田共三道程序后,方可插秧。(免耕田另当别论,后文会涉及,此不赘述)

随着集市的发展,尤其是在近年来机械农具进入偏远山区的市场,辽家坳区域原本只能借助牛耕的犁田方式发生改变,机耕逐渐取而代之。虽然还有很多农户仍采用牛耕,但其被机耕取代是必然的。一是因为养牛需要长时段的时间和精力,对农民来说越来越成为一种负担;二是可耕地逐渐被经济作物的种植所取代,用于养牛的地方逐渐减少。机械农

---

① 秧地田:即专门用于栽种第一道秧苗的田。
② 咪咪秧:当地方言,即小秧或早育秧。

具则具有价格便宜、购买方便、储存便利、持久耐用等特点，这是耕牛所不具备的。故牛耕被机耕取代也是一种必然趋势。

（四）从农家肥到化肥、复合肥

犁田后，将农家肥撒在田里，以起到肥田的作用。农家肥通常为牛粪和猪粪等家畜粪便。在田地平整后，将牛塘①处的粪渣挑到田里，撒在秧田里，既可以起到软化泥巴的效果，也可以增加肥力。这种方法贯穿于整地②和施肥等事项中。如遇靠高坎的田，农户通常会将高坎处的嫩草割下，踩踏在田中，称为"割秧草"。割秧草既是秧田肥料的需要，也可以使即将下田的秧苗最大限度地接受阳光的照射而不至于被杂草遮挡光线影响生长③。

据当地人介绍，化肥④等在20世纪90年代初期开始在辽家坳村域内大量使用，因其对于庄稼的生长促进作用要远高于农家肥，20多年以来一直成为当地人依靠的肥料。然而，随着化肥等这些无机肥料的长期和不合理使用，地力出现了明显的下降，泥土僵化、板块化，农产品的质量严重降低。

（五）田间管理

田间管理包括的劳作事项较多，包括管理水位、除虫、除草和施肥等。秧苗在移栽下田后2~3周的时间，开始施第一次肥料，因紧追插秧进行，且起到及时给予秧苗养分的作用，故称为"追肥"。追肥前用手扯除田中杂草，用脚踏断秧苗的部分旧根，称作"薅秧"（见附录图 19），以确保追肥的养料能被秧苗最大限度地吸收。

---

① 牛塘：即专门用来拴牛的地方，因经常用用草料喂牛，牛吃剩下的杂草渣滓混合牛粪变成肥料。
② 整地：平整土地。
③ 采访人：叶成勇、田文。采访时间：2018 年 7 月 3 日。受访人：梁博华，69 岁，原居下葛藤坪，现居辽家坳集贸市场。
④ 化肥是化学肥料的简称。也称无机肥料，包括磷肥、钾肥、氮肥、复合肥等。

在化肥大量进入辽家坳之前，农民通常用草灰混合牲畜粪便撒在秧苗的行距和窝距处，一是为了增加田地的肥力，二是为了消灭田中的危害性虫类。因为灰烬有除虫的功效，有的人家还在下雨过后乘机将草木灰撒在秧苗上，减少害虫对秧苗的蚕食。农历六月，秧苗长成熟，根据地势高低不同，逐渐由低到高谷穗开始出线，渐渐开始扬花[①]。这段时间是应重点注意的阶段，防虫、防牲畜等。一般来讲，稻秧从下田到结果的过程要经历三次薅秧、三次除虫和三次施肥。但现在很多人已经变得懒惰，薅秧基本没有（稻田养鸭在一定程度上起到了薅秧的作用），除虫用杀虫剂，而施肥更多的是化肥。

（六）收割及归仓

农历八九月份，稻谷成熟，金灿灿地装点着沟壑平坝，给人以一种极大的获得感和幸福感。水稻收割，以灌斗置于田中，将割好的谷子用力于灌斗内壁拍打，以使谷粒洒落在灌斗中，集中装进箩兜挑回家。为了防止长时间堆积造成的霉烂，通常放在自家院坝里用"晒天"晒干（现在板房多了后，多数人家将谷子倒在水泥板面晒）。谷子晒干后，用"风簸"[②]（见附录图20）将谷子里面的杂质分掉，剩下的谷子才归仓保存。整个过程叫作"扬干簸净"，人们对稻谷收成的计量也用"扬干簸净"后的数量来计算，计量单位通常为"挑"，每挑常为120斤。

二、稻作免耕法的变迁

在调查过程中，笔者于白岩、罗家寨、方寨等地对"免耕"的稻作方式作了初步的调查。免耕又称零耕、直接播种，指作物播种前不用犁、耙整理土地，直接在茬地上播种的耕作方法。这种方法本是原本适应于旱地作物的耕作，而对于水稻的种植，应是在此基础上进行借鉴的。

[①] 扬花：即稻谷成熟后，通过风力的作用传花授粉的过程。
[②] 风簸：方言，谷粒与碎草絮的木制分割机。

牛耕技术的推广为以翻耕为基础的精耕细作提供了可能，但牛耕技术的产生经历了极为漫长的历史过程，甚至在牛耕技术产生后，传播到西南地区又是一个漫长的过程。李景寿老师在其文章中指出"明代贵州农业生产还普遍较落后，几乎不使用牛耕"[①]。据此，我们可以认为，辽家坳地区使用牛耕的时间应该不会早于清初，这与当地最早迁入外来移民的时间也比较吻合。在牛耕技术还没有普及到的地方怎样种植水稻呢？或许我们能从免耕技术上找到答案。所谓的稻田免耕，即不用耕牛犁田，而是在插秧时直接插在田中，有一套极为科学的耕作系统。

（一）关于免耕播种法的文献资料记载和研究

免耕技术，中国古已有之。中国古代文献中，不乏"刀耕火种"和"火耕水耨"的记载。如《史记·平准书》中即有"江南火耕水耨，令饥民得流就食江淮间，欲留，留处"[②]的记载。火耕水耨意指用火烧掉一片空地上的杂草后播种，然后为了除去杂草草根再引水入田浸泡的耕作方式。东汉时期应劭在《史记·平准书》之《集解》中对"火耕水耨"有这样的解释，即"烧草下水种稻，草与稻并生，高七八寸，因悉芟去，复下水灌之，草死稻独长"。据此，我们说"火耕"即是在种植之前放火将田中的杂草烧掉，灰烬汇聚田中可作肥料，然后下种。"水耨"则是指在禾苗长出约26厘米高之后，将田中杂草割除，然后放水将草根淹没以闷死之。腐烂的杂草和草根又可以作为肥料增加田地肥力。这样的耕作技术应该可以看作"免耕"系统的雏形。

完全意义上的免耕稻作技术是建立在较为先进的灌溉技术之上的，灌溉用水必须得到全时段的保证。草木灰作为免耕系统中肥料的最为重要的来源，在整个稻作生产过程中起到了极为独特的作用。不仅可以作为肥料，同时还能用于除虫。据此我们认为，脱胎于"火耕水耨"耕作技术的免耕系统是集除草、除虫和施肥于一体的，是三者的有机结合。正

---

① 李景寿. 移民与明清时期贵州的农业开发[J]. 农业考古，2014（4）：19~20.
② （汉）司马迁. 史记[M]. 北京：中华书局，2006：187.

如李修松等所言："显然已非原始的稻作农业所能拥有的技术，而是随着春秋战国时期淮南水利事业的发展，稻作技术到达一定水平的表现。"①

上述文献资料通过对肇始于春秋战国时期的"火耕水耨"的耕作技术做了历史记载和相关解释，爬梳了火耕水耨农业生产技术的大概面貌。这样的生产技术被稻田免耕技术很好地进行了传承、改进和创新。

传统意义上的免耕播种法，在我国历史上出现较早。虽然不是现代意义上的免耕法，但在牛耕出现以前的人畜力曳引农具的条件下，其作为一种历史的选择被逐渐地推广开来和传承下来，既有其特定的历史价值，也彰显了我国古代劳动人民的智慧。

东汉的郑玄在给《周礼·雍氏》作注时写道："今俗谓麦下为夷下，言芟荑其麦，以种禾豆也。"意思即将小麦割成平茬以便种谷子和大豆。这种麦收之后浅耕或不耕而直接播种以争取农时的做法，一直沿用到现在，即所谓"铁茬播种"，在华北地区仍很流行。②不过，这种耕作主要使用于旱地，水田稻作的免耕技术或许是借鉴于此。曾任贵州巡抚的郭子章在《黔记》中也有这样的记载："金竹有克孟、牯羊二种……耕不挽犁，以钱镈发土，耰而不耘。"③

北魏时期农学家贾思勰在其所著的《齐民要术》一书中对于"不耕而种"的耕种方法有记载："地不求熟。秋锋之地，即禾穛种。地过熟者，苗茂而实少。"④在豆类对土地肥力要求不大的情况下，保证土壤肥力的适中而选择"穛种"，宋时有此书《广韵》解释道："不耕而种曰穛"。⑤上述材料说明免耕播种法原本是只适应旱地。

为了解决套种和复种等多熟种植和季节、农时的矛盾，明清时期的免耕播种得到了进一步的改善和发展。进而在双季间作稻、稻豆复种和套种的耕作过程中总结出了免耕播种法。郭文韬在其《中国古代的"免

---

① 李修松，张宪平. 春秋战国时期淮河流域农业生产述论[J]. 中国农史，1998（1）：8.
② 陆欣来. 免耕和少耕[J]. 耕作与栽培，1985（2）：4.
③ （明）郭子章著，赵平略点校. 黔记[M]. 成都：西南交通大学出版社，2016：406.
④ （北魏）贾思勰著，石声汉校释. 齐民要术今释[M]. 北京：中华书局，2009：115.
⑤ 转引自郭文韬. 中国古代的"免耕"法[J]. 中国科技史料，1986（5）：21.

耕"法》一文中总结古代"免耕法"和现代意义上的免耕法的异同点时指出，它们之间的相同点是都采用"免耕"，而不同点则在于中国古代免耕法是"耕与不耕的结合"，古代的免耕法在整个轮作周期中是整个耕作体系的一个环节，其前作大多有一定的耕作基础，主要表现在套种和复种上，即"前耕后不耕"。同时指出，古代的免耕并非绝对意义上的免耕，只是在播种阶段采用免耕，而在作物的生长过程中仍然需要中耕除草等。因而古代的免耕法更应确切地称作免耕播种法。[1]

现代意义上免耕法，是建立在现代物质基础之上的耕作方法，无论是轮作周期还是作物生长周期都是免耕的。因而被称作完全意义上的免耕法。[2]从这个意义上来说，辽家坳村域内的免耕应是古代免耕播种法和现代意义上免耕法的有机结合。既体现了免耕在播种环节的"不耕而种"，同时也体现了现代除草等技术在整个稻谷生产环节中的应用。

（二）辽家坳村域内的"免耕"技术

笔者对辽家坳区域内免耕技术的大致耕作过程进行了记录和整理，并对其得以实现的可行性条件做出简要分析。辽家坳区域内的"免耕"技术实际上是现代农业技术与古代农业技术的高度结合，是"耕"与"不耕"的结合。"耕"的过程体现在秧苗下田后的各个环节，而"不耕"则主要体现为秧苗下田之前对于水田的浸泡过程。可以说辽家坳的"免耕"技术实际上是一种"半免耕"的农业种植模式。

秧苗下田之前的"水耨"即指在秋收后，向田中灌水，让水浸泡水田一个冬天，慢慢将田泥软化，来年春种时插秧就更加便利且秧苗容易成活。这种"水耨"的技术是人们在征服自然的过程中总结出来的一种行之有效的办法，对自然具有较强的适应性。后来这种技术逐渐被应用于更多的农作物种植，形成了一种具有地方特点的耕作技术。

免耕技术的出现，必然以便利的水利条件为基础。辽家坳村域内的

---

[1] 郭文韬. 中国古代的"免耕"法[J]. 中国科技史料，1986（5）：24.
[2] 郭文韬. 中国古代的"免耕"法[J]. 中国科技史料，1986（5）：24.

稻田多呈梯状分布，山间下流之水，可以直接用作灌溉田地。在相对平缓的地方，仍然可以引"长流水"以灌之。同时，村域内山高林密，有道是"山有多高，水就有多高"，正常的灌溉用水能够得以供应。较为便捷的灌溉条件，为从秋收到春耕的整个时间段提供了水源的保障，不至于因缺水而导致"水耨田地"的计划落空。

秧苗下田后的管理。秧苗下田及以后的各个环节大致与现代稻作技术是一致的。而一旦免耕系统跟稻田养鸭和养鱼相结合，就会免去诸如"薅秧"、杀虫等环节。免耕系统下的施肥，除了现代农业所需的化肥、复合肥、磷肥等肥料之外，所施的肥料还有草木灰与大粪①的混合物。草木灰加上大粪作为肥料既有取材方便的特点，也可以在一定程度上起到杀虫的作用，大粪的毒气是很多害虫的天敌，同时能增加田地的肥力。

除草与薅秧更多地利用了当地的新型稻作农业系统的便利条件。两个环节都是在秧苗根茎稳固后进行。其他地方多进行人工除草，而辽家坳区域内则更多地利用鸭、鱼等作为除草工具。鸭和鱼在稻田中生长，对于稻秧的根须有松土以促进其生长的作用，对于野草嫩芽的生长也具有较大的破坏作用，进而保证秧苗对田中养分的较充分吸收。

免耕本为耕作过程中较为初始的状态，后来逐渐发展成为一套较为稳定的耕作技术。在牛耕技术和铁器技术传入之前是最为主要的耕作方式（不排除有少量的"少耕"技术存在），直到现在，免耕的稻作方法依然能够在辽家坳区域内找到很多案例，只是这种技术在性质上已然发生了改变。形成了"耕"与"不耕"的结合体，实际上是一种"半免耕"的农业技术系统。

免耕稻作技术既有特定的历史性，还有极大的传承性。其历史性是社会历史发展的客观选择，因特定历史时段生产要素的缺乏而被广泛应用。其传承性是文化传承中的选择，在牛耕和铁器农具传入后仍然沿用甚至有所发展。耕牛、劳动力等要素缺乏的部分农家，充分借鉴和传承了历史上这套极具智慧的耕作技术。

---

① 大粪：在人类认识和改正自然的过程中，常常将"人"作为最有智慧的生物，即"以人为大"，故将人体所排之粪称作大粪。

中国传统意义上的稻作免耕技术，其精髓是"不耕而种"。这种技术被人们在生产实践中逐渐优化和完善，形成一套具有地方特色、适应性强的水田耕作系统。在辽家坳，一些农民也常采用"免耕"形式，但其原因发生了较大变化。很多是因为农户的懒惰或缺乏劳动力造成的。某一龙姓人家，家中养了两头牛，但其稻秧却是采用"免耕"的形式，耕牛主要用于变卖。询问得知，春耕开始之前，这家并没有进行相关耕作事宜的准备，因为怕麻烦，且家里男性劳动力不会犁田。白岩姚姓一户人家，今年也使用了免耕形式，但主要原因是缺乏劳动力。类似案例较多，不再一一列举。有的人家直接将秧苗栽种于水田中，但其插秧的目的是以秧苗养鱼，不用收割谷粒。将稻田免耕技术应用到稻田鱼的养殖中来，不得不说是对伟大的历史智慧的借鉴和传承。

在免耕系统下，因投入的劳动力和资金较翻耕少，有的人又懒于去进行田间管理，生产劳动的积极性不高，杀虫、除草等一些必要的环节没有认真地履行，缺少对秧苗生长基本的照料，免耕逐渐变质而成为"懒耕"，所收获所得谷物要远远低于翻耕所得。这是应该引起庄稼人注意的。

第二节　旱地作物种植环节的变迁及功能的转型

玉米和土豆的种植，在辽家坳村域内较为常见，但种植规模不大，主要受到可耕地少和其他自然地理条件限制等因素的影响。随着社会的发展、政策的转型等，以玉米为代表的旱地作物种植环节发生了变迁，而土豆栽种的功能性意义渐渐出现了转型。

一、玉米种植环节的变迁

（一）从"留种"到市场购种

玉米种子的选择和稻谷种子的选择在程序上有相似性。收获后，选择较大、较圆、颗粒饱满的玉米棒，留好玉米壳，将其剥开后连同其他选好的种子一起挂在房梁通风处。做好相应的防鼠防虫措施，待到来年春耕时再取下以做种子用。整个过程称作"留种"。随着市场的兴起，"留种"的现象逐渐减少，在收割后直接去壳、晒干、归仓。来年春耕时节，直接到辽家坳集贸市场上挑选购买。市场购种具有方便、品种多、选择面广等特点。

（二）从"放火烧山"到精细捞土

约在农历的正月下旬，农民渐次进行春耕准备。通常由妇女带镰刀等工具到地里将野草割掉，将耕地周围影响植物采光的树枝砍掉，放在土中烧掉以增加土壤肥力，或背回家中做柴火之用。在确保土地上无不易腐烂的草木或容易生长的草根后，才进行下一个环节的劳作，这个环节通常称之为"捞土"。过去因粗放的放火烧山的耕作方式，导致大量的植被受到破坏，生态受到了恶劣的影响。随着森林防火相关政策法规的出台，人们的思想观念也得到了实质性的改进，近些年来，原始的"放火烧山"的耕种方式完全被放弃。

（三）从铧土、秒土和抨土到机耕

"捞土"之后，通常由男性劳动力用牛翻地，将沉淀一个冬天的土地再次翻耕，称为"铧毛土"。泥土经沉淀一段时间，待到正式种植玉米籽或玉米苗的之前，再将土地犁一遍，称作"秒土"。秒土是对土地进一步细化的过程。秒土之后，通常由女性劳动力用锄头将土中较大的泥团抨碎，使之易于种植，称为"抨土"。随着现代耕地技术的发展，尤其是在集贸市场上耕土机器出现后，机耕逐渐取代了牛耕。较为平缓的土地大多用机器劳作，经过两次犁地后，土壤细化程度比抨土后更甚，且大大缩短了劳动时间，提高了工作效率。机耕也就取代了原来铧土、秒土和抨土。

（四）从懒种到"肥球"育秧

辽家坳村域内的玉米种植和周边地区一样，主要分为两种方法：一是直接播种法，当地人称为"懒种"或"点种"。另一种是"肥球育苗"移栽，当地人称作"肥球育秧"法。所谓"懒种"，即在翻地之后，直接在土中打窝或掏沟，将玉米种子放入其中，施加适量的牲畜粪便在种子周围，然后用泥土将种子覆盖以保持温度和防止飞禽走兽偷食。有的是在玉米籽长出新芽后才在旁边洒上适量粪水，可以同时达到防止被"偷食"和增加肥力的效果。现在的种植用肥被化肥取代，虽然节省了劳作时间和体力，但土壤因此而被"板块化"，肥力受到极为严重的影响。所谓"肥球"育秧法，即在种子移栽之前，选择一块平整土地，用竹筛筛选粉末状泥土，用水和牲畜粪便调节均匀。揉成比拳头略小的球状，在肥球上打一小孔，将用温水浸泡过的玉米籽灌入其中，逐个地将"肥球"挨个平放在开箱①后的泥土上，用竹弓搭在"箱"的两边，覆以薄膜盖好制成一个低矮的温室，以保证种子发芽所需的温度，并根据气温的变化而进行调适。在"肥球"育秧后 5~10 天不等，种子开始发芽，待其长至"两叶一芯"②时开始移栽至土中。在秧苗边淋上适量粪水，以确保土壤的湿度和肥力。整个过程称作"肥球育秧"。肥球育秧比懒种更容易成活，且玉米秧苗的所需的营养提供更足，生长更快，收获也更多。

直接播种法和"肥球育秧"法本来在耕作历史变迁过程中是具有承接性的，人们在年复一年的生产过程中，逐渐发现直接播种有"出苗率低"和"易被山鼠等偷食"的弊端，逐渐总结出了"肥球育秧"法，耕作技术上取得了重大的进步。然而，因近年来劳动力向东部沿海地带的转移，家庭农业的劳动力严重不足，为了省时省力，"懒种"也较为常见。形成"懒耕"与"育苗移栽"两种耕种方式并存的局面。

---

① 开箱：即将选择好的土地平整处用锄头整理成长方形箱子状，在其表面撒上经过筛选了粉末土粒。

② 待禾苗长至"两叶一芯"时，证明其达到了温室外生长的条件。

（五）从人工薅草到除草剂除草

薅草在整个玉米生长周期中通常进行三次。第一次是在玉米苗快长到约膝盖高时，为了不让野草带走玉米苗生长所需的养分，进行第一次薅草，称为"薅头道草"。薅草时将肥料（原来用牲畜粪便，现多用复合肥等）放在玉米苗周围，铲除周边的嫩草和泥土覆盖在肥料上，以防止肥料的挥发。第二次薅草通常在玉米苗长至人腰深时，通常在农历的四月到五月份，同样需要施以肥料，称为"薅追肥草"。第三次薅草通常在玉米苗长到最高处时，即将开始酝酿结果之前，同时施以适量的肥料以催促其开花结果，通常称为"薅催肥草"，即催熟庄稼之用。每一次薅草均伴随着施肥，两者相辅相成，共同作用于玉米的生长过程。为了节省劳力，近些年来人们多在耕种前在地中撒上除草剂，杜绝杂草的生长。有的是在玉米苗长到一定高度后，在行距间撒上除草剂。

（六）从人工归仓到机器归仓

秋收时节到来后，人们纷纷奔往玉米地收割庄稼。有的人家将玉米棒连同秸秆一起收割，捆绑搬回家后再取下玉米棒。有的人家是在玉米地里就将玉米棒从秸秆上扳下，另外再将秸秆捆绑搬回家做燃料或牲畜食料。整个过程也就是常说的"扳苞谷"。玉米弄回家后，剖开玉米壳，经过几天太阳晒干后即可归仓。过了农忙时节后，再将装好的玉米棒取出，或用火钳，或用带齿的鞋底，或手工将玉米籽取下。现在多用电器进行，打米机或磨面机的齿轮被广泛地应用于此。

二、玉米种植的政策性引导与转型

近年来，人们在耕种的过程中越来越发现玉米种植的一些弊端。除了山地地区玉米种植本身产量低、规模小、产业散和收效慢等原因以外，在化肥不合理使用的情况下，土地肥力遭到的破坏较为严重。长年种植玉米的土地再以不能满足其他农作物生长对于土地肥力的需求。用辽家坳村当地老百姓的话来说就是"再已种不出原来那么大的土豆了"。①赵青松、唐爱丽在文章《化肥对土壤的危害及解决方法》中，说到了化肥的危害主要有对土壤的污染、引起土壤酸度变化、导致土壤板结、营养失衡②等几个方面。

在经过省委、省政府相关部门的调查和总结后，出台了关于减少玉米种植和增加一些经济作物种植的政策，即"一减四增"。③"为了贯彻贵州省委省政府相关政策，加快推进农业供给侧结构性改革的系列决策部署，黔东南州从2017年秋季以来开始进行产业调整，重点实施"一减四增"战略，合乎时宜地制定了《黔东南州农业结构调整"一减四增"实施方案》。该方案旨在推进农业产业结构的优化升级，促进绿色优质农产品的迅猛发展，从根本上解决州内产业发展小、散、慢的问题。"④全州2018年计划减少玉米种植面积30万亩。已落实"四增"作物：一是酸系食品原料（蔬菜），二是精品水果（蓝莓），三是中药材，四是花卉产业。⑤

随着"一减四增"相关政策的出台，黔东南州各地陆续开始了减少玉米种植的动员与实践，一些对土地肥力衰退问题有较为深刻认识的农民也开始响应相关政策法规，改变了原来耕作系统中对玉米种植的依赖，进而寻求更加省力和高效的农作物或经济作物进行耕作。辽家坳村自然也不例外，各自然寨农民的玉米种植量也因此在2018年明显减少。

玉米种植，通过省政府在政策上的引导，当地农民切身体会，种植规模明显下降。一些常年以玉米为大宗的土地也被解放出来进行其农产

---

① 2018年6月28日，子棚组组织召开小组会议，会上由姚凯纪检员对"为何要减少玉米种植"这一问题向村民做出解释。在互动过程中，村民在谈论土壤肥力下降时谈到：再已种不出原来那么大的土豆了。
② 赵青松、唐爱丽. 化肥对土壤的危害及解决方法[J]. 养殖技术顾问，2011（3）.
③ 相关精神见贵州省农委《关于调减优化2018年玉米种植结构的实施方案》（黔农发〔2017〕96号）和《黔东南州农业结构调整"一减四增"工作方案》（黔东南农领发〔2017〕1号）文件精神。
④ 资料来源：陈丹. 黔东南州全力推进"一减四增"工程[N]. 新华网，2018-02-13.
⑤ 资料来源：黔东南州农业委员会官网，http://www.qdnny.gov.cn.

品的种植，促进了农业种植结构的局部转型。这样的政策或多或少冲击了自明清以来较为传统的玉米种植习惯，同时也正在改变着贵州农村地区的生产生活习惯。当然一些地方可能因对相关文件的解读不够深刻，出现了一些诸如官民之间的误解和矛盾，这是应该引起我们高度重视和深刻反思的。

三、土豆等旱地作物功能的变迁

辽家坳村域内，除了玉米等相对大宗的旱地农作物外，土豆等旱地作物在很大程度上起到了生计上的补充作用，尤其是在 20 世纪 70~80 年代打工潮兴起以前更是如此。同时，在日常的生活中，为了调适饮食结构，山中野菜也是很多村民的喜好。然而，部分作物的种植，其原有的"提供食物"的功能正在发生着一定程度上的变迁。

在田野调查过程中，笔者对土豆作用的认识更加深刻。当问到"土豆在生活中的作用"这个问题时，正在薅草的王阿姨给出了回答："薅下草，等洋芋长好点，这个东西现在慢慢吃得少了，在过去旧社会，因为没有多少粮食，能有土豆吃就烧高香了。到时候看到别人吃，自己想吃也可以到地里挖一点。"①不远处的罗阿姨同样也是在土豆地里薅草，笔者也走近与其交流，差不多同样的问题，得出了如下回答："反正一天在家闲着也是闲着，种点洋芋也是好玩，看到别人都在种，总感觉心里空荡荡的，想去做点事情消磨光阴。身体不好，重的体力活做不了，栽洋芋图个轻松。这么多年都这样栽过来了，习惯了，栽点洋芋会感觉心里踏实。有时候干一下活还可以达到锻炼的目的。"②从上述交流中不难看出，土豆作为高淀粉含量食物，在过去物质匮乏和生活条件极为艰苦的

---

① 采访人：叶成勇、田文。采访时间：2018 年 5 月 9 日。受访对象：王阿姨，73 岁，上葛藤坪人。
② 采访人：叶成勇、田文。采访时间：2018 年 5 月 9 日。受访对象：罗阿姨，77 岁，上葛藤坪人。

年代通常被用来作为主食食用,每天能吃上土豆即可以保证生存下来。但土豆作为生存所需的"粗粮"这一功能正在逐渐减弱,而其提供给老年人用作锻炼身体和打发时间的功能被显现出来。广大农民对于土豆有一种极为特殊的感情,因此土豆的种植已然不再是生存的需要,而是当地人对于生存方式的一种追忆和情感的寄托。

土豆种植功能的转变,实际上是饮食结构调整的结果。现代社会更加注重"短而快"的生活节奏,很多人已然放弃了原本生活中"自给自足"的生存法则,转而向市场求取更快、更直接、更方便的物质以替代。

除了土豆种植,红薯在当地社会生活中也占有较大比重,对人们生活产生了较为重大的影响。红薯作为一种粗粮,除了作为人们上山劳动时的中餐以外,更多的是用于糖类食品的制作,如麻糖[①],用以招待客人和过年过节时的点心。村域内种植相对较多的还有黄豆、豌豆等豆类和小麦、花生、油菜等经济类食品。即是对以稻谷、玉米等主粮起到重要的补充作用,同时还能获得经济收入。

四、野菜地位的变迁

野菜本作为山间自然生长的植物,为了更好地体现当地人在征服和改造自然过程中形成的适应当地地理条件的饮食习惯,笔者姑且将之列入"旱地作物"的讨论中。随着集市的兴起,饮食结构逐渐发生改变。人们购买新鲜食材更加方便,原来"喜食野菜"的习俗也在渐渐发生改变,但总体上仍在延续。黔东南地区人们爱食野菜,在辽家坳调查的几个月时间感触尤为深刻。在辽家坳常见的野菜有柴胡、椿芽、蒲公英、蕨菜、折耳根、水芹菜、肥肥菜等,随着季节的变化而不同,极为丰富。

---

① 麻糖,用红薯经高温反复熬制而成的糖类食品,具有很强的粘稠性。

喜食野菜的习惯深深地植根于饮食文化中，是不同时期生计文化的选择与历时传承的重要体现。是古代劳动人民在生产生活过程中逐渐发现和总结出来的，其最初的功能主要是"供食"。乾隆年间编修的《镇远府志》对当地的食物食法有所记载："食惟糯稻，舂甚白，炊熟必成团，冷食，佐食惟野蔬，无匙箸，皆以手掬，艰于盐，用蕨灰浸水……"①该处说到了除了糯食等主食外，"野蔬"成为佐食，可见在当地"食野菜"的习俗由来已久，本书甚至将包括芹菜、蕨菜、罗鬼菜等野菜列入"菜类"②。在缺盐少盐的情况下，还有"蕨灰"起到了重要的替代作用。

古有"神农尝百草"，其实时食物匮乏年代为了生存而向自然索取背景的映射，只是在"尝百草"的过程中，发现了"百草"的药效功能，进而总结出来一套草药治疗病症的方法。所以我们说：最初的"百草"集食物和药效于一身。区域社会的地方性知识也是在长期的尝试中总结和提炼出来的，正如"野菜上饭桌"一样，就是经验总结的结果。

当然，笔者在此并非说黔东南地区人们喜食野菜的习惯与"神农尝百草"的故事有直接的渊源关系，但作为一种饮食文化，"喜食野菜"在很大程度上与"神农尝百草"有共通之处。即便没有直接的传承关系，但不同区域不同时期的文化普同现象是存在的。据当地老人介绍，过去从山上干活回家时总会想到去摘一点野菜回家，方便得很。近些年来，在生活条件大为改善的情况下，对于吃惯了大鱼大肉的人来说，饮食结构的调节甚是必要，而野菜无疑能起到这样的作用。

野菜大多具有较强的药效（如表2-1所示），对于预防病症有很大作用，这是当地人喜食野菜的又一重要原因。在交通和医疗条件相对滞后的年代，以药效为目的的"食野菜"习俗对于保持身体健康起到了较大的作用。这种习惯被世世代代慢慢地传承下来，形成习惯。

---

① （清）蔡宗建修，龚传坤等纂. 镇远府志[M]. 成都：巴蜀书社，2006：87.
② （清）蔡宗建修，龚传坤等纂. 镇远府志[M]. 成都：巴蜀书社，2006：117.

表 2-1　野菜、药效对照表

序号	野菜名	药效	主要有益成分或作用
1	马齿苋	降血糖，治糖尿病	去甲肾上腺素
2	清明菜，又名佛耳草、寒食菜等	降血压	
3	荠菜，又名菱角菜、护生草等	降胆固醇和甘油三酯含量	蛋白质、维生素C等
4	灰灰菜又名灰菜、灰条	防贫血；通便；清热解毒	
5	苜蓿菜也叫金花菜、草头	治贫血的辅助食品；胃病或痔疮出血	铁元素；B族维生素等
6	苦菜，又名苦荬菜	胆囊炎、高血压等	胡萝卜素和维生素
7	白蒿，大名叫茵陈	风湿寒热邪气，治通身发黄，小便不利；解酒	
8	蒲公英	肝火旺、消化不良及便秘	
9	鱼腥草	防胃癌、贲门癌、肺癌等	蛋白质、多糖、钙磷等
10	穿心莲又名春莲秋柳、一见喜	清火	天然消炎和抗病毒
11	马兰头	清热解毒、凉血止血、利湿消肿、治咽喉炎等	
12	香椿	清热解毒、抗菌消炎；久泻久痢、肠痔便血等	钙、磷、钾等，"十全蔬菜"

除了表中举例说明的这些野菜之外，诸如春笋、蕨菜、筷子菜、肥肥菜等，均受到当地人的欢迎。现在人们吃野菜既是饮食结构上的需要，也是一种情感的寄托。很多人以吃野菜为乐。可以说"食野菜"的习俗已然深深地扎根于当地的饮食结构之中，甚至在很多具有地方特色的习俗中都有所体现，正如当地人过"社"所做的"社饭"便是用野蒿（野菜的一种）、木灰、椿芽等混合大米制作而成。当地人将"食野菜"的习俗很巧妙地融合在了"过社"这一文化习俗中，形成了具有地方特色的"社饭"制作过程，这是地方少数民族文化与外来文化高度融合的一个例证，也是当地历史文化多元变迁的一个重要表现。在很大程度上体现了野菜在当地社会中的重要作用。

此处对黔东南地区野菜的主要种类及药效的举例，旨在说明野生菜对于病症的预防和治疗作用。各种野生菜的药效表明，在科学技术不够发达的时代，人们通常用"食野菜"的方法以达到治疗效果。将野菜糅合米饭做成的"社饭"，又在很大程度上反映了当地"食野菜"习俗与外来文化的融合。在生产生活中总结出来的饮食文化，不仅是中国传统医疗文化的传承和发展，更是当地劳动人民集体智慧的结晶。随着科学技术尤其是交通和医疗技术的发展进步，人们防止病症的方法更加科学、合理和便捷，但"食野菜"的习俗却较为完整地保存了下来，融入"过社"等节日中去，形成多元文化共同促进的态势。因此，"食野菜"的饮食文化也经历一个"食物"—药效—食物的变迁过程。

第三节　辽家坳村农耕生计方式变迁的原因

自明末清初（辽家坳村域内有人居住）以来，稻耕和旱作在当地社会历史的发展过程中起到了极为关键的作用，是人们赖以生存和发展的物质保障。人们世代在这片土地上生息繁衍，共同演绎了具有多元文化要素特质的辽家坳区域社会的文化特征。各种生计方式伴随着社会生产力的发展，当地的农耕生计方式发生了较大的变迁，其原因是多方面的。

一、人口减少导致耕作主体地位的下降

明末清初，初来辽家坳生活的人们多因逃荒和避乱而来，人数较少，这从很多家族的墓碑信息中能够看出。大约随着康熙年间"滋生人丁永不加赋"赋税政策的提出和实施、雍正年间鄂尔泰和张广泗开辟"苗疆"，以及前文在叙述"潘家"始祖"潘海禄牛公"因赶跑"地痞"之功而"一方免秋粮"的恩惠，该地人口迅速增长。随着家族人数的发展，地少人多的矛盾逐渐显现出来，很多家族人口渐次外迁，甚至有的是举族外迁。

如原来在良里沟居住的杨氏家族便是如此。再如罗家寨的刘家，原来在此地是为大族，但搬迁至三穗县滚马乡枫木溪和响水村以及丹寨县大寨之后，现在只有5~6户居住于此。在逐渐迁徙过程中，人们找到比辽家坳更适合生活或更方便生存的地方，便陆续外迁，导致当地人口的减少。人口的减少必然导致人们选择新的或者经过变革调整的农耕生计方式，这是稻作主体地位下降的最为直接的原因。

  20世纪80年代兴起的"打工潮"，改变了原有的农业劳动力的分配结构。大量青壮年选择更为经济、实惠、方便、快捷的外出务工，农村人口的大量外流，出现了人口的季节性迁徙。很多人长期生活在外地，只有过年过节的时候回家省亲，很多人都已只是将原来的居住地当作重大节庆时的临时居住点。有的人甚至几年都不回家。有的则选择在交通条件相对较好的城市定居。笔者姑且将常年不在家耕作或因流动而无稳定时间耕作的这部分劳动力称为农业的非稳定劳动力，而将居家种植、有固定劳作时间的这部分劳动力称为稳定劳动力。故我们说：稳定劳动力的减少是稻耕、旱作主体地位下降的重要因素。

  如此等等，流动的人口增多而留居农村的人口减少。耕作农业对于劳动力的稳定需求与人口的大量外迁形成了结构性的矛盾，生计方式的调节与变迁成为解决这一矛盾的一种选择。同时，人口流动对于农业种植的依赖性也逐渐降低，转而对更方便、快捷的物质生活资料需求增多。在上述时代背景的变迁中，农村耕作系统的重要性就会相对减弱，进而导致其主体地位呈下降趋势发展和变迁。

二、市场和交通的发展导致耕作主体地位的下降

  辽家坳地处镇远和三穗两县的交界地带，距离两县县城或集市均比较远，因而形成了以两县交界线为基础，辐射到周边诸如响水、洌洞、盘山等区域的辽家坳集贸市场。市场的形成，物资的兑换与人际的相互交流渐次加强。商业性的农产品也源源不断地流向市场，在很大程度上满足了当地人对于生存物资的需求。随着市场经济的发展，原有的耕作

系统被人为地调适，关于吃穿住行的日常用品均能从市场上购买。

交通的快速发展，促进了外地更高产更优质的食物大量流入，对于当地人们的消费观念和生活习惯形成了较为强烈的冲击。大量替代性的食物也竞相涌入，人们原有的饮食结构因此被打破。"现在交通这样发达，需要吃的东西基本上都能在市场上买到，种点稻谷是为了秋收的时候看到别人有收获自己也能有收获，吃点新鲜的稻米。与其去免费帮人干农活，不如自己种点收点来得实在。苞谷就不种了，太麻烦了。"①这是田野地房东在插秧时对笔者说的话。不难看出，类似于稻谷耕种的劳作，只是为了"吃点新鲜稻米""不去免费帮人""自己有点收获"，甚至连作为旱地作物大宗的玉米（苞谷）已然不需要种植。鉴于此，我们认为当地农民真正维系生存的耕作动机在逐渐发生改变。所需的生活物资能从市场购买，是很多人摒弃下地劳作的主要信心，因为他们相信不耕种也不会出现无粮可食的困境。

三、传统农业的现代化转型

随着科学技术的发展，现代化的技术越来越多地应用于农业领域，大大提高了农作物的产量。稻米、玉米种植在高尖端技术方面的应用更是如此。然而，现代化的农业技术对于诸如辽家坳区域内的田地却起不到太大的作用。受地形条件的影响，地处山地的辽家坳地区对于现代化的农业技术需求度并不高，而传统的农业技术在经过改进后似乎更符合其实际的地理情况。

在农业技术现代化的背景下，地处平原地带的农业发展优势更加明显，高技术带来了高品质、高效率和高产量。增强了农产品的市场竞争力，因而现代化的农业技术从中东部向西部流动。但西南山地陡峭的地理条件却不能享受现代化技术带来的便利，这种因素必然让当地的农业

---

① 采访人：叶成勇、田文。采访时间：2018年5月26日。受访人：姚敦科，49岁，现居住于辽家坳集贸市场。

处于市场竞争的劣势位置，这种劣势再通过人民群众对于种植农产品的意愿和行动表达出来，也就成为当地稻耕和旱作主体地位下降的重要因素。

绝对劳动力的减少、市场和交通的发展与便捷以及现代科学技术大规模地作用于农业，成为影响辽家坳及其周边区域稻耕和旱作农业主体地位的重要因素，这些因素打破了人们对于传统耕作的认识，对市场和交通的依赖心理明显增强。农村地区生计的现代转型，是时代发展转型的重要内容。是在整个社会运作更加科学化、高速化和现代化的基础上进行的，因此是局部变迁和整体变迁的关系，是历时变迁与共时互动的高度统一。

小　结

从社会经济发展层面上来讲，随着改革开放以后经济发展的浪潮席卷而来，辽家坳区域也跟紧步伐。20世纪80年代中期兴起的辽家坳集市对当地社会的发展产生了极为重要的影响，表现在农耕生计方式上尤其明显。集市的兴起和劳动生产力的提高，稻作农业在耕作程序上发生了变迁，无论是耕田方式从牛耕到机耕抑或免耕，还是育苗上从一道育秧到二道育秧、从农家肥到化肥、田间管理等文化事项都伴随着社会的发展而呈现出现代化的发展的趋势。而"免耕"稻作系统在当地的保留和传承，既有历史因素，又有现实因素。免耕是历史上因牛耕不普及而形成的一种耕作方式。辽家坳区域的免耕系统还因时因地地与当地的"稻田鱼"养殖结合在一起，适应了稻田养鱼模式。玉米种植则在市场和政策的引导下转型，从留种到市场购种、从"放火烧山"到精细捞土、从牛耕锄耕到机耕、从"懒种"到肥球育秧、从人工薅草到除草剂除草等，市场的作用体现得极为明显。"一减四增"政策的出台，原本较大规模的玉米种植在近两年呈现减少趋势甚至将被包括药材等在内的经济作物所取代。土豆等的种植因为其地位的下降而成为庄稼人一种情怀的寄托。

野菜在当地的饮食结构中占有重要的地位，原本以之为主要菜食，现在只是作为一种调整和补充。

同时，由于山地农业固有的"封闭性"，原本就适应于当地社会的"免耕"系统也被人们继承下来，成为符合当地耕作需要的稻作模式之一，并将此融入"稻田鱼"的种养殖链条中，这种并存中的融合，互动中的交流，充分体现了当地耕作系统中的文化多元性。中原汉文化中"社节"的传入，为当地人"社饭"及与之相关的食物明显地烙上了文化交流的印记，正如野菜青蒿、椿芽等加入社饭中一样。

农耕生计方式的变迁是伴随着经济社会的发展而产生的，又因民族文化的交往互动而深入。生计中的文化事项也在见证着经济社会的发展民族民间文化的互动。辽家坳区域的人们在长期的生产生活中总结出了一套适应当地地理条件、社会发展趋势的生计方式，对历史上遗存下来的农耕生计方式做出了适应时代的调适。从事农业劳作的人口减少、市场和交通的发展、现代化的农业技术都成为当地农耕生计方式变迁的重要因素。

第三章 典型建筑样式的变迁

楼居是一个地方人们自迁入之日起，为了遮风避雨、安家立户而建立起来的一套适合地理特征和审美需要的居住建筑系统。辽家坳及周边地区木质房屋（如图 3-1 所示）的立体结构采用"五柱四瓜"式。"柱"为落地的承重构件，左右各二，中间为中柱。"瓜"为未落地的四个支撑结构，左右各二分布于中柱两边。外部结构多采用木板壁墙，称为"木板墙"。房屋的大门为两扇门，称为大门，大门外侧立腰门。楼居多为二层结构，一楼大门正上方为二楼的靠椅结构，人们称之为"美人靠"。房屋多选用当地大宗木材杉木为建造材料。为了便于写作，笔者捡取当地建筑样式中比较有典型性的文化事项进行叙述和分析。

（a）正面　　　　　　　　（b）侧面

图 3-1　辽家坳村的木质房屋样式（村寨志调查小组摄）

第一节　典型建筑样式功能的变迁

　　辽家坳区域内，主要生活着侗、苗两个民族，其楼居建筑样式也是侗、苗两个民族楼居形态的重要体现。但是，由于现代化经济的发展，社会互动极度强化，楼居在很大程度上呈现出了变迁中互动的状态，如木质结构向砖混结构的转变，同时又两种结构并存，多元文化的互动在楼居结构中体现得极为明显。辽家坳村域内的楼居多为平地楼，即没有架空防潮和隔热层，直接以泥土夯实或以沙合土等为地面的民居楼，主要建在平缓之地，①较大区别于高脚楼而相似于矮脚楼。

一、从吊脚楼到平地楼

辽家坳区域山势陡峭，房屋的建筑深深地打上了与之相适应的南方少数民族吊脚楼、高脚楼建筑的烙印。在辽家坳村域内，并没有发现严格意义上的吊脚楼，只是有些楼居建筑有其形象，我们姑且将其称为"半吊脚楼"。田野调查的体验告诉笔者，在当地存在过诸如吊脚楼的建筑样式。

笔者认为，吊脚楼建筑风格的形成，除了与大众认识的"依山而建"的自然地理条件有很大关系之外，还有一项重要原因即劳动力的相对缺乏，在挖土、破石的机器（如风转机）进入当地以前（约为 20 世纪 80 年代中期之前），人们最大限度依赖的只有人力，显然，这样单纯依靠人力平整地基的效率是低下的。人力缺少和技术水平的历史局限致使平整房屋地基的能力相对较弱，依山而建也就成为可靠的选择。

故笔者大胆猜测，明末清初，人们来到这个地方生活，渐渐总结出了以"吊脚"为样式以"依山而建"为特征的适应湿热气候条件的高脚楼建筑样式。随着人口的自然增长，劳动力增加，为从"吊脚"向平地楼②的变迁提供了可能。在调查过程中，虽然未直接发现明显的吊脚楼建筑式的楼居结构，但从一些建筑结构中依稀可以看到其"影子"，依山而建的半吊脚楼是历史时期劳动生产力欠缺时的选择。如在子棚就发现有房屋依据地形而采取了半吊脚形式，邻近辽家坳的响水村安定沟有木桩支撑的矮脚结构的楼房。这种样式应该是辽家坳区域内的人们自迁入之

---

① 程艳. 侗族传统建筑及其文化内涵解析[D]. 重庆：重庆大学，2004：76.
② 平地楼，即指没有架空防潮隔热层，直接以泥土夯实或以沙和土等为地面的民居楼，主要建在平缓之地。见程艳. 侗族传统建筑及其文化内涵解析[D]. 重庆大学硕士学位论文，2004：76.

日起就选择的与地理环境相适应的建筑样式。后来逐渐将地基平整，适应更大程度上的生活和交际需要。实现了从吊脚楼向平地楼的变迁，这一过程最早应不超过 20 世纪 80 年代中期，当地人的口述记忆佐证了这一猜想。

需要指出的是，在辽家坳区域，平地楼与半吊脚楼之间并非绝对意义上的变迁与传承关系，而是历时变迁与共时互动的结合，甚至两者并存于同一空间，形成文化多样性发展的趋势。以吊脚楼为主要建筑样式的历史时期，在较为平缓之地也有平地楼建筑。而在当下以平地楼为主的时期，依稀还有吊脚楼的建筑元素掺杂在其中，很多结构在一定程度上还是吊脚楼建筑风格的体现。

二、生活空间下移

贵州古为"蛮烟瘴气"之地，自然地理条件较为恶劣，严重影响了贵州历史上楼居的建筑样式的形成。传统的侗族楼居结构中，吊脚楼或高脚楼①所占比重非常大。干栏式建筑中"居于树"的历史经验为楼居的设计提供了极大的参考，人们在建造房屋时，就要充分考虑到地形、气候等各种条件。因接近地面的地方湿气重、蛇虫多等原因，在修建楼居时就要将不利于生存的因素最小化，故二楼通常为人们生活的主要空间，一是为了防湿气，二是为了避蛇虫。

随着劳动力的增加，尤其是 20 世纪 80 年代中后期的打工朝出现以前，相对集中的农村人口的增加，平整地基的相关技术取得了较大进步，院坝的开拓成为可能。在平整房屋地基时，留足空间用以作为院坝用地，大大拓宽了人们的活动空间。于是，原来作为主要活动空间的二楼的宽廊、"美人靠"、大厅等建筑结构的功能逐渐减退，原来需要在二楼才能

---

① 高脚楼，解娟在其文章中有所阐明，即一般建在坡脚或者坡缓的平地上，四面的立柱都在同一平面上，直接抬高木楼整个身子，房间大多为三开间，两侧相应搭建偏厦。一般会建造二层或者三层，由于地面潮湿不适宜人居住，一层不安装楼板直接竖直木柱挨着地面。见解娟.黔东南侗族村寨建筑结构及细部考究[D].哈尔滨：哈尔滨师范大学，2014：25.

完成诸如待客、议事等活动，逐渐改在院坝进行。原来需要在二楼堂屋进行的祭祀活动也自然地移至一楼。低矮的火坑也相应地移至一楼，从而更容易控制火源，减少火灾的发生和危害，更大程度上保证当地人的财产安全。

这样，随着二楼用于举行各种活动的作用降低，与之相适应的一系列设施也就出现了空间上的改变，逐渐向下移动，一楼成为主要的活动空间，二楼则退居次要地位而成为主要提供睡眠的场所，生活空间出现了整体上的下移。生活空间的下移，既是当地社会生产力发展的重要体现，也是当地人社会交往和人际交流的智慧选择。

三、腰门功能的双重属性

"腰门"（如图 3-2 所示）作为大门的辅助性设施，是当地楼居结构中极具特色的集装饰性、实用性于一体的建筑样式。辽家坳区域内木质结构的房屋中基本上都配有这样的设施。是当地人在长期的历史发展过程中选择和传承下来的文化精华。"腰门"与大门配套使用，在功能上互动，在结构上共生。

图 3-2　腰门

随着建筑样式的逐渐改变,居住空间下移,底楼空间逐渐被更为有效地利用,利用率高于高脚样式的底层空间。堂屋的功能被越来越多地应用起来,其中最重要的就是神龛从二楼向一楼的转移,实用而接地气,围绕神龛的一系列建筑结构也就随之发挥着越来越大的作用。以神龛为中心的堂屋区域既是人们生活中交流互动的重要场所,同时也因神龛的存在而显得具有神圣性和神秘性,在过年过节祭祀祖先神灵的时候又充当了独立家庭的隐秘空间。很多人在给祖宗神灵烧纸钱祭拜的时候总会轻声地在嘴里叨念一些东西,其中当然包括祖先的名讳和一些悼念的话语,以及活着的人向其祖先祈求庇护和保佑的愿望,这种"叨念"显然是不愿意为外人所知的,也就是具有一定的排外性。与此同时,很多人因少有倾诉之地,将生活中不顺利的一些重大的事件和隐秘性的话语就在"烧纸钱"的过程中吐露给祖宗神灵倾听。这种情况下,"腰门"和大门的闭合,神龛的神圣性与神秘性也就成了人们屏蔽外人窃听自己心里话的重要屏障。

从"腰门"的设计来看,笔者认为当地人的性格具有双重属性,一是对外的开放性,二是对内的封闭性[①]。大门常为开放状态,即是日常生活中语言交流和物质交换的需求所致。白天,大门显然不可能长期呈关闭状态,经常性的进进出出,使得腰门的设置更加有合理化的解释。传统的侗居建筑结构中,院坝相对较少,生活空间相对集中在二楼,而一楼更多作为简易家具和其他杂物的摆放地。而在生活空间下移后,为了通风和采光,大门通常为敞开状态,同时为了防止牲畜等的进入,"腰门"呈关闭状态。"腰门"功能的双重属性在很大程度上作用于当地人的心理,"腰门的开与大门的合"在日常生活中成为常态,两种状态的组合,成为人们生活中通风防潮和心理倾诉的重要屏障,也是当地人心理上开放性与封闭性的重要体现。这样的双重性是当地多元文化整合的产物,是客观的生活需求作用于居民内心的一种体现。

---

① 此处封闭性,并非指盲目自封,更多地指因需要而保持的与外界的隔离。

四、"美人靠"及宽廊样式的变迁

"美人靠"(如图 3-3 所示)作为侗、苗等族楼居中极具特色的空间结构,在传统的建筑中占据着极为重要的地位。在底楼空间没有被充分利用以前,它既是楼居建筑中二楼宽廊的延伸空间,同时又是人们交往互动过程中的信息传递空间。二楼作为传统侗、苗等民族楼居中最为主要的活动场所,为了更大限度地区利用生活空间,将"美人靠"设置在走廊的边缘,实际上既是采光、通风的需要,又是交际过程中外向拓展的需要,既装点了房屋的美观,也具有很强的实用性。站在作为延伸空间的"美人靠"上,可以更好地接收到来自外界的讯息。

图 3-3 美人靠

随着生活空间的下移,原来二楼的生活空间结构也随之变小。作为对外界更具有包容性和接纳性的院坝逐渐兴起,交际圈随之扩大,人际的交流与互动更加方便。基于此,原本置于二楼的"宽廊"的交际功能就渐渐失去其价值,被处于底层的院坝空间所取代,"宽廊"空间的作用由是下移。随之而来的是"美人靠"结构的孤立,甚至失去了原有的依托空间。家中女孩的活动空间也不再局限于闺房,而是更多地参与到社会的实践活动中来,成为社会互动中极为活跃甚至不可或缺的一部分。"美人靠"的功能逐渐被各种社交场域所替代。

原本作为二楼延伸空间的宽廊和"美人靠"建筑功能的变迁,也适应了当地家族分家立户的需要。据当地人介绍,"美人靠"及宽廊样式原本是适应个体家庭生活需要设立的,但在男性孩子较多的家庭中,随着他们各自婚娶,住房就会以拼接的形式相应地增加。即在原来主体框架的左右两边拼立新房,一般有几兄弟就会拼几间,房屋被越拼越长,形成"长五间、长七间"等样式。宽廊及"美人靠"样式不再适应拼接房屋的需求,其作用就会被局限在中间的一间或两间房屋上,在一定程度上影响着房屋的整体样式整齐划一。后来建立的房屋就渐渐省去了"美人靠"和宽廊结构。由分家而引起的拼接房屋的增多,也是这种建筑样式变迁的重要因素之一。

在调查过程中,我们仍能见到诸如宽廊、美人靠等二楼空间设计,且在很多建筑中都有所呈现,但其功能已然着重表现为"美观"的需要了。总的来说,楼居中二楼活动空间功能的渐变,从上到下的转移,既是人们生产生活的需要,同时也是社会交际、社会互动的需要。因生计结构的调整和劳动力资源的增加,人们对底层的空间利用需求增大,且底楼更对收割的粮食进行加工处理,被证明更适合作为日常生活的活动空间。女性思想逐渐开放,走出闺阁成为交际择偶的需要,原本"只可远观"的婚姻缔结过程被选择性放弃。底层得以最大限度地开发利用,整个生活空间明显下移。

第二节 室内空间的变迁

一、楼居建材、密集程度及室内空间概述

(一)楼居建材

木材种植历来为当地人们获取建筑材料的重要途径。杉木的种植在黔东南地区规模大,为林木培植的大宗。杉木不仅是明清时期中央王朝

大型修造宫殿和其他重要活动场所所需的木材，也是人们修建家园设计房舍的重要材料。明清时中央王朝对于黔东南地区木材的需求大大刺激了当地林业的兴起。

杉木的大量培植，还有一个更为直接的目的，即砍伐以建筑房舍。辽家坳地区，楼居多以杉木为材而建。杉木的抗腐性能极好，是建房的理想木材，但较其他材质更易着火，故以杉木为材料建成的房屋一旦发生火灾，火势蔓延的速度特别快，损失的程度特别大。

（二）房屋密集度

此处所说的房屋密集度，指一个相对地域空间内的房屋数量的多少。在一定空间内，房屋越多，密集度越大，房屋越少，密集度越小。在黔东南地区很多自然寨中，房屋的密集程度均较大，很多房屋建筑甚至紧密地倚靠在一起。

相邻两家房屋紧挨，是当地人依据山势和人口的发展而做出的选择，也是为了团结力量共同对抗来自外界的侵扰和盗窃。调研期间，笔者走访了辽家坳村域内的所有自然寨，发现各自然寨在楼居建筑上有一个明显的共同点，那就是房屋的密度极大，房屋成片相连而建。在高密集度的楼居结构中，一旦某一处发生火灾，很快便会危及相连的房屋，甚至烧毁整个自然寨。

（三）室内空间

室内空间布局，是根据当地人的生活起居习惯而决定的。传统的侗族、苗族的楼居，为了使楼层与楼层之间的功能达到相对平衡和结构相对稳固，充分利用空间以设计居住样式，一楼二楼的空间在高度上相对匀称，均较为低矮。也即是说，木质材料之间的相对距离是比较短的，楼底与楼顶的距离也较短。这种低矮的布局不利于对火的控制，一旦炊事活动中火势过旺，便很容易引起火灾。

从上述基于楼居建材、密集程度以及室内空间的描述，可以知道，防火对于当地人来说是极为重要的。为了将火灾减少，将可能因火灾而造成的损失降到最低，黔东南人在长期的生产生活实践中总结出了一套极为严密的"防火"智慧。板凳高度的选择能够说明这个问题。

二、板凳高度的选择及变迁

黔东南地区主要居住着苗侗两个民族，辽家坳自然也不例外。辽家坳村域内居民以侗族为主，苗族相对较少。清人有言："其民贫，冬月率席帽卉衣，寒必向火，故历来多火灾。而列处城市者，为患尤甚。一遇火，往往延焚数百家，少亦数十家，不可灭火，民苦之。"①以"防火"为目的在当地的楼居文化中形成了一整套较为严密的知识体系。正如罗康隆教授所言："侗族人很清楚，火灾是他们的天敌，只有把火控制了，人的生命就安全了、家人就安全了、财产就安全了，若火灾控制不好，人们的生命就会受到威胁。为了保证生命、财产和家人的安全，侗族社会早就形成了一套'防火灾'的文化体系。"②在辽家坳调研期间，笔者深切地感受到了这一点。"矮板凳"在当地的生活起居中起到了极为重要的作用。当地人用餐时，多选择坐在矮板凳上，与之相适应的是矮桌子，以配套使用。探究其原因，是多层次的。

（一）居住空间的相对狭小和低矮

如前文所说，为保证上下二层居住空间的合理利用，传统的侗族楼居中的两层房间在高度上相对均衡，都较为低矮。在低矮的楼层中，无论是在一楼还是二楼，炊事活动都必须引起高度重视。为了最大限度地使火苗远离楼顶的木板或其他木质材料，加之保存火种的需要（减少空

---

① （清）田雯、张澍、李宗昉、吴振棫著，罗书黔、贾肇华、翁仲康、杨汉辉点校．黔书·续黔书·黔记·黔语[M]．贵阳：贵州人民出版社，1992：40．
② 吉首大学罗康隆教授于罗康隆教授于 2018 年 6 月 8 日在第三届哲学社会科学智库名家·贵州学术年会暨凯里学院第二届非物质文化遗产主题活动上的讲话。

气对流），火塘（如图 3-4 所示）适当下移，也即是通过下移火塘从而加大火焰与顶层物质的间隔距离。火塘上方通常有悬挂着用竹子或木块制作成的"炕"①（如图 3-5 所示），距离火塘较近，为了能够更好地控制火势，火塘的下移也就减少了火灾发生的可能性。同样，火塘的下移，也与当地人保存火种的客观需求有很大的关联性，即通过下移火塘，在晚上休息时能够保证火种不被风刮走，以便第二天早上仍然能够很方便地应用火。伴随火塘下移，板凳的高度就必须控制在较为低矮的范围之内，通常为地面到膝盖的一半距离。

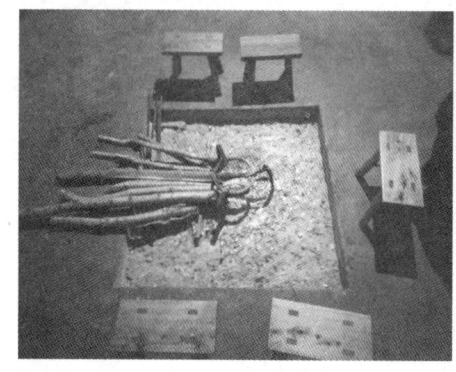

图 3-4　火塘　　　　　　　　图 3-5　炕

当地人的伙食活动通常围在火塘四周进行，火塘是当地人居家生活必不可少的重要设施，是集"人性"与"神性"于一体的文化要素，有道是：各家都有个火种。为了在用餐时不远离火塘，将板凳设计成低矮的形状，既满足蹲坐调适身心的需求，又适应了火塘的设计样式。冬天烤火取暖时，低矮的板凳更能达到御寒的效果。

（二）热情好客的民情

黔东南人民历来热情好客，乐于交际。在辽家坳村蹲点调查期间，笔者深刻地感受到了这一点。而且，黔东南人有家族式做客的习俗。客人越多，证明主人家的社交越广。人们既乐于到别家做客，也热情款待来客。

---

① 炕：用于烘干东西。

随之而来的是客人到来之后的安置问题，也就是客人到来之后坐哪里的问题。夏天稍好，因天气较热，院坝随便找个地方都可以坐着乘凉、聊天。如若遇到冬天，情况就完全不一样了，客人到来之后要保证其烤火取暖。在来客较多的情况下，为了保证每个人都能烤火，坐凳的设置就是一个极为关键的问题。在火塘空间和火塘面积相对固定的情况下，凳子越大，可供烤火的人就越少。反之，板凳越小，越矮（当然矮有限度，一般不低于 20 厘米），能够烤火的人数就越多。在单位面积上对板凳的数量提出了要求，需要凳子是低矮的。

调查中，笔者还发现了一种叫"火箱"（如图 3-6 所示）的取暖设施。通常是边长为 1 米的灌斗形设备。里面除了放置一个火盆外，还可以挤着坐下八个人左右。看起来似乎不可思议，但确是事实。这就得归功于"矮板凳"。

图 3-6　火箱

单从黔东南地区热情好客的民情来讲，为了解决"来客多"和"火塘窄"的矛盾，以及为了控制火势而使火塘下移，低矮的板凳成为适应楼居样式的合情选择。也就是说，黔东南地区对于以防火为中心而创造出来的"矮凳子蹲坐"这一文化事项，体现了当地人建筑空间和社交礼仪的一整套文化逻辑。

随着时代的发展，越来越多的高大楼房建立起来，宽大的空间也成为常态。但我们仍然能在用餐时见到低矮的饭桌和小巧的板凳。不是文化的滞后，而是这一套生存方式已然植根于当地人们的文化血液之中。无论历史中这种文化面临怎样的变迁与选择，退去的终究只是其外壳，而其内核依然保留下来，并留驻于当地人的文化逻辑之中。当然，为了用起来更加方便，市场上购买高凳子的现象也较多，尤其是在举行大型聚会或者操办红白喜事的时候更是如此。

小　结

　　从吊脚楼到平地楼的结构变化，是建立在当地社会劳动力增长、劳动工具的改进以及社会经济发展的基础之上的，体现了社会发展的历史痕迹。"美人靠"及宽廊样式等生活空间的下移适应了交往扩大化和生产生活便利化的需要，同时是家庭人口结构变化的客观需求，是生存空间的重新整合，从侧面彰显了一个区域社会的社会发展和历史变迁过程。原本作为主要生活空间之一的"美人靠"和宽廊结构都因家族人员结构的调整、农业经济生活等的变化而出现下移，这本应该是建筑结构变迁的必然趋势。然而，我们现今所见的建筑样式中却依旧能够见到在平地楼的基础上设置的"美人靠"结构，与一楼的主要生活空间相映成趣，起到了极好的装饰作用。笔者认为，这样的结构依然保存在楼居建筑中，这同时与当地人固有的民族文化认同感是分不开的，他们将"美人靠"结构再一次置入平地楼的样式中，形成文化的多元融合特征。以"矮板凳"样式的传承为视角而阐释的室内空间的变迁，是建筑样式的时代印记，其本身即是当地建筑历史的一面镜子，即便因为现在房屋结构发生了较大的改变，室内空间增高和加宽，仍然传承了"坐矮板凳"的习俗。鉴于此，我们说区域文化的形成并非一蹴而就，而是当地人们在长期的活动过程中形成的历史和现实的结合。这种结合既带有人们在历时变迁过程中为了应对来自自然的挑战而做出的适应人生存需要的调整，也带有当地人在共时互动过程中为了开放思维以应对人际关系而做出的促进社会互动的选择。

第四章 婚姻习俗

在辽家坳调研期间，笔者认真收集婚俗和葬俗相关资料，并结合相关的方志记述，对其有较为详细的了解。辽家坳的婚俗，可以说极具典型性，其中很多文化事项都可以作为中国边疆少数民族婚姻观念变迁的一面镜子。而当地的葬俗，更是呈现出巨大的文化包容性。本章的四节内容也就立足婚姻和丧葬，力图从一些侧面解构当地的"生离"与"死别"的认知逻辑。苗族婚俗主要经历游方、订婚、结婚、转脚回门等几个程序，葬俗主要有送终守灵、入棺、选择坟地、出灵柩、复山圆坟、接灵"归位"等几个阶段。[①]侗族的婚姻形式主要有父母包办、自由结合、跑婚三种形式，父母包办又分为订婚、催婚、讲彩礼、结婚四个阶段。丧葬程序则包括给死者烧"落气钱"、洗脸、换衣、孝子背笆篓引路、敲粑槽、下井、喊魂等。[②]

第一节　辽家坳婚姻习俗概述

辽家坳区域社会在近些年发生了极大的变化，在婚俗和丧葬习俗的变迁上表现得尤为明显。从根本上来说，我们对辽家坳当地的研究，需要同时兼顾侗族、苗族、汉族等多民族的婚丧习俗，但这些年却在极大程度上出现了高度的整合，形成了既有民族特色，又融入社会大潮的发展趋势。

笔者收集整理当地的婚俗，最为直接的来源有三：一是对当地妇女等群体的非结构式访谈，即了解当地婚俗的概况；二是通过葛藤萍梁氏墓地及相关家谱等的抄录、阅读，尽可能地了解当地的婚姻圈及婚姻的其他事项；三是一同在辽家坳调查撰写村寨志的贵州民族大学吴大旬教授及其调研团队所收集的相关口述资料和家谱等资料。

---

① 《镇远县民族志》编写组.镇远县民族志[M].镇远县民族宗教事务局，2001：21-26.
② 《镇远县民族志》编写组.镇远县民族志[M].镇远县民族宗教事务局，2001：53-56.

辽家坳当地的民族以侗族为主，兼有苗族、汉族等民族。由于村域内以及周边的民族结构较为复杂，因而其婚俗最为直接地体现了在侗族婚姻习俗基础上的多民族婚姻元素融合的现象。然而，随着汉文化系统的影响逐步深入，原本的侗族婚姻系统和苗族婚姻系统都在某种程度上实现了重新整合，成为婚姻文化中的子系统。

"结婚亦有媒妁，遇节跳月笙歌，有邻寨共建空房，名曰马郎房，未昏嫁者，遇晚聚歌，情稔，即以牛只行聘，归三日，即回母家，或半年而一返，女家父母向婿家索头钱……"①材料告诉我们，镇远之地的苗族等少数民族有"走马郎"的习俗，实际上就是青年男女自由恋爱习俗。同样，还有婚后一段时间"不落夫家"的习俗等。现在仍然可以听到当地人经常在三四月份去邻近的报京赶集，而目的即是去该处观赏青年男女对歌恋爱的过程。

一、一夫一妻的婚姻形态

"苗族婚姻，从古至今都是一夫一妻和自由婚姻。"②"夫妻双方，一夫一妻。称某爹（妈），以示尊重。"③"侗族婚姻，除少数统治者外，从古至今多为一夫一妻制。"④"历史上侗族的婚姻制度多为一夫一妻制，但这一制度确立前侗族地区存在过同姓不婚、姑舅表优先婚、姨表不婚等婚姻习俗。"⑤和其他少数民族地区一样，随着社会经济的发展，风俗习惯的整合，原本那些相对滞后的婚俗已然在辽家坳销声匿迹。笔者调研期间，偶尔会从当地人口中听到其祖上发家致富的历史和其他一些光

---

① （清）蔡宗建修，龚传坤等纂.镇远府志[M].成都：巴蜀书社，2006：87.
② 《镇远县民族志》编写组.镇远县民族志[M].镇远县民族宗教事务局，2001：21.
③ 《镇远县民族志》编写组.镇远县民族志[M].镇远县民族宗教事务局，2001：24.
④ 《镇远县民族志》编写组.镇远县民族志[M].镇远县民族宗教事务局，2001：53.
⑤ 蒋先梅.侗族婚姻习俗文化的传统驻留与调适研究[J].凯里学院学报，2010（4）：62.

鲜的历史，其中自然也包括闲谈者讲述的其某先祖娶了几房太太的问题。这跟前文提到的"侗族婚姻，除了少数统治者外，从古至今多为一夫一妻制"的表述是一致的，而那些所谓的"光鲜历史"的拥有者，很可能就是在特定时期具有较大权力的处于统治或领导地位的那部分人。

同样，根据村域内老棚自然寨（荥阳堂）《潘氏族谱》的记载，当地"续弦"的婚姻状态十分普遍，有的甚至续弦三次或者四次。在对葛藤萍梁氏墓地墓碑抄录和整理中发现，很多男性墓主的孝名栏都出现孝男孝孙之后同时有几个"氏"的情况，不排除当地存在"一夫多妻"制的可能，当然笔者更倾向这些现象是"续弦"所致，仍在遵循上述形态。"一夫一妻"的婚姻状态，显然是当地历史发展过程中婚姻缔结的常态。

二、同姓不婚与结义家族不婚

辽家坳区域内，通常情况下，同宗姓之间严禁通婚，认为同宗同姓的青年男女如果结婚，对后代不利。从其家族荣誉考虑，也完全不被允许。但在邻近地区有"破姓开亲"的现象，这应该是与其历史时期形成的一个大姓独居一地的客观因素有关。（后文会具体探讨）

如笔者在"家族的迁入"一章所言，有些不同姓氏之间也是不能开亲的，如子棚的林家和老棚的潘家便是如此，已然经过了十多代人仍未出现开亲的情况。当地的姚姓和吴姓、杨姓也是禁止开亲的。《镇远县志》上也有龙姓和李姓、刘姓和罗姓两两不开亲的记载，实际上就是旧时有结义之交。

三、当地婚姻习俗的一般程序

辽家坳区域内的婚礼程序，也在随着汉、侗、苗等婚礼文化高度整合的过程中，渐渐地向汉俗婚俗过渡，形成了既具有更强适应性又带有地方特色的婚礼习俗文化。现在的婚俗已经渐渐地趋向于简单化了，甚至很多礼节已被省去。但总的来说，整个婚礼一般还在或多或少地经历以下流程，包括"说亲、取同意、讨八字（讨庚）、报期、哭嫁、过礼、接亲、婚礼、回门、会亲"①。

1. 说亲（说媒）

辽家坳区域青年男女对于婚姻的选择，受到传统的"父母之命，媒妁之言"的婚姻观念的影响很深。因而父母的态度和媒人在整个婚姻的缔结过程中的"游说"起到了极为重要的作用。一些专门从事"牵线搭桥"的媒事工作的农村妇女会下意识地留意身边或者亲戚圈中的适龄青年男女，看到家庭条件和社会关系相对平等的，就力图撮合。当男女双方都了解对方的基本情况后，男方通常会请媒婆去女方家说媒。向女方家父母及女生本人介绍男方的具体情况，以征求女方家意愿，促成缔结。当然，媒婆在说亲过程中，显然都是捡双方好的方面，也就是优点进行重点描述，而那些缺点往往会被巧言掩盖或者加工。

2. 取同意（同意酒）

"取同意"即是男方随媒婆到女方家正式取得女方对婚礼的同意的一个仪式。女方家则要把女生的舅舅、姑姑、叔伯等亲戚请到家中吃"同意酒"。吃过同意酒后，男女双方缔结姻缘之事就算确定下来。尤其是请"舅舅"辈吃"同意酒"，很显然是带有"姑舅表婚"的痕迹。

3. 讨八字（讨庚）

"讨八字"，即男方去讨取女方的生辰八字，测算结婚的吉日。坊间所谓"八字还没有一撇"，也就表明两个人还没有到"讨八字"的程度，亦即离结婚还差得远。"讨八字"分为讨大、小八字之分。"讨大八字"需办酒席，请亲属来吃酒。

4. 报　期

"讨八字"结束后，确定婚礼的时间。男方媒人将婚礼时间送到女方家，这个过程便是报期。

---

① 此十流程，为贵州民族大学吴大旬教授及其调研团队总结，笔者的调查大致如是，故引用。

5. 哭嫁

即将出嫁的女子会在闺房之中哭诉，即所谓的"哭嫁"。哭嫁的内容主要是哭父母的养育之恩、姐妹之情、叔伯、哥哥对自己的恩情等等。

6. 过礼

女方家办婚礼酒席的一切物品都是由男方家提供，礼单上的物品要在女方办酒席之前送到，这就是"过礼"。现被彩礼钱取代。

7. 接亲

婚礼当天，男方家请上"八仙"吹唢呐到新娘家迎亲。接亲队伍到达女方家后，会递上三封"书纸"，分别是答谢新娘父母、迎亲的人和为新娘梳妆打扮的人。女方家告知发亲的时间，"管亲客"组织接亲队伍准备发亲事宜。接亲队伍到距离男方家百余米地方便会停下来为新娘"回邪神"。

8. 婚礼

新娘由"圆亲娘"引导下轿（下车），跨过七星灯，拿着衣禄米，踏进男方家门。"圆亲娘"对新人"封赠"吉祥话，表达对新人的祝福。随后拜堂。一是拜天地，二是拜祖先，三是拜花姐，四是喝交杯酒，五是拜亲友宾客。

9. 回门（回亲酒）

新婚的第二天，新婚夫妇二人回门。需要带上酒、肉、粑粑、一把青菜（意为认六亲）等去到岳父母家吃回门酒。新姑爷上门，新娘家人、亲戚还要给新姑爷挂红，岳父母家将亲朋好友请到家中吃酒席。

10. 会亲（会亲酒）

新郎去岳父家回门就要回家，女方的亲戚便会随着新婚夫妇回到新郎家中。新郎家要对女方亲戚热情招待，同时叫上己方亲友作陪，这就是会亲酒。至此，整个婚礼算圆满结束。

第二节 婚姻习俗中典型事项解读

一、婚姻圈的扩展

婚姻圈是研究一个区域社会婚姻状况极为重要的突破口,辽家坳区域也不例外。笔者在调研期间,对当地的婚姻圈有较为深入的关注。

(一)接纳后来移民以联姻

由于辽家坳区域内的人多为"反苗"背景下陆续迁来的,也有逃荒求生而来。但无论以哪种方式,可以肯定的是,初期兴起村寨的过程中,人口数量是极少的。如(乾隆)《镇远府志》"峒寨"条讲到侗寨概况时记录道:"山高嶂僻,深林密箐,三五户而为村,多或数十家而成寨……"①这种三五户、等十家的规模应该就是当时辽家坳境内规模最大的程度,而在侗寨条中并未记录有"辽家坳"或与之相关的内容,证明那时候该地的人口规模更小。

这就决定了当时的婚姻圈较小,当地人便抓住一切可能的条件联姻,这就包括接纳后来移民。如方寨的杨家和后来的王家的联姻就是这样的情况。老棚的潘家和杨家,在历史上也存在姻亲关系。正是这种外来移民与稍微先前的移民之间的联姻,促成了村落自然寨的形成和扩大,也促进了当地婚姻圈的扩展。

(二)关于"破姓开亲"的原因猜想

《侗款》一书中对于"破姓开亲"有所论述。"隔条沟,做亲戚。隔

---

① (清)蔡宗建修,龚传坤等纂. 镇远府志[M]. 成都:巴蜀书社,2006:97.

后门，成一对。有的看成父乱子，兄乱弟，其实是新的宽约俗视，破姓结亲戚。还是新定宽约，不是胡作乱行。"[①]显然，"破姓开亲"开始是以款约的形式规定的，得到了款首等的支持和维护。所谓的破姓开亲，顾名思义就是同姓人的不同支系间可以联姻。这种联姻在很多地方都可以见到，甚至很多地方在一些客观因素的影响下，对于同姓婚姻极为支持。在辽家坳及邻近的冽洞村也可以看到"破姓开亲"的现象。

　　笔者认为，破姓开亲还有其深层次原因的。概括起来大致如下：（1）基于当地婚姻选择范围极小而"家族延续"客观需要的矛盾而形成。当某一个姓氏人口极多，占据了当地的绝大多数的情况下，到达婚配年龄的青年男女未能有很好的条件外出寻找婚配对象，在不违背"近亲结婚"的原则下，选择在同姓的不同房族中寻找配偶；（2）客观的历史条件决定了婚姻圈的相对狭小[②]。在"反苗"战争中，当地土著人与前来镇压起事的代表王朝国家利益的军队之间势同水火，后有传言认为，凡是遇到前来镇压的军队头目的姓氏（如杨姓）的人都采取极端仇杀的方式，以至于这些大姓陷入了孤立状态，婚姻圈由是被局限于单一姓氏之内，出现破姓开亲也就不足为奇了。（3）现代社会的发展，人们的思想观念进一步放开，加之《婚姻法》中规定的"禁止直系血亲和三代以内的旁系血亲之间结婚"，当青年男女在恋爱的基础上避开了不能结婚的条件，他们之间的婚姻关系就能被允许，这为"破姓开亲"提供了法律上的依据。

（三）区域内不同姓氏互为婚姻圈

　　由于历史上形成的特殊的地理和交通条件，当地多在山地丘陵和高山深谷的影响下发展着。因而当地的婚姻圈也深受地理环境和交通条件的影响，致使婚姻圈的范围相对狭小，集中出现在相连的不同姓氏之间

---

① 湖南少数民族古籍办公室.侗款[M].长沙：岳麓书社，1988：235.
② 这是笔者在前面叙述基础上的一种猜测，证据不足，先罗列于此，以期后期继续探讨和研究。

（破姓开亲和结义不婚的情况除外）。从葛藤萍《梁氏族谱》、老棚《潘氏族谱》、冽洞《欧阳氏族谱》记录的相关资料以及笔者平时对一些墓碑的抄录和观察，抑或半年的居住体验所了解到的信息来看，当地的婚姻圈虽在范围上相对狭小，但其涉及的姓氏显然是极多的。而其中也不乏两个姓氏的多次联姻现象，如老棚潘家的家谱上有很多杨姓媳妇，冽洞欧阳氏家谱上有很多杨姓媳妇，葛藤萍梁氏家谱上和墓碑中有很多欧阳氏媳妇。如此等等，笔者还进一步留意了这些"媳妇"的来源地，其实也多是围绕辽家坳为中心的一个辐射圈。

涉及当地婚姻缔结的家族姓氏，主要有如下这些，笔者仅举例以做参考。陈姓娶进的媳妇中，有氏龙、梁、胡、罗等；杨姓娶进的有氏王、邝、石、张、田、唐、尹、邰、魏、罗、陈、邓、李、姚、吴、滕、汤、何、刘、钟，且诸如王、邓、吴、罗、陈、张、姚等姓氏多次出现；老棚张家墓中有杨、罗、王等；葛藤萍梁氏墓地中有罗、冉、李、杨、肖、姚、张、阳（欧阳）、陈、莫、刘、田、吴、明、龙、彭、安、唐、周、甘、冯、蒋、邰、林、傅等，其中如莫、阳、吴、姚、张、明等姓氏出现了很多次。诸如这些多次出现的姓氏，显然是有代际联姻的可能。甚至是先嫁入的媳妇将自己娘家女生引到婆家的情况也是常见的。这些姓氏多在辽家坳及周边地区，两姓氏之间在距离上较近，为婚姻的二次甚至多次缔结提供了可能。

（四）不稳定的婚姻缔结

和其他很多地方的婚姻缔结状态一样，当地也时有离婚事件发生。"婚后感情破裂，双方同意离婚的，由男方筹备酒席，请双方家族长老参与作证，就算离婚。"[①]笔者甚至认为，当地离婚成功事件的时有发生，在历史上应该是与其婚姻缔结的形式有很大关系的，也就是其"自由婚姻"的缔结形式使得最后的分离显得不足为齐。

---

① 《镇远县民族志》编写组编，镇远县民族志[M]. 镇远县民族宗教事务局，2001：55.

近些年来，随着外出务工潮的兴起，以及当地区域交通的逐步发达，原本比较狭小的婚姻范围被尽可能地扩大，很多姑娘远嫁诸如东部沿海地区的他方，很多外省媳妇进入当地。这在一定程度上"打乱"了当地的婚姻缔结结构，地域条件对当地人的娶进嫁出已然不再起到决定性作用，青年男女的感情成为婚姻缔结的主要依据。

当然，随着婚姻圈被打破，婚姻结构较原来相对松散，给辽家坳区域也带来了一些突出的社会问题，如"离异家庭留守儿童"问题严重。很多外来的媳妇在生下小孩后，因为受不了较为恶劣的自然条件之苦，选择放弃小孩而回到她们自己较为平坦的老家，另嫁他人。同时，由于婚姻圈的被打破以及打工潮的进一步兴起，当地的很多女性走出自己家乡，选择与条件更好地区的男生结婚。而当地的男生却因为"找媳妇难"而出现了较多的单身现象。

二、"自由婚恋"与"父母之命"

《镇远府志》载："重安江（清水江上游左岸支流）……龙舟戏……是日，男妇极其粉饰，女人富者盛装，锦衣、项圈、大耳环，与男子好看者搭话唱歌酬和，已而同语，语至深处，即由此订婚，甚至有当时背去者。"[1]当地青年男女借助诸如划龙舟等时间节点，彼此之间深入了解，进而在较为自由的氛围中结缔良缘。有的甚至当场"背去"。"男壮未婚，插雄白鸡尾于首，吹木叶或芦笙，远来跳唱，名曰马郎，凡女子悉往和之，曰摇马郎。"[2]这种婚姻缔结形式被称作"摇马郎"。

《苗疆闻见录》记载了清同治年间的相关婚俗，广大的贵州东南部尤其是镇远等地，存在"不须媒妁"的婚姻状态："男女婚娶，不须媒妁，女年及笄，行歌于野，遇有年幼男子，互相唱和，彼此心悦则先为野合，而即随之以奔，父母不之问也，必俟生育后始通好焉。"[3]该文献说明，

---

[1] （清）蔡宗建修，龚传坤等纂. 镇远府志[M]. 成都：巴蜀书社，2006：89.
[2] （清）蔡宗建修，龚传坤等纂. 镇远府志[M]. 成都：巴蜀书社，2006：89.
[3] （清）徐家干撰. 苗疆闻见录[M]. 成都：巴蜀书社，2006：603.

在清同治年间仍然存在"不须媒妁"的婚姻缔结状态，而是通过青年男女"行歌坐唱"的方式选择配偶。

这种相对自由的、落后的婚恋观，在广大的黔东南地区历史上扮演了极为重要的角色。直到现在，仍然在很大程度上体现着当地的民情和区域性。在此，我们也许会陷入一个误区，即在自由婚恋的背景下，男女双方可以绝对自由地缔结成为婚姻关系，这显然也是不符合历史与现实的。或许我们可以说，"恋"是自由的，而"婚"却在很大程度上受到了来自父母方面的影响，他们以其角色定位和生活经历告诉自己的儿女，婚配对象的选择显然应当慎之又慎。故在青年男女双方通过"游方"（俗称"摇马郎"）等形式确定情义后，仍需要父母、媒人的参与，最终的婚姻才定型。而那些因"抢婚"而导致的女方夫家与娘家互不往来的情况显然不是该类型婚姻的常态。

中华人民共和国成立前，辽家坳区域内的婚姻习俗也体现了中国传统的恋爱观和婚姻观，"父母之命，媒妁之言"在其中起着极为重要的作用。青年男女在婚姻的决定阶段并没有太多的话语权，婚姻主导权掌控在父母手里，依靠媒人牵线搭桥。当地青年男女虽可自由恋爱，但最终在选择成婚时仍然要遵守"父母之命媒妁之言"这一传统。"侗族虽有较为自由的恋爱形式，但恋爱的自由并不等于婚姻选择的自由。"[①]如今，随着辽家坳区域经济、文化、教育等事业的发展，传统婚姻习俗中不合时宜的文化元素已被摒弃。青年男女采取自由恋爱，自由择偶的婚恋观，一些富有民族特色的婚俗习惯则得以保留下来，婚礼中也采用了传统婚俗中的婚礼仪式。

需要进一步指出的是，原本由男女双方在"互相满意"之后由父母请的媒人说合时候的"父母之命，媒妁之言"与汉族地区绝对父权影响下的"父母之命，媒妁之言"应区别对待。在父权制的影响和左右下，这一形式发生了本质性的变化，即在男女双方并不相互了解的情况下，也可能被"父母媒妁"将他们结合在一起，这种结合就带有强制性。尤

---

① 项萌，刘雨露，邓敏. 侗族婚姻习俗变迁的社会性别分析——基于个人生活史的田野考察[J]. 民族文化研究，2014（2）：138.

其是到了改革开放以后，青年男女的婚恋状态再一次真正回归到"自由"的状态上来。

三、从"决于庙"到"决于人"

"父母之命媒妁之言"在很长的历史时期内对于婚姻的结缔起到了不可替代的作用。然而，诸如《镇远府志》等方志却给我们提供了另一个重要信息：

> 昏礼，纳采、问名、纳吉、纳征、请期，皆听命于庙，所以敬慎不苟也。今则侈币聘夸妆奁甚，且贫而悔婚，强而夺娶，奸名犯义往往而有，奈何？昏礼为礼之重，而沦胥至此，国风首关雎，内则重燕仪轻，曰夫妇有别，此"别"字最有意味，不敬何以有别，妇者齐也，昔人有言：相敬如宾，愿士庶一整齐之。①

"昏礼"，即婚礼。不难看出，过去人们的婚姻缔结过程，"庙"在其中起到了至关重要的甚至"决定性"的作用，婚姻的各个程序都要征求"庙"的意见。这里所说的"庙"应该是辽家坳区域内自有人居住以来形成的土地庙、飞山庙以及观音庵。这些庙宇中所供奉的神灵，都可作为当地人生产、生活、婚姻、丧葬等的重要见证。可以进一步指出的是，原本的"昏礼"中的几要素，其决定作用跟后来的婚礼过程有较大区别，但其中有一个过渡的过程。至迟在《镇远府志》编修的时间，即清乾隆年间，原本"决于庙"的这个现象发生了一定的改变，也即至迟在该段时期，婚姻的缔结原则出现了一个转型，"侈币聘夸妆奁甚"的要求被更加看重，甚至出现了"贫而悔婚、强而夺娶、奸名犯义"的情况，"庙"的决定性权威受到了极大的挑战。而"昏礼为礼之重"实际上就应该是自清初以来随着苗疆开辟后，文化的平移和推进而引起的。故我们说，"庙"的决定权受到的挑战或者说地方神对于婚姻的决定性作用的下降，

---

① （清）蔡宗建修，龚传坤等纂. 镇远府志[M]. 成都：巴蜀书社，2006：85.

实际上是文化交流过程中出现的一种转型。同书中还讲道："婚礼丧祭各有不同，八寨结婚，亦又媒妁……"①"俗无行媒，多因亲以，及亲既允之，后择母族中至亲者为媒，母舅为首，连襟次之，然婚不论财，实有足多者，初聘谓之下定，次聘谓之过礼，请期谓之通信……"②此即说明当时当地以"媒妁之言"为婚姻缔结的基本条件的现象还不是特别普遍，甚至最初的媒人其实就是其母舅、姨父等至亲。仍然处于从"决于庙"到"媒妁之言"的转型阶段。

婚姻是人一生的大事，也是社会发展的大事，是人口再生产的必要前提。因而其重要性便被提到了需要用"神灵"的见证和决定的程度。从古至今，婚礼仪式都是较为浓重的，哪怕是简单的婚礼，也会象征性地向天地神灵或信仰的神灵磕头拜谒或行其他礼仪。这说明，在婚姻缔结的过程中，包括"祖先"等在内的神灵享有至高无上的决断权或者见证权。后来，地方神灵的决断权和见证权虽然在一定程度仍然存在，但已然被逐渐传习进入的汉文化系统影响，渐次让位与"父母之命，媒妁之言"，子女的婚姻由其父母决定，尤其是在选择"适当"的门户时更是如此。姑且不论"父母之命媒妁之言"的性质，决定权力出现从"神庙"向"人"的过渡，这本身就是区域社会的一大进步。而这种转型，应该是随着当地汉族人口大量迁入后实现的。直至现在，当地青年男女的婚姻关系的确认，仍然需要征求双方父母的意见，而且在婚姻仪式中，男方仍然需要请媒人到女方家迎娶，此乃所谓"明媒正娶"。

四、从"三礼"看当地姑舅表婚痕迹

所谓"三礼"，是辽家坳当地乃至黔东南很多地方婚姻习俗中极为重要的一种礼仪。是男方在婚姻缔结过程中"讨八字"环节向女方的舅舅、姑姑和姐妹等送的"羊礼、鹅礼、水礼"的统称。"羊礼"主要是送给女

---

① （清）蔡宗建修，龚传坤等纂.镇远府志[M].成都：巴蜀书社，2006：87.
② （清）蔡宗建修，龚传坤等纂.镇远府志[M].成都：巴蜀书社，2006：91-92.

方舅舅的礼物，为一头羊，"鹅礼"则是给女方的姑姑送一只鹅，"水礼"是指给女方的姐妹送一些肉和礼菜。如果男方没有准备"三礼"，则需要给舅舅家、姑姑家和女方的姐妹准备礼钱，礼钱的数目为120元、80元、60元。①随着婚礼习俗的简化，原本送的礼物实体在很多婚礼场合都被礼钱所替代，既减去了男方接亲过程的负担，也方便接收礼物的"舅舅""姑姑""姐妹"等对礼物的安排处理。

为何要"三礼"，这是一个值得进一步思考的问题。从送礼的对象来看，是女方的"舅舅""姑姑"和"姐妹"。在笔者看来，这三者都与"姑舅表婚"有很大关系，甚至可以说是姑舅表婚在当地留下的痕迹的体现。笔者调研期间也偶有涉及，了解到原本该区域存在姑舅表婚的习俗。《镇远府志》也讲道："清江婚嫁，姑之女必定为舅媳，倘舅无子，必重献于舅，谓之外甥钱，否则终身不得嫁。"②《镇远县民族志》在讲到苗族婚俗时有云：姑舅表婚，舅可优先③。杨再奎在其文章中也认为"侗族历史上崇尚姑舅表婚，认为姑妈的女儿嫁给舅舅的儿子是天经地义的，既是对姑妈的娘家（即舅舅家）的回报，又是亲上加亲的好事。侗家人称这种往复循环的近亲通婚为'踩不断的铁板桥'。"④在此婚俗背景下，外嫁的"姑姑"的女儿要嫁的对象首先就是"舅舅"的儿子，也即我国很多农村地区流行的"姑家女，伸手取"的内涵。吴大旬教授及其团队在当地调研期间，也问及到相关问题，也认为当地有"姑舅表婚"的习俗。

侗族的老规矩是"姑舅世婚"。随着社会的发展，这种"姑舅世婚"也逐渐松弛起来，即姑妈的女儿不一定嫁给舅父当儿媳，但"卡舅公"却非行不可。"卡舅公"，主要是卡姐妹之间的同胞兄弟，即把他们安顿好，以免他们追究"还娘头"的责任。一般是给每个舅公一只羊，一桌肉菜（八斤肉），一二十斤酒，还有礼钱、糖果和鞭炮等物。姐妹家有几

---

① 送礼数额系贵州民族大学吴大旬教授及其调研团队收集所得，在此说明。
② （清）蔡宗建修，龚传坤等纂. 镇远府志[M]. 成都：巴蜀书社，2006：87.
③ 《镇远县民族志》编写组编，镇远县民族志[M]. 镇远县民族宗教事务局，2001：24.
④ 杨再奎. 侗族婚姻习俗与现行婚姻法的冲突[J]. 西南民族大学学报（人文社会科学版），2005（1）：24.

个姑娘出嫁，就要"卡"几次舅公。舅家是木本水源的地方，若不卡舅公，就要被舅公追究责任，也将受到社会舆论和内心信念的谴责。外甥女出嫁时，要请舅公坐上席。对舅公来说，要赠送外甥女料子被面，或垫单、箱子、棉絮等礼物，花费一笔钱。①

  姑舅表婚的存在，并非偶然，而是带有很大的"交换"的成分在其中的。所谓的"交换"，实际上一种具有现实经济意义的婚姻形式。即"姑姑"在从"舅舅"家嫁出时，带走了一部分财产，而作为补偿，在下一代子女婚配权力中，"姑"家之女应该对"舅"家之子实现回馈，也即是通过"回嫁"的方式达到"舅方"和"姑方"财礼和人力上的平衡。当然，其中不乏"舅权制"的影响，但其"财礼平衡"方面的意义更加显现，这种平衡最为直接的实现方式即"交换"。正如贵州大学曹端波老师在其文章中所言："姑舅表婚其实质是婚姻集团内部资源配置的一种传统机制。"②

  无论从礼物实体"羊""鹅""肉和菜食"来看，还是从简化了的礼钱来看，明显能够被我们感知的礼物的轻重在三者之间的不同，而这三者又是直接与"姑舅表婚"联系在一起的。三种礼物实体也分别有其特别的含义，三礼中的"羊礼"，更多的是展示一种"羊羔跪乳"的恩情，从某种意义上来说是女方的母亲所欠下"舅"家的情，因而"送羊"的寓意极强。送"鹅"同样有其寓意，"鹅"是洁白、圣洁的象征，也代表着经过了仪式过后的婚礼是纯洁的，更暗示着将来"姑家"如若能够与自己家联姻的话，不用担心自家的"水井不干净"③的问题。而"水礼"包括肉和菜食等，此处的"水"并非真正意义上的水，更多地是指"流动"之意，也即女孩子在未出嫁之前相互之间的走动往来。送给女方的姐妹水礼，寓意着女孩从小与其姐妹辈一起长大，同食一个地方的水、饭、菜等，形成了互助互爱和共同生长的氛围。男方娶走女方显然是对"姐妹情谊"的一种"拆散"，送礼属于一种补偿行为。

---

① 三穗县志编纂委员会. 三穗县志[M]. 北京：民族出版社，1994：108.
② 曹端波. 侗族传统婚姻选择与社会控制[J]. 贵州大学学报，2008（2）：62.
③ 水井不干净，寓意着一个村寨或者一个家族的血脉延续不正常，容易出现生病的情况。现在在广大的农村地区，仍然有选择婚姻对象看"水井"的说法。

五、情感倾诉与经济诉求并行的"哭嫁"

"哭嫁"是婚礼过程中极具特色的一种仪式,在贵州东北部、东南部很多地方都存在这样的习俗,而以贵州沿河(笔者家乡)及其邻近地区的哭嫁尤具特点。由于文章篇幅所限,只针对辽家坳地区的哭嫁做简要分析。

在接近婚期的时间,待嫁的女子会进行以诉说离别之情为主题的哭嫁。过去通常为"六天六夜"[①]。婚姻的缔结本应是一件值得高兴的事情,也是人生的大事之一,自始至终都应是包含"笑"的元素,但却被"哭"占据了很大的位置。尤其是在笔者家乡所在地的"哭嫁",更是充斥于婚姻礼仪的全过程,基本上是每到一个重要的程序都会伴随着"哭"。哭祖宗、哭父母、哭兄弟姐妹、哭亲戚朋友等等。辽家坳区域虽然没有那么隆重的"哭"的氛围,但在情感诉求方面的也能进行类比说明。对于本为喜事的婚礼来说,"哭"似乎很难理解。然而,当我们深度思考的时候会发现,哭嫁其实是有其内在动因的。

哭嫁所涉及的内容主要是哭父母的养育之恩、姐妹之情、叔伯、哥哥对自己的恩情等等。这些恩情,都是伴随着女孩子成长过程的,因而其"哭嫁"带有真挚情感倾诉的元素在其中。哭嫁是一套系统性的礼节,是上自哭拜祖先神灵,下至哭乡邻亲友甚至到场参加婚礼的陌生人。这种情感的表达是女孩在离开生养之地时的最后的真情再现。

其实,我们还需要注意"哭嫁"过程中另一个极为重要的问题,也就是哭嫁其实是"经济诉求"的一种表达形式。这里的经济诉求有两层含义,一是离别父母、兄嫂等,出嫁后对于自家的财产就已经没有了享受的权利,因此这种"哭"就是对自己家财产的一种不舍,以及希冀能够从父母、兄嫂处获得更多的嫁妆以保障婚后在婆家的生活有所保障。二是离别亲友,尤其是那些能够在平时提供饭食而不求回报的亲友,这种饭食我们姑且称为"百家饭"[②],自出嫁以后就再也没有这样的恩惠了,再来时已然是具有了另外的身份。在哭诉时,这些亲友会给予哭嫁女孩

---

① 系贵州民族大学吴大旬教授及其调研团队收集所得,在此说明。笔者家乡沿河地区女孩子出嫁,哭嫁时间通常为五天四夜。

② 百家饭:泛指人数多、品类齐的饮食等。

适当的经济安慰，以表达亲朋好友等依然在情感上联系在一起。

"哭嫁"仪式在女方的酒席上进行，出嫁女子以"哭"方式来表达与亲友、来客的离别之情。被哭的亲友要给出嫁女子准备好红包或是礼物。随着经济社会的发展，原本那些哭嫁所送的礼物也直接转化为现金，礼金根据哭嫁女孩与哭诉对象的亲疏关系而有所波动，在辽家坳当地，陌生或者没有交集的人一般给哭嫁的姑娘 10 元、20 元不等，具有亲缘关系的则大多为 50 元、100 元，而那些至亲之人或至情之人往往会给出 500 元、1000 元甚至更多。通常，一场普通的婚礼（即农村一般经济条件和社会地位的人家所办的婚礼），出嫁的女孩子通常能够收到 5 万～10 万的哭嫁礼金。这对于哭嫁者本人来说，无疑是一笔较大的经济收入。

小　结

民族文化本身应是具有其特殊性，但当多元文化在同一空间并列存在的时候，无论两种或多种文化的特性如何，最终都免不了在更大程度上出现重新整合以适应区域社会发展需求的情况。这种需求，是伴随着一种文化的相对局限而另一种文化能够在很大程度上起到补充作用的情况下出现的。

辽家坳区域的婚俗，在历史的变迁过程中已然改变了原本具有较强民族属性的仪式过程，转而在很大程度上实现了多元素的整合，以适应区域社会的发展需要。婚姻圈的扩展，是建立在外来人口的增长和当地社会发展的基础之上的。而那种原本"决于庙"的桎梏最终还是被"人"的因素取而代之，虽在很大程度上依然保留了大量的封建家长制的痕迹，但却阻止不了辽家坳区域社会婚姻习俗变迁与多民族整合的历史过程。基于"姑舅表婚"的礼仪分析，旨在追寻当地社会原本的婚姻状态，而这种状态无疑在经济和社会发展浪潮的冲击下成为历史。哭嫁，成为具有情感表达和经济诉求的双重性质的仪式，显然与当代经济发展所带来的利益化倾向有着极大的关系。

第五章 清明节祭祖活动的传承与变迁

辽家坳及其周边区域，清明节祭祖的现象十分普遍，清明节在当地也因此成为仅次于"新年"的第二大节日，甚至有很多人将清明节视为一年中最为重要的节日，而其他习俗渐渐地失去了原有的浓重意味。正如刘太裕老人所言："我们刘家对于过清明节极为讲究，这是家族文化的体现，是家族团结的重要手段，很多年轻人有时连过年都不回来，但清明节的时候却会不远千里从外地赶回，都认为这个习俗比其他的所有习俗都要重要得多。"[①]田野地房东姚敦科说："大家借这个机会，给祖先烧张纸，表示"慰问"，也可以借这个时间聚一聚，谈论一些重要的事情，这个是我们姚家最为重要的习俗。"[②]从中我们不难看出清明节对于当地人来说是何其重要，是人们用以悼念先祖、凝聚家族力量的主要节令。

　　在辽家坳区域，人们过清明节多以家族为单位，规模很大。清明将至，家族族长就会通知各房关于清明活动举行的时间、地点、活动程序、所需柴米数量等，并由分支家族的管事人将具体的消息传达到同族的每家每户。同时，因分支分房的现象较多，很多家族自外地迁入这个区域起，其定居的地点就不尽相同，四处分布。如刘氏家族有的住在辽家坳，有的居于苦李坪，有的在响水，有的在大寨，且这种分房居于不同地域范围的现象极为普遍。也即是说，这样的家族居住空间已然超越了"聚族而居"的地理界限，要求在家族清明祭祖活动时，必然打破地域限制，联系相对临近的家族各分支。可以说，当地的清明节活动，是家族式、跨地域式的集体活动。

---

① 采访人：叶成勇、田文。采访时间：2018年4月4日。受访人：刘太裕，73岁，居罗家寨。笔者在受邀参加刘氏家族清明活动时与刘太裕老人交通中所得。
② 采访人：叶成勇、田文。采访时间：2018年4月6日。受访人：姚敦科，49岁，居辽家坳集贸市场。笔者在受邀参加田野地房东姚敦科家族清明祭祖活动时与邀请人的交谈所得。

第一节　祭祖仪式过程的传承与变迁

清明节祭祖活动过程中的每一个环节均有其特别的意义,通过各个环节整合,整个清明节活动的意义得以完整地体现出来。

一、传达信息的方式已经改变

辽家坳区域的清明节祭祖活动,多以家族各分支轮流组织的形式进行,即不同年份由家族的不同分支来组织和联系。例如刘氏家族上次清明节由罗家寨刘太裕老人牵头,这次则转移到苦李坪村,由苦李坪刘氏族长组织。过去因交通原因,多通过走路传信或他人代为传信,走路传信效率相对较低,且准备时间较长,所能通知到位的家族人数也相对较少。随着通信技术的发展,现代化的通信手段被广泛地应用。交通的发展,更使得传信不再像原来那样麻烦,效率大大提高,参加活动的人数也更多,来源更广。

传信人员的选择有讲究,一般为家族一个支系的管事人(或称分房族长)。但如果出现管事人与本房中个别人有矛盾的情况下,为了避免"选择性通知",原本的传信人会通知家族长或组织举办活动的人家,再由他们直接委托人进行传信。例如在刘太裕老人传信罗家寨的刘氏家族各家时,因与 G 君有过经济和思想上的冲突,故将"不予传信"的事由向苦李坪村刘氏族长陈述,最后另外委托人向 G 君转达了参加清明祭祖活动的消息。

据刘太裕老人陈述,传信在原则上是不允许用"打电话""代为传达"等方式进行。但考虑到现在各房各支居住的距离相对较远,走路极不方便,尤其是山路很难走,就多用打电话的方式替代。很多人都已外出务工，为了让打工的人都知道家族清明活动的组织情况，也需要用手机进行传信。原来以亲身前往传信的方式，是家族各支之间相互增进感情的重要手段，也是向"外人"展示家族活动、凝聚家族人心的重要方式。但现在很多情况下只能以电话的方式替代，这是现代技术发展给家族文化互动方式带来的转型。人们在清明祭祖活动中不得不适应新的社会发展的需要，转而将原有的礼仪习俗选择性地放弃。

二、杀猪宰羊祭祖的传统延续

猪、羊等作为当地人肉食来源的大宗，用以祭祖既是对祖先的敬奉，也是当地人生活的需要。当地清明节祭祖，仍然沿袭杀猪宰羊的习俗。视当年参加祭祖活动的人数，由家族族长进行统计，将所需费用原则上均摊在全族人的名下，在考虑一些较为贫困的人家缺乏经济承受能力的情况下，可以免去其所应出资的份额，由稍微富有的人家均摊。通过分摊"困难户"份额来体现家族成员之间的凝聚力，进而增强家族的认同感。

视当年参加祭祖活动人数多寡，购买生猪一至三头不等，有的家族在经过商量后，在人数不多的情况下买羊替代。笔者认为，之所以要用猪或羊作为祭品，是有其特定含义的。猪和羊作为当地传统的家畜饲养之大宗，是自其先祖以来就已经开始饲养并作为肉食使用的动物，故猪、羊作为一种具有历史传承性的动物，更能与逝者的魂灵相通，因而也就较其他家畜更适合用于祭祀。

三、参与成员的扩大化

笔者在 2018 年的清明节期间，充当了两次"局外人"的角色，全程参与到刘家和姚家的两次清明节祭祖活动中，体验了当地清明祭祖习俗文化的浓重氛围，了解了相关的文化事项。2018 年 4 月 1 日，即清明节之前四天时，罗家寨刘太裕老人邀请了驻村第一书记叶成勇教授和我去参加刘氏家族于邻近的苦李坪村举行的清明祭祖活动。按照当地清明节祭祖习俗，除了姻亲关系之外，外姓人通常不会参加。究其原因即是因外姓人有其自己家族的祭祖活动需要参加。同时，清明节祭祖活动是一种家族活动，家族内部常常会对一些隐秘的事情进行讨论和商量，外人一般不宜听到。一旦有外姓人加入本家族的清明节活动中来，证明传信人或活动组织者的人脉是相对较广的，也说明该次活动"开放性"很强，并无隐秘之事需要商议。

参加清明活动的外姓人通常会得到活动举办家族的友好欢迎，他们认为这是对其家族的关心和支持，哪怕并未带上礼物、礼金或礼品。邀请到的外姓人越多，整个清明节活动就越成功。"我请得有人跟我一起来，这是我叫来的小田，邀请他来跟我们一起过节玩耍，让他看看我们的这个活动，他很感兴趣。还可以帮我记录一下这个活动的过程，他在学校就是学地方历史文化方面知识的。"① "好久没有其他地方的人来参加我们的清明节活动了，你来了我们很开心，也希望你跟我们一起过好今年的清明节。要是能把跟你一起的老师叫上一起来就更好了。"② 同样，参加家族活动的人能带上共同前往的外姓人越多，证明其人际关系越广。女婿原本被认为是"外人"，不参加清明节家族祭祖活动。

在这个已然不会为生计发愁的年代，人们有更多的时间和精力从事人际的交往与互动以及友好关系的建立，并以交往面宽窄和互动的活跃程度的大小作为衡量一个人社会关系的隐性标准，形成隐性的心理互动。能请到的外姓人越多，邀请者在其家族内就具有更多的优越感，在其他家族看来该家族也更具有亲和力和凝聚力。故这种隐性互动是一种双向互动，即针对家族内部，也映射家族外部。

---

① 2018年4月6日，受田野地房东姚敦科叔邀请，参加白岩姚氏举行的清明节祭祖活动时，姚叔向其家族人介绍我时如是说。

② 2018年4月6日，受田野地房东姚敦科叔邀请，参加白岩姚氏举行的清明节祭祖活动时，在坟山共进午餐，龙阿姨给我加猪肉时所说。

四、"挂亲"的组织方式演变

将清明纸用竖直的木杆插在坟头,称为挂清,也称"挂亲",即以挂清明纸的方式怀恋故去亲人的意思。"挂亲"作为整个清明祭祖活动中最为重要的环节之一,凡到场的人均需参与。因为坟山分布于不同的地方,活动的组织者会将到场的人分为若干组,划定区域让各组到不同的地方去挂清,姑且将这种挂清的形式成为"分组挂清"。分组挂清是在一个姓氏迁入某地之初,为了能够更大限度地聚合家族力量,将直系血亲和旁系血亲混合在一起,以增强家族的凝聚力。随着各家族人口的繁衍,同族人辈分的逐渐疏远,尤其是在近十年来,原本"分组挂清"的现象有向"各挂各亲"的趋势发展,原则上分组时会考虑活动参与者与逝者的关系,将直系血缘关系作为分组的考虑重点,也即是说,"阳"与"阴"的对应关系通常是父子(母子)、祖孙等的关系,例如在参加刘氏家族祭祖活动时,刘太裕老人便被分配到其父母的坟地举行"挂亲"仪式。

"挂亲"的人将"清明纸"挂在"清杆"[①]上,竖直插在坟头,通常每组坟墓只需挂上一束"清明纸"就算完成。当带上山的清明纸有剩余时,会出现将所剩的清明纸挂在一组坟上的情况。"清明日,居民上冢祭扫,每冢插纸钱一串,俗曰挂青,疑为踏青之讹。"[②]这里可以肯定的是,这并非"踏青之讹"。

对于"清杆"材料的使用,各地习俗也不尽相同。在辽家坳区域,清杆通常以新竹或较直的细木棍为宜,又以"竹"为上佳。因竹之笔直,挂上清明纸可以更加显目,也暗喻墓主后代"刚直不阿"的性格,同时,"就信仰心理与象征层面来说,'竹'为四季常青之物,枝繁叶茂,根系发达,竹笋之'笋'字与'孙'谐音,具有很强的象征意义。"[③]然而在笔者家乡贵州沿河,竹子是禁止被用作清杆的。究其原因,是竹子"空而不实",对后代子孙有不利影响。传闻用竹子作清杆后,家族中小孩子

[①] 清杆:即挂清明纸所用的竹竿或木棍,通常1至2米不等。
[②] (民国)朱嗣元修,钱光国等纂.施秉县志[M].成都:巴蜀书社,2006:541.
[③] 此分析为笔者论文答辩组周永健老师建议。

（尤指男孩）会"患耳疾"，虽非致命伤，却异常煎熬难耐。解决办法也很简单，就是将祖坟上的竹质清杆换作木质即可。虽然这样的传闻并无科学依据，但作为"保族留种"文化认同，在笔者家乡人们的思维中是要绝对严格遵守的。

只在一组坟上挂一束清明纸的不成文习俗，体现了在整个祭祖活动中，逝者之间地位的平等以及逝者后人在地位上的平等。在笔者家乡则有所不同，每到清明时节，路人会留意每组坟上的清纸数量。数量越多，说明墓主的后代人丁越是兴旺。而在辽家坳区域，则以相等的数量来体现家族内逝去魂灵和在生之人地位上的平等。两个地方对于清杆的材质以及清纸数量的选择有着完全不同的解读，即是不同区域在观念上的差异。两种认识都或多或少地影响着不同地域人们的日常生活和祭祖行为。

不同的清杆材料和不同数量的清明纸的选择，实际上都在很大程度上体现了不同地区人们对于生命、健康等的认知，是建立在传统的忠孝行为基础上的不同心理反应。

五、坟山聚餐习惯的传承

清明节聚餐，在地址的选择上分为两种情况，一是传统意义的"坟山聚餐"，二是现代意义上的"家中聚餐"。聚餐主要以吃猪肉和羊肉为主，由参加祭祖人数的多寡和大多数人的喜好而定。2018年清明节，白岩姚氏祭祖聚餐活动就选择在坟山进行。在坟山聚餐，礼仪较在家多。人们通常在家中将肉切好，备好锅碗瓢盆等生活用具，到坟山后再煮饭煮菜。饭前，除了前文提到的预先在每一组坟上挂好清纸之外，还会到别家土地里捧上些许泥土，象征性地垒在坟丘上，此过程称作"添土"（如图5-1所示）。"添土"通常由家族中妇女完成，寓意指"为祖先修葺房屋"，求得祖先保佑。土地作为中国传统农耕文明的载体，"万物生于土"，"添土"即有"得土而得万物"之寓意。

图 5-1　添土

"添土"结束后,"聚餐"(如图 5-2 所示)开始。聚餐多选择在年代最为久远祖先或对家族有较大贡献的祖辈的坟墓前,用餐前将刀头、粑粑、酒等祭祀用品陈列于每一组坟墓前,并作揖跪拜。其间,家族内的成年男子通常会商议一些诸如修葺坟茔、重立墓碑之类的事情。也谈论关于平时寨邻间的矛盾纠纷及相关的处置办法,似有征得先主同意和庇佑之意。更有家族内妯娌间、婆媳间的一些不愉快的事情也可以在坟山梳理清楚,最后大家在谈笑中解决矛盾。

图 5-2　坟山聚餐

故笔者认为,清明节坟山聚餐,实际上是借此时间节点,商议一些重大的关乎家族利益的事情,以坟地的神圣性见证所商议之事的重要性。

这样的情况下，坟山充当了家族的一个神秘公共空间，族内的人将此视为圣洁之地，人们相信祖先之灵能成为处理世俗事务的重要力量。坟山聚餐成为家族团结、人心聚合的重要推动力。

以约定成俗的清明节祭祖仪式为时间节点和空间场域，整个家族尽可能聚在一起，形成较为融洽的交流场景。其他的习俗因规模较小而没有这样的功能，故清明节祭祖活动实际上是为大家提供一个可以倾诉感情和商议大事的机会，这是除了"悼念祖先"之外，大家乐于参与祭祖活动的另一个极为重要的原因。

第二节 祭祖活动意义的变迁

清明节祭祖活动，重于形式，也重于意义。整个活动以其特有的方式诠释了当地人特有的民族心理和区域文化逻辑，具有重要的历史和现实意义。

一、从家族人力认同到家族经济认同

辽家坳区域及附近的家族，多于清朝前期至中期从外地迁入，他们的迁徙过程实际就是一个不断做出生存环境选择的过程，从一开始便以开拓者的身份与生存地恶劣的环境做艰苦卓绝的斗争，甚至还会因为利益的纷争在相邻家族之间产生长时段的争斗，决定他们征服自然能力强弱和斗争胜败的关键性因素是"人力"，也即劳动力。对各家族而言，人力显得尤为重要。因此，要想获得更好的生存环境，争取家族利益的最大化，充分理清家族群体的人员结构，以期最大限度地整合家族力量。清明节祭祖活动就为这样的需求提供了可行的活动场域。传信时，不同分支的传信人会统计好当地的家族人口数，并以"活动"的名义告知各

家各户。传信人心中有一种家族认同观念，被通知的人心中也有一种家族认同观念。分组挂清的方式被广泛地采纳，实际上也在一定程度上彰显了家族团结。

平时长期的家族互动，难免会在兄弟间、妯娌间、叔侄间等产生一些隔阂、误会和矛盾。在家族聚会时，人们可以将争执的焦点摆上台面，并由族长和一些有声望的老年人来做出价值衡量和是非判断，将是非功过在众人面前讲明。而日常生活中的大多数争执多为一些鸡毛蒜皮的小事，不会上升到敌我矛盾、公仇父仇①的程度。从这个层面上来说，清明祭祖的最初意义即在于家族的"人力认同"。

随着社会经济的发展，家族经济实力的不断壮大，清明节越来越多地成为彰显家族经济力量的重要契机。从人员的组织、购买活动所需的菜食糖果、购买肉食的种类，再到诸如烟花爆竹的数量、规模等都体现着一个家族的经济实力。这些活动用品都是入眼可见、充耳可闻的，活动的举办过程也即是对其家族经济实力的一个展示过程，其他家族在此过程中充当了见证者的角色。

二、从家族治理到社会治理

家庭是人生的第一课堂，它教知识、育道德。家风好，是家庭之幸，是子孙之福；家风差，则会殃及子孙，亦会危及社会。家庭作为社会的基本组织细胞，在整个社会中扮演着活动参与者的角色。由家庭组成的家族，是连接社会和家庭的重要载体，其组织模式、发展方向和社会担当等直接关系一个家庭的切身利益和社会的运行整体利益。因此，家族的治理和运转方式，直接关乎社会，社会治理在很大程度上要依赖于家族的治理才能得以实现。换句话说，家族就是一个小型社会，体现着社会关系的大多数方面。

---

① 公仇父仇：指由祖辈结怨而成的仇恨，即世仇，通常矛盾涉及的利益冲突较大，且解决起来较为困难。

以祭祖为核心内容的清明节活动,是家族这一小型社会运转的重要表现形式。因而祭祖活动所展现出来的关于人际交往、利益调节、矛盾裁定等都从局部体现了该家族所在社会的运行机制。

"晒谱"环节体现了清明活动的"治理"功能,是一个叙述家族社会历史的过程,国家行政力量在对这一家族式的小型社会进行治理时,往往要充分考虑到其历史迁徙与发展脉络,并根据其脉络来洞察相关人物尤其是家族中上层人物的利益取向,因为这一部分人往往是其家族利益的法定代言人。同样,家谱中的家规家训多具有教化意义,既是一个家族人们为人处世的基本准则,也是一个区域社会治理需要遵循的原则。

葛藤坪梁氏家族在当地生活了200多年,是最先迁于辽家坳居住的家族之一。《梁氏族谱》中关于家族治理的种种规定体现了当地社会治理的需求。《梁氏族谱》中明文规定了十二条家规,即早输国课、孝顺父母、友爱兄弟、尊敬长上、敦厚宗族、和睦乡邻、交友宜慎、赌博业戒、盗贼当弥、勤俭常崇、讼狱当戒、广设教训,除了诸如"早输国课"之类的条文因国家政策的调整而作为一种历史载入史册外(也可认为被按时交纳税款的公民义务取代),其他的条文具有极强历史意义和现实意义。诸如"孝顺父母",不仅是中华的传统美德,更是现在敦促年轻人履行"赡养老人"的义务的重要道德依据。其中谈到的诸如兄弟、长上、宗族、乡邻等相互关系也是处理人际关系的重要准则。慎交友、戒赌博、弥盗贼、崇勤俭等也是个人在社会实践生活中急需重视的。"讼狱当戒"实际上是劝导人们力图少做野蛮的争斗和避免不合理的私斗。

《刘氏族谱》中的族训十六条(见附录图22、23)讲道:"敦孝弟以重人伦,笃宗族以昭雍睦。和乡党以息争讼,重农桑以足衣食。尚节俭以惜财用,隆学校以端士习。黜出异端以崇正学,讲法律以警愚顽。明礼让以厚风俗,务本业以定民志。训子弟以定非为,息诬告以全善良。诫匿逃以免株连,完栈粮以省科催。连乡村以弭盗贼,解仇忿以重生命。"①在该族谱中,俨然已经形成了较为严密的组织系统,将社会生活方面的多

---

① 见(彭城堂)《刘氏族谱》第一卷第46-50页。

种行为都规定得极为明了,可以说一部以家族群体为适应范围的"地方法律"。其家规说道:"爱国家,隆孝悌,笃兄弟,别夫妇,睦宗族,谨丧祭,尚勤俭,教弟子,严过继,肃内外,重谱牒,修坟墓。孔子曰'道之以政,齐之以刑,民免而无耻。国之有法,而人民行之正轨,家之有法,而子孙行之正道。家法者,岂不重乎?'家法是子孙谨记之以令其慎独的法宝。刘氏家法须于祭享时读之。凡是刘氏族众,必须遵守之。"刘氏家法内容涉猎生活的各方面,其内容包括失教之法、丧心之法、不肖之法、灭伦之法、不敬之法、婚姻法、非礼之法、无耻之法、继承之法、财产之法、息争之法、执行之法等。可以这样说,在王朝国家的行政手段还未完全且绝对作用于地方少数民族社会的时候,"家训"成为维系一个家族乃至整个区域社会的具有法律效力的规章制度。

在祭祖活动中,家族族长等具有较高声望的人会将这些关乎家族规约的条文作为重点进行宣读和讲解,家族的后辈们会在潜意识里有一种家族的荣誉感和责任感,并以此为准绳自觉去践行其祖上曾经做过的善行,褒扬真善美,摒弃假恶丑。这样的一个过程实际上就是对家族后代子孙的一种教育过程。掌握这样的家族史和家族文化,成为地方政府治理一个小型社会的有效借鉴,甚至在解决很多矛盾纠纷时起到关键性的作用。

小 结

清明节祭祖活动作为当地较有特色的文化事项,体现着辽家坳区域内人们对祖先神灵的纪念和崇敬。仪式中的各个环节均随着时代的变迁而发生着变化,是从较为封闭的家族意识向社会治理转型的反映。其意义已然超越了原本单纯的祭祀层面和家族力量整合层面,成为经济文化认同和家族社会治理的重要手段。正如全体家族中的某一辈人共同出资修建其祖坟墓碑的行为一样,但凡家族成员均会以此为契机寻找一种家族的认同感,他们最初的意愿即是维系团结。这种愿望植根于家族发展过程中对于"人力"需要的血液之中。随着中央王朝（国家）力量的置入，当地社会显然要与主流的"王朝国家"观念相结合，原本"团结家族"的初衷服从和让位于地方社会的治理，这是对于王朝国家高度认同感的表现。从小型的家族治理到大型的地方社会治理，清明节祭祖活动起到了载体的作用。而清明节祭祖活动本身即是约定俗成的一种以"祭祖"为核心的家族治理行为。将家族中的行为准则创造性地应用于社会治理是历史时期当地人集体管理的重要手段。认识到"家训"对于家族乃至区域社会的作用，是揭开地方社会运行面貌的一把钥匙。

第六章 以梁氏墓地为例看当地墓葬习俗的变迁

葛藤坪位于辽家坳村的东北面，分为上、下葛藤两个自然寨。原本为一个小组，为了适应梁氏家族人口发展的趋势，更好地对上下两个自然寨进行科学治理，应梁氏家族群体人员共同要求，于2018年将原来的葛藤坪村民组分为上下两个组。但作为家族聚落的整体结构并未被区分，家族间的各种交往和互动仍在进行。

葛藤坪梁氏墓地（如图6-1所示），以其较大的规模和极具代表性的文化现象展现了辽家坳区域甚至北侗地区①的墓葬习俗及其变迁。笔者期待以此为个案，解读家族迁徙背景下梁氏家族的形成过程和文化心理，进而探究这一区域墓葬习俗的运行逻辑。

图6-1　葛藤坪梁氏墓地局部

第一节　葛藤坪梁氏墓地文化解读

墓葬习俗中表现出来的一系列文化要素成为反映梁氏家族社会甚至辽家坳区域内葬俗及历史文化的一面镜子。葛藤坪梁氏墓地在地域上的

---

① 所谓北侗与南侗，是一些民族学学者以侗族方言为区分标准，以贵州锦屏县中部的启蒙镇（婆侗）为南北分界点，由此往南即为南部侗族方言区，包括贵州的黎平、从江、榕江，湖南的靖州、通道，广西的三江、龙胜等地。启蒙镇以北为北侗方言区。参见李雪芬《贵州南侗与北侗民歌文化生态研究》一文中的相关论述。

逐渐延伸和规模上的逐渐扩大，是梁氏家族变迁、发展和兴盛的历史见证。笔者通过近二十天的实地调查，对梁氏墓地的碑刻做了较为详细的抄录、拍照、测量，对墓碑的形制、规格、墓主信息、世系传承等均进行仔细梳理，对当地的墓葬习俗有较为深刻的了解。收集墓碑120多通，在整理基础上发现了一系列较有内涵的历史文化现象，成为研究葛藤坪梁氏家族的重要的第一手材料。

一、梁氏墓地的分布

葛藤坪梁氏墓地的分布相对集中，主要分布在上葛藤坪自然寨的寨中及相连的茶山地，形成规模较大的墓葬群。梁氏墓地主要分布在五个地方，即牛角井、茶子山、寨中央、瓦厂坪和新土，其他地方也有零星分布，如下葛藤坪寨中和关土至上葛藤坪的路边等，有的埋到其他较远的地方，如辽家坳，数量极少，此不赘述。各块墓地中各组坟茔要么成排排列，要么交错杂处，但都相对集中。其中最为典型的即是茶子山墓地和上葛藤坪上半寨的墓地，数量多，规模大，自下而上呈现出阶梯状分布。

茶子山墓地共有墓碑27通，位于上葛藤坪的茶子山处。上葛藤坪的墓葬群，呈阶梯状分布着有碑文的56组，其他还有一些没有刊立碑文的坟墓交错其中。瓦厂坪的墓葬在下葛藤坪旁，只有13组坟墓有碑文。牛角井属盘山地，也葬有坟墓10多组，有墓碑的为9组。新土在下葛藤坪下方，墓地分布相对较为杂乱，有些成排，但多呈交错状态，有碑的墓葬有14组。还有位于上葛藤坪寨子中央和寨子顶端的各5~6组。这些墓碑集中反映了葛藤坪梁氏家族迁徙到此地后的历时变迁以及家族内部交往、与其他家族的交往等过程。

每一组墓之间界限分明，并不存在打破或叠压的关系，证明该地的墓葬年代并不长，包括无名墓葬（即没有墓碑信息的墓葬）在内也能大致推测其年代。合葬墓在梁氏墓地群中也基本未见到，只有位于新土的墓主为"梁元能""梁元汉"的兄弟俩的两座墓勉强称为合葬墓,有各自的墓碑,但坟堆连在一起。总体上来说,早期和晚期的墓葬具有严格的时间界限。

二、梁氏墓地的形制与碑文内容的变迁

墓碑作为反映一个区域社会历史与现实的重要文化要素,是研究该区域的珍贵史料。葛藤坪梁氏墓地墓碑的形制样式和规格组合,体现了梁氏自到此定居以来家族社会的历时变迁和共时互动。形制是一个共时互动的范畴,通过墓葬形制的研究,可以较为清晰地了解特定历史时期梁氏家族社会的人口结构和经济发展水平。规格更多地体现的是历时变迁的过程,通过墓葬规格的研究可以从纵向了解一个家族不同时期的经济和社会发展水平,甚至一个家族的社会交往、人际关系等也能从中窥探一二。自清朝以来,梁氏家族墓葬通过形制、碑文等体现着梁氏家族甚至当地社会的经济、社会和文化的变迁历程。

梁氏墓地的墓碑和其他大多数地方的墓碑一样,以青石为基本的原材料。墓碑主要由碑座、碑身、碑柱、碑帽等几大板块构成(梁氏墓地信息统计表如表6-1所示),各板块形成相互依托的一个整体,向世人展示着深刻的墓葬文化。(部分墓碑形制规格信息表见附录三)

表6-1 梁氏墓地信息统计表

时间段/年	碑身高/cm	碑身宽/cm	碑帽高/cm	碑帽下底/cm	碑帽上底/cm	碑柱厚/cm	碑柱宽/cm
清代	58~74	27~47	16	12	9	3.5~5	12
民国	74~89	42~49	25~34	15~16	6~12	7~8	10~10.5
1950—1990	70~90	48~54	26~39	16~21	7~14	4~9	10.5~15
1990至今	87~143	54~84	29~95	13~43	9~20.5	5~15	10~20

(一)碑 身

碑身即碑的主体部分,通常记录着逝者生前的相关信息以及与生者之

间的世系传承和亲属关系，是整个墓葬形制（如图 6-2）最能反映墓主信息的部分。

图 6-2　墓碑形制

碑身为长方形，高度和宽度随着年代的不同而有所差异，在 58~143 厘米之间，总体上呈由窄到宽、由矮到高的变迁规律，既是社会经济发展的体现，也是家族人口增长的客观需要。文字的雕刻主要有阴刻和阳刻两种形式，在梁氏墓地中主要用阴刻，也有个别墓碑采用阳刻。字体多为楷体，行书也在一些墓碑中有所体现。碑身的内容主要从左到右依次包括山向、生卒年、主要立碑人、中榜墓主信息、亲属关系、立碑时间或重新立碑时间等。

山向是墓碑中一项极为重要的内容，通常刻在碑身的顶部，从碑身的左边往右边认读。如"未山丑向""坤山艮向"等表达方式。不同的山向代表不同的含义，是根据风水观结合死者的生辰八字来确定的，再根据山向来确定死者棺木的朝向。

生卒年的主要写法为"原命生于某年某月某日某时建生/大限殁于某年某月某日某时去世"，有的墓碑因立碑时间和逝者逝世时间相去较远记不清具体时间，故只写到"原名生于吉年吉月吉日吉时建生/大限殁于吉年吉月吉日吉时告终"等字样，有的甚至只写有"生于/殁于年月日建生/

告终"等字样。部分墓碑会在墓主生卒年后加上"享阳×××春光"等，以表示墓主的阳寿年龄。

主要立碑人写在墓碑的左边，靠墓主生卒年之后。主要立碑人通常为墓主的儿子和儿媳妇，也常见孙子给爷爷辈立碑的，在墓主没有亲生儿子的情况下，立碑人通常为"祧男、继男"等，也有侄儿辈为叔伯立碑的现象，写作"侄男梁某某媳某氏"。女儿作为主要立碑人的现象出现的较晚，已是20世纪60年代以后的事了。无论是谁作为重要立碑人，最高字辈的立碑人均需放在第一位，而主要立碑人常通过墓碑的中榜信息反映出来，如中榜信息中写"故祖考×××" 的字样，则表示立碑人为墓主孙子辈。立碑人的书写格式通常为"孝男某某/媳某氏孙某某/孙媳某氏……""继男/祧男某某媳某氏……"等。

墓主的信息主要在中榜栏中体现。中榜成为整个墓碑信息中最为显目的地方，也是信息量相对较大的板块，直接记录墓主信息的最为重要的一环。其字体通常较其他信息都要大得多，刻痕也深得多。中榜信息通常写作"故祖考梁公讳某某大人之墓/故祖妣梁门某婆之墓""故/显考梁公某某大人之墓/故显妣梁婆某氏之墓""故严父梁公某某之墓/故慈妣梁婆某氏老孺人之墓""故梁公某某墓/故梁婆某氏墓"等，较为简洁。有的中榜信息会写作"皇清仙逝梁公某某大人之墓/皇清仙逝慈妣梁婆某氏之墓""皇清上寿仙逝×××之墓"等。民国时期立的碑也多出现"民国仙逝故严考梁公讳某某大人墓"的字样。还有"皇清上寿"等信息字样。

亲属关系栏多记录墓主旁系亲属，即多为墓主的侄子辈世系，他们也是立碑活动的重要参与者之一，和墓碑左边主要立碑人构成了墓主的家族亲属网络，因而亲属关系栏名字的多寡成为反映墓主家族人口繁衍程度的重要体现。亲属关系栏通常记为"侄男某某媳某氏孙某某孙媳某氏"。也有将女儿女婿名字刻录的，记为"孝女梁某某婿某某"等，但这种现象出现很晚。由于旁系侄孙通常比直系子孙在人数上要多，故亲属关系一栏通常较直系立碑人栏内容要多得多，旁系亲属人数越多，证明家族人口越发达。故我们可以说，立碑人栏在一定程度上只起到辨别世系的作用，而参与立碑（即亲属关系栏）则更能反映一个家族的强盛与衰落。这也是整个墓葬习俗中对于家族力量和家族势力的显性表达。

立碑时间即立碑人为墓主建立墓碑的时间。因经济条件或其他原因所限,立碑时间和墓主去世的时间往往有差异,有的甚至是过了几十上百年以后才立的碑,这显然是后人对其祖先的纪念和缅怀。立碑时间通常表示为"公元某年某岁次某月某日",如"公元二〇〇四年甲申岁二月十八日立""公元二〇〇六年三月初七日清明立"。有的墓碑将"生卒年"分开,将墓主"生年"写在第一行,"卒年"写在立碑时间栏,与具体立碑时间写在一起,比如墓主为"梁臧兴"的墓碑,"大限殁于六一年辛丑八月十二日辰时公元一九八九年二月二十九清明立",即是如此。立碑时间与墓主去世时相差时间的长短,可以作为一个家庭经济发展速度侧面反映,同时也是一个区域社会经济发展速度的缩影。在历来注重立碑尽孝道的梁氏家族内部,为墓主立碑成为人们竞相施行的孝道行为,立碑时间与墓主去世时间间隔越短,证明逝者家庭经济的承受能力越强,在丧葬礼仪花销后经济增长速度越快,反弹能力越强;反之,则说明一个家庭经济发展的反弹力较差。随着家族人口的繁衍,出现在碑身上的孝名越来越多,对于碑板的面积要求就越大,原来较小的碑身已然不能满足需求。约以清代、民国、1949 年中华人民共和国成立后到 20 世纪 80 年代初为时间段,碑面呈现出拓宽、增高的趋势,具体数字在上表中已有体现,此不赘述。

(二)碑 柱

碑柱是立于碑身旁边对碑帽起到支撑和对碑身起到保护作用的柱子,通常为两根。清至民国时期,因墓碑的结构相对简单,没有过多的诸如碑帽等厚重石块置于碑身顶端,故碑柱所需承受的压力较小,同时为了适应碑身小而窄的特点,碑柱也就只需要薄石板即可,更多的是起到装饰作用。清代所建墓碑的碑柱,厚在 3~5 厘米,宽在 10~12 厘米间;民国时期碑柱加厚,多在 7~8 厘米间,宽在 10~12 厘米间。随着时代和经济的发展,墓碑的形制、结构也在相应地发生变化,主要是增加了厚重的碑帽，为了起到更好的稳定作用，碑柱由薄石板变为立方体石柱。20世纪60年代至80年代，碑柱厚在4~9厘米间，宽在10.5~15厘米间；90年代至今，碑柱厚5~15厘米间，而宽则在10~20厘米间。总体上经历了从薄到厚、从矮到高的过程，与碑身形制的变化相适应。

承受重量是碑柱最为主要的作用。清代至民国时期，很多墓碑都没有碑帽，碑柱承受重量的作用也就无从谈起。但那时的碑柱充当了保护碑身的作用，存在于墓葬结构中。最初起到的作用只是隔离碑板左右两边的泥土，随着碑帽结构的增加，且很多纹饰、文字等需要在碑帽结构中体现，因而碑帽也就渐次增加宽度和高度，重量也随之增加。单靠碑身无法很好地起到承受碑帽重量的作用，这就需要增设碑柱的厚度，承重成为碑柱最为直接的功能。

墓碑上对联的书写是一个家族社会文化程度的重要体现。立碑人在为墓主立碑时，会考虑到用对联的形式来表达对于祖先的思恋、感恩以及对生者的祝福与期盼。葛藤坪梁氏墓地中的墓碑碑身少有对联，而是将对联写在了碑柱上。第一是为了节约碑身空间，第二是为了让对联更加显目，便于路人观看。对联多写在碑柱的外侧，内侧多画图案，也有写在内侧的，内外各一副。（梁氏墓地墓碑对联信息表见附录四）

图案的刻画同样是反映立碑者心理诉求和家族社会历史文化面貌的一种形式。立碑人通常将一些与当地社会生活息息相关的动植物图案和其他一些吉祥图案刻画在碑柱上，诸如鱼、羊、鹿、龙、狮、竹、花等，也有"寿""福"等字样的图案。碑柱给这些图案提供了承载空间，成为墓碑结构中最能展示碑刻文化内涵的部分之一。

（三）碑　帽

碑帽对于碑身的作用就相当于帽子对于人的作用。碑帽可以保护碑身，减少来自太阳、雨水、寒霜等的侵蚀，延缓碑面字体的风化进程。碑帽通体高在16厘米到95厘米之间，跨度较大，随时代的不同而有所不同。碑帽的长度，根据碑身的宽度和碑柱的厚度来确定，近似值为碑身宽度与两根碑柱厚度之和再适当向外延伸 3~10 厘米。碑帽高矮的变化，大致可以以世纪 80 年代为时间节点，之前的碑帽较矮，多分为两层，上下比例相对匀称，近似于 1:1。20 世纪 80 年代以后形制和规模发生改变，两层结构的碑帽高度增加，上下层比例由原来的 1:1 变成了 1:2，这种比例的变化实际上是要留足更多的碑帽底层空间，以刻画更多反映生活和愿望的图案。同时出现了两层以上直到四层的叠加型碑帽，通体高可达 95 厘米，各层雕刻的纹饰不一，结构多样。

碑帽的总体结构多设计成为瓦房状，通过上下层厚度的差异凿出类似于瓦房状的导水斜面，在斜面雕刻瓦片状的水沟。这样的设计实际上借用了活人居住的木质瓦房样式，也将这样的居住之所移至墓主所在"阴曹地府"，认为墓主在生时的生活习俗能够被带到阴间，这是"灵魂不灭"观念的直观体现。碑帽底层的中央通常雕刻有"双凤和鸣""双龙抱珠""太极鱼纹图"等图案，或"寿""福"字形图案和文字，有的碑帽上书写"万古佳城""永垂千古"等字样。这些图案或文字，不仅对于墓碑本身起到了装饰性的作用，还是生者对死者的一种心灵寄托和慰问。诸如"鱼"的图案更是反映了作为稻耕民族的一项生活习性，是"鱼"在社会生活中重要地位的体现。可以说，碑帽因各种纹饰和字符而成为整座墓碑中体现立碑者意志的最为高贵和圣洁的空间。碑帽和碑柱一样，也对整个墓碑结构起到稳定的作用。在调查记录的过程中，笔者发现有碑帽的墓碑要较没有碑帽的墓碑保存更加完整，结构上更加稳固，遇到来自外界的诸如泥土、流水等的冲击时也更加牢靠，不易损坏。

碑帽自清代以来，经历了从无到有，从矮到高的变迁过程，其内容也随着时代的变迁而有所增益，既是灵魂寄托的直观体现，也是生者物质生活水平逐渐提高后的直接表达。

三、对联、纹饰显示的地方社会发展变迁

对联和纹饰作为墓碑文化中极为重要的两个环节，是一个家族文化程度的直观体现，同时也是一个区域社会发展状况的重要体现。

（一）对联的有无及其意愿表达的变迁

葛藤坪梁氏墓地的墓碑，因历史条件的限制，在清代多只有碑板和极薄的带有象征性意义的碑柱，故对联存在的空间基础没有。在调研中，并未发现梁氏墓地中清代所立墓碑的对联。这与梁氏家族自18世纪60—70年代迁徙到此时的社会环境应是密切相关的。

影响墓碑对联和纹饰的两个重要因素就是材料的来源和文化知识的传入。因辽家坳区域可以用于制作碑刻的石材不多，葛藤坪梁氏墓地现用墓碑石材也就多从外地进购。即便是辽家坳集贸市场的碑刻定做商所用的石材也是从外地进购的，据说石材来自福建的一些地方，来源地较远，成本较高。不难想象的是，在交通条件和科学技术不够发达的几十年前，打造一块墓碑的确较为困难，只能通过当地的土石匠就地取材进行制作，也因此出现了笔者在前文叙述的低质量石材雕刻的墓碑。故清朝时期的墓碑更多的是起到记录墓主基本信息的作用，而碑柱只能用薄石板替代，碑帽也只是象征性地在碑顶放置一些平石块，装饰性的东西及审美需要的纹饰等均无从谈起。从这个层面说，清朝时期当地经济发展的水平是相当滞后的。如梁海霞在从江做田野调查时写道："清朝的墓碑对联几乎每座墓碑都有，对数达两至三对，碑柱两对，碑身一对，或碑柱一对，碑身一对，再加碑帽一横批和碑板一横批。"①类似的对比彰显了一定的经济发展差异。

墓碑对联文化是伴随着墓碑雕刻技术和当地社会文化水平进步而产生的，作为地方文化发展的一个见证。墓碑中的对联很大程度上吸收了外来文化因素，多为一副对联，刻于碑柱正面，两副对联的墓碑很少。在整个葛藤坪梁氏墓地中，共收录了100副对联，多为五字联、七字联、八字联，也有部分六字联。笔者拟就墓碑对联中涉及的一些情况做出简要分析。

葛藤坪梁氏墓地中的对联多写在碑柱上，且多数都只有一副对联，表达着不同的含义和愿望。如"得佳城永垂不朽，是吉地长发其祥"，其

---

① 梁海霞.清代以来贵州从江洛香镇大团村侗族梁氏墓地碑刻调查研究[D].贵阳：贵州民族大学，2014：4.

中"佳城""吉地"等都是后人对墓主墓地的良好比拟,"永垂不朽"则是希望逝者的功德永远昭示于人,"长发其祥"是希望逝者对于后代子孙的庇护,保佑人丁兴旺,安宁祥和。"好山作案千秋盛,秀水朝堂百世昌",对联依托山水风光而作,也寄托了墓主后代子孙"千秋百世"的美好愿望。"龙蟠虎踞山川秀,苍松翠柏景色幽"从风水观念出发,将自然景观融入其中,表达了当地人对生活的地理环境的期待。"建碑酹慈哺乳意,筑墓报母勤劳恩;葬地藏金依老祖先,痛念父母垂碑祭墓"等对联将立碑者双亲前世的辛劳和对子女的恩惠表达出来,是念祖报恩的愿望诉说。"家业随阴到地府,寨邻尽心立墓碑"具有很大的写实性,表达了墓主在生时的家业宏大,死后也希望能在阴间得到更多的"物质"上的照顾,同时也表达了对寨邻尽力帮助和扶持的感恩之情。"虽然年少入净土,且愿儿孙有后福"则表达了墓主英年早逝的不幸遭遇,同时又将祝福寄托在儿孙后代身上。"坟前来龙车马过,墓后有军驻扎营"根据墓地所处的社会环境而作,将公路比作为龙脉,并将当地"盘山驻军"的现象很巧妙地融合在对联中去。

梁氏墓地中的对联大致分为"寄托哀思"类、"描述山水"类、"感恩戴德"类、"社会环境"类、"人际关系"类等,总体上具有很大的概括性,囊括了社会生活的很多个层面,成为反映当地人生活面貌的历史资料。不可否认的是,这些带有情感寄托性的对联虽然是立碑人直接以墓碑为载体写给墓主的,但领会其意图的还是活态社会的人,故我们可以说,这种"阳间人"与"阴间魂"之间的互动,实质上是社会活动的集中体现,是活态社会中人的互动。

同一墓地中重复的对联体现了碑联制作者和家族意愿之间的分离。在收集到的100副对联中,有20副跟其他对联完全一样或者改动个别字,故真正表达不同意义的对联有80副。也就是说,雷同对联数占对联总数的20%,导致重复率极高。笔者认为导致这样的现象的原因如下:梁氏家族后人在为墓主立碑时并未注意到"雷同对联",或许只是将对联作为一种简单的装饰,而定制碑刻的后人已经有了很多现成的对联供订碑人选择，形成特定的专业话语。在立碑者之间相互不知情的情况下，很容易选择雷同的对联。

从这个角度来说，立碑者对对联的选择很多并未体现自己的意志，而是按照制碑者或对联创作者的意思而行。对联的选择和刻写从立碑的整个仪式中分离出来，改变了原本应有的仪式整体感，使原本可以由当地石匠与立碑人共同完成的具有整体性的过程出现了分离。这又在客观上促使对联的创作与墓碑对联的雕刻形成一个整体，形成了一种新的产业结构。

文化发展的相对滞后影响了当地社会的发展。在收集对联的过程中，笔者对全部对联进行了较为精细的释读，发现了一些诸如"上下联表达含义不对称""对联含义表达违背客观环境"等情况。1992年立的墓主为"梁婆杨氏"的碑柱对联为"龙眠吉地光前代，一曲玉带绕佳城；立碑千年作古记，九重下雾玉带腰"，两对对联的上下联含义表达并非在一个层级上，意义也完全不一致，这样的上下联选择要么是刻碑匠人误写，要么就是临时的拼凑，完全不符合对联的表达，也即含义上的不对称。2000年立的墓主为"梁臧寿"的碑联为"巍巍群山作卫士，滔滔溪水起吼声"，其中"滔滔溪水"的描述明显与当地人所处的自然环境不相吻合的，估计是在制碑时的错误或牵强而为之。

对联的选择既是当地人社会生活的一种反映，也是特定历史时期一个家庭甚至一个家族抑或一个区域社会文化力量的展现。正如梁氏字辈中的"博厚高明"出自《易经》一样，在某种程度上体现了梁氏家庭较高的文化底蕴，对联文字的选择也会体现不同的文化底蕴。这种文化底蕴催促着人们要适应各种环境，努力去传承家族文化，建构适应于新的生存需要的文化体系。

（二）纹饰彰显的家族社会互动

墓碑的纹饰选择也在很大程度上体现着墓主所在家族的社会历史发展面貌和物质文化、经济文化诉求。从碑座到碑帽的所有空间都可以用作纹饰的刻画，其中由以碑帽和碑柱上的纹饰见多。笔者发现梁氏墓地中墓碑上的纹饰有如下繁多的种类，现将其进行简单罗列，并对其中文化内涵做简要分析。

文字图案在梁氏墓地中较为常见，主要有"福"字和"寿"字两种。也存在少量的"佛"字图案，多位于碑帽的顶层中央位置。"福"和"寿"代表着梁氏族人对于幸福的追求和生命历程的珍惜，祈福消灾，延年益寿。这样的生存诉求在中国的很多地方都有，体现了人们对于生活和生死的价值认同。"佛"字更多的是伴随着佛教文化而生的信仰诉求和精神认同，体现了佛教文化的传入及在当地社会较大的影响，是梁氏家族人们对于自身社会行为的引导，期待其家族内部人们心存"佛"之慈悲之心，积德行善。对于"佛"文化的认同感是当地人们在历时变迁过程中的选择。

"太极鱼纹""飞鱼""鱼游荷花池"等"鱼"类图案，在梁氏墓地的墓碑中屡见不鲜，是图案的主要类型之一。"鱼"作为一种生存食材，对于以稻耕为基础并辅以稻田鱼为生计补充的人们来说具有极大的意义，是水稻民族生计的重要体现。人们希望通过将"鱼"作为一种生存的必须符号置于墓葬文化习俗中去，既是对祖先神灵的敬畏，也是对于"粮食"的期待。

"双龙抱柱""双龙戏珠（如图6-3所示）""龙凤呈祥""双凤和鸣""飞凤（如图6-4所示）"等龙凤图案的呈现，更多的是建立在大量吸收中华传统"龙凤"文化基础上的，是民族民间文化高度融合的体现。"龙凤"文化的置入，充分体现了梁氏家族对于汉文化系统的高度认同和精髓吸收。

图6-3 双龙戏珠图

图 6-4　双凤珠

"灯笼高挂""文官巡游""四人抬轿""官人骑马"等图案展示了梁氏家族以"入世"为目的的心理。建立在诗书礼仪基础上的求学入世成为当地人的一种向往,展示了梁氏家族人们在一系列生存选择过程中自我提升和实现价值的需要,同时也彰显了他们对于"升官发财"的认同感。在享有充分的政治地位才能获得更多尊重的旧社会,梁氏族人的这种心理诉求是有其积极意义的。

野鹿作为"不慕容化,超然物外"的象征,在梁氏墓地中也偶有体现,体现为"野鹿含花"图案。这种象征与前文所言"升官发财"又构成了梁氏家族文化心理上的双重属性,既求升官以光宗耀祖,又不慕荣华以明哲保身。将"入世"与"脱俗"在墓碑文化中隐性地表达出来,植根于其家族的传统文化认同中去,以此来训导后人为人处世。

"喜鹊"在中国民间作为吉祥与喜庆的象征,也在墓碑上多次发现;狮子作为古代中国人民心中的瑞兽,"狮子滚绣球"成为中国传统的吉祥图案,彰显了"吉祥如意"的主题;"蝶恋花"则展示了一片祥和的生存景象,是当地人的心理写照。"鹤"是美丽和优雅的化身,展现当地人崇尚圣洁、推崇优雅的家族心理。

这些纹饰在很大程度上彰显了梁氏家族人们的生存心理和文化逻辑,是将生活的诉求付诸墓碑文化之中,成为表达家族心理的一种方式,既有生计上的映射,也有心理上的投影;既有"入世"的心理诉求,也有"脱俗"的明哲保身。

墓碑的形制、对联、碑文、纹饰等的组合，将生者对逝者的缅怀之心以"阴宅"的形式展现出来。寄予了生者各方面的心理诉求，是"生"与"死"的超越时空的对接，是"人"与"神"的空间互动。当然，不可否认得是，这些作用于墓碑实体的表象的东西，是活人才能直观看到和感知的。故我们可以认为：生与死、人与神的互动，很大程度上是活态社会人与人之间的互动。

第二节　梁氏墓地中诸问题探析

葛藤坪梁氏墓地，作为梁氏家族安葬亡灵的集中之地，成为反映其家族文化的重要史料。其中涉及的很多问题对于研究葛藤坪梁氏及周边地区社会的发展有着重要的启示作用。

一、女儿作为孝名的出现

女儿作为当代中国父母财产法定意义上的第一继承人之一，是有法律明文规定的。故女儿享受着与儿子同等的权利和义务，也是无可厚非的。但当你见到葛藤坪梁氏墓地墓碑上的孝名栏，或许会有更多的思考。（需要指出的是，笔者在论述这个问题时，"孝名"除了本身的含义之外，还指代"第一立碑人"，也即是出现在墓碑左边栏的立碑人，刻在墓碑右边作为立碑参与人的女儿孝名暂且不加讨论。）

（一）梁氏墓地中关于女儿作为孝名的记录

在收集整理过程中，笔者发现一个很有趣的问题，就是墓碑的孝名栏很少有墓主女儿的名字，女婿的名字自然也就少见，而媳妇的名字或姓氏却往往被作为孝名立在立碑人栏，常与孝男孝孙辈名字并列。在老棚杨氏对面山坡上发现了个别墓碑上有添加女儿、女婿名字于墓碑的现象，但一看便知道是近几年来才添加的，这应是墓主女婿等人亲属关系认同的体现。在笔者家乡（贵州沿河），墓碑孝名栏多会将女儿女婿、孙女孙女婿的名字放在主要立碑人一栏的，名字的位置似乎也在彰显着"男女平等"的思想观念。

在梁氏墓地中，最早出现女儿作为孝名的是1968年清明节立的墓主为"梁婆杨氏"的墓碑，立碑人栏出现了"女老桂/侄女发弟"的字样，但其名字仍然排在"孝男"和"侄男"之后；1981年清明节立的墓主为"梁婆杨氏"的墓碑，孝名中出现了墓主的孙女"梁厚莲和梁厚珍"的名字；1990年清明节立的墓主为"梁博恩"的墓碑，孝名中有墓主女儿"梁小燕和梁小红"名字；2000年2月30日立的墓主为"梁博堂"的墓碑中，墓主女儿"梁玉秀"的名字刻在墓主侄子"梁厚隆"之后，共同作为立碑人。2006年清明节立的墓主为"梁厚兴"的墓碑，其孝名中有墓主女儿梁士英、梁高英、梁高菊等；2008年清明节立的墓主为"梁厚孝"的墓碑，有墓主的女儿梁高菊、梁高敏、梁高凤等作为孝名显现。之后陆续有女儿作为孝名出现在墓碑中，但依然是极少数。随着时代的发展，人们的思想观念、社会经济条件和交通条件的改变和改善，女儿作为孝名的情况越来越多，甚至作为第一立碑人的现象也是常有发生，梁氏家族对于墓碑孝名的心理认知正在发生着极大的变化。

（二）女儿是否作为第一立碑人的原因

在前文中，我们提到梁氏墓地的墓碑中最早将女儿或孙女的名字作为第一立碑人（孝名）是在20世纪60年代末，而之前所立的墓碑并未出现类似的情况，究其原因，有如下几方面：

（1）传统的"重男轻女"思想的影响。在中国的封建社会的历史长河中，传统的重男轻女思想非常严重，女性地位也多处于低等层面，尤其是封建礼教的"程朱理学"兴起后，"男尊女卑"的思想被代代相传，形成固定的思维模式。如前文提到的"发弟"之名，实际上也体现了"重男"的思想在其中。作为带有祭祀性质的"立碑"活动自然也会在很大程度上体现上述观点。女儿被作为外嫁人员，也就是将会或已然成为"外人"，成为别人家族群体的一员，故并不将其作为孝名列入墓碑。而媳妇则被作为孝名，但通常只写其姓而不录其名。

（2）继承传统观念的影响。旧社会的中国，很长时段都具有等级森严的特征，宗法制虽然盛行于西周，却对整个中国几千年的历史都产生了深厚的影响。"世系按父系计算，财产按父系继承"的传承原则未曾得到改变，是中国历史上的最为主要的继承方式。伴随而来的是"儿子"作为继承者具有不容改变的法定地位，正如在某些只有女儿而没有儿子的家庭，宁愿去近亲家庭抱养或过继一个男儿作为继承人也不会直接让其女儿继承财产一样。在墓碑内容整理和释读中，笔者发现很多墓碑的第一立碑人均为"嗣男""祧男"等，而女儿名字偶有在其后或者参与立碑人（亲属关系栏）中出现，这就说明："嗣男""祧男"等的地位在很长的历史时间段内是要比女儿要高的，至少在继承关系上如此。并不具备继承权的"女儿"也就只能在墓碑孝名中退居次要地位，甚至并不列入墓碑中。

（3）墓碑的形制决定了女儿不具备作为孝名的空间条件。从20世纪60年代末之前尤其是清朝至中华人民共和国建立之前的墓碑形制来看，墓碑表现出一个共同的特点，即碑板均较小。据统计，直至20世纪70年代以前，梁氏墓地的墓碑规模均较小，高度多在76厘米以下，虽有个别墓碑稍微高一些和宽一些，但毕竟只是个别，不具备代表性。宽度在50厘米以下，最窄的为27厘米。总体上来说是极为窄小的，故刻写人名的空间不够，为了更多地体现家族传承的情况，"女儿、孙女"等也就被选择性地屏蔽，不作为孝名刻入。

（4）清明、七月半习俗的组织形式屏蔽了"女儿"作为孝名存在的条件。在辽家坳及周边区域，清明节和七月半两个节日都特别浓重，是一年的所有节日中最为接近祖先神灵的两个时间段。清明节和七月半，同一家族的人往往会聚在一起祭祀其祖先。在一系列活动中，女性（其他家族的女儿）起到了食物上的后勤保障作用，是整个活动中不可或缺的。而一个家族的成年女儿多成为别人家的媳妇,少有女性回娘家过清明节和七月半,女儿在家族中的地位在无形中被媳妇取代,在整个清明节或者七月半的仪式中,她们的地位就显得没有那么重要了,故被屏蔽于墓碑"孝名栏"之外也是可以理解的。

(5)辽家坳区域及周边地区为镇远、三穗两县的交界地带,旧时也为汉文化区和苗、侗少数民族居住区的交汇地带,导致历史上形成的各家族间的交错杂居现象,但并没有任何一个完全意义上的家族能够在当地社会起到绝对核心的组织作用甚至左右地方社会发展的作用。为了达到与其他家族在势力上的相对平衡,以稳定自己家族的地位和在当地的影响力,立碑时大量将旁系侄孙和"嗣男、祧男"等列入其中,占据着较大的空间,除了旁系亲属表达缅怀之意外,同时也是家族力量维系的一种选择。而女儿"外嫁"或"终将外嫁",并非家族力量的主要维系者,也就没有必要占据着墓碑上的孝名栏。

"女儿不作孝名列入"的情况在20世纪70年代以后得到了较大的改变,一是人们思想观念上的进步,"男女平等"的观念深入人心,女儿的地位和作用逐渐体现出来;二是随着计划生育政策的实行,独生子女家庭将女儿作为最为合法合理的继承人,原来"嗣男、祧男"的继承现象逐渐改变,女儿的名字也就得到更多的展现,包括在墓碑上的展现;三是随着经济社会的发展,制作墓碑的石材来源更加方便,在面积上增加,原本为了节约空间的想法被打破,女儿成为真正意义上的"立碑人"。

二、"恩妻"作为"孝名"的出现

在墓碑中的立碑人栏有"恩妻"字样,也即是"恩妻"作为"孝名"出现,这是一个值得探究的文化现象。1999年七月半节立的墓主为"梁博远"的墓碑上主要立碑人栏最初的孝名并非墓主"恩妻",而是墓主的儿子"梁厚邦","恩妻"二字在"梁厚邦"之前,但有明显的添加痕迹,可以肯定是后来加上的。"恩妻"作为孝名的情况在辽家坳当地并不多见,但也在其他地方却常有出现。其实这种以"妻子"或"丈夫"作为孝名出现的情况在中国历史上是较为常见的，尤其是在夫妻感情和睦的情况下更易出现。如位于镇远县魏家屯的墓主为"魏母钱氏"的墓碑，其孝名中有"不孝夫魏世孝"刻于其孝子姓名之前。这种以配偶作为孝名出现有其深层次的原因。具体来说应该有以下几种：

第一，墓主的儿子还小，没有行为能力，或者该家人势单力薄。这样的情况下就需要墓主的配偶以其名义立碑。但在上述墓碑中，中榜信息为"故父梁博远"，显然主要立碑人是墓主儿子"梁厚邦"无疑。完全以妻子名义为亡夫立碑的现象也有，但在中榜信息中的表达不一样，通常记着"荆室××携子××女××叩立"的形式。"恩妻"字样的强行加入，实际上是反映了墓主与妻子之间极为和谐的夫妻关系。

第二，是区域社会形势的复杂性使然。为了争夺物质上的利益，家庭与家庭之间，家庭与家族之间往往会发生各种各样的矛盾，尤其是在"孤儿寡母"的背景下最容易受到来自一些不明事理的人的攻讦和欺辱。"寡母"要带着"孤儿"平平安安地成长，或在复杂的斗争环境中求得生存，争取自身合法利益的最大化，就需要有一种强大的力量做保障，"亡夫"往往会成为一种精神上的依靠。为了体现这样的联系，妻子便会将自己的名字以孝名的形式刻在"亡夫"的墓碑上，以维持心灵上的联系。

第三，无论以哪一种方式将"配偶"列入主要立碑人栏中，正规书写方式也好，刻意为之强行添加也罢，这样的行为实际上也是墓主的配偶向墓主倾诉心理的一种情感表达，与"烧纸钱"等行为具有相似的含义，是寄托哀思的重要表达方式。对于亡灵所具有的情感归属，希望获取更多的心理安慰。

三、中榜信息中女性墓主名讳的书写

在葛藤坪梁氏墓地中，女性墓主的中榜信息写作"故梁婆×氏之墓"，但同样有以女性墓主的真实姓名作为中榜信息的情况，如1992年立的墓主为"梁婆杨银秀"的墓碑即是如此。为什么不是"梁婆杨氏"而是"梁婆杨银秀"呢？这是一个值得探讨的问题。笔者在一系列调查和访问的基础上，结合自己家乡与之类似情况的相关解释，拟对此做出较为简单的分析。

人们在给女性死者"写袱包"①和"立墓碑"时通常会注意到死者的配偶的生死情况，一种情况是女性死者的配偶已经过世，另一种是其配偶还在世。两种情况下的不同写法最明显的区别也就是对于"氏"字的使用。在其配偶还在世的情况下，只能称其名字；而在其配偶已过世的情况下，则称为"氏"。体现了一种"妇随夫姓"的文化特征。

第三节 换碑习俗的文化内涵解读

"换碑"，顾名思义就是将原来存在的墓碑更换，以适应家族繁衍和发展的需要，起到保存家族人口发展变迁史的作用。换碑习俗在辽家坳区域较为浓重，成为当地的一种极具地域特色的文化现象。

一、梁氏墓地中关于换碑的记载

墓主为"梁婆杨氏"立碑人为"孝男梁博华、梁博明"等的墓碑，于公元 1970 庚戌年二月廿九日清明立，于 1989 己巳年二月廿九日清明再立；于相同时间刊立和再立的还有墓主为"梁臧忠"立碑人为"孝侄男梁博贵、梁博章"等的墓碑。墓主为"梁婆李氏"立碑人为"孝男梁博金、梁博源"等的墓碑，于公元 2000 年庚辰岁十月二十八日重立；同时重立的还有墓主为"梁臧寿"的墓碑。墓主为"梁博武"立碑人为"孝

---

① 中国传统习俗中，过年过节给祖先及亲近的逝者烧纸钱的时候，用小块裁定的纸张将一叠纸钱包起来，在纸张面上写上所祭祀祖先及亲近逝者的姓氏名讳，以及烧纸钱的人与逝者的关系、日期等信息，即为"写袱包"。

男梁厚孝、梁厚仁、梁厚平"的墓碑于2018年2月清明更换,笔者见证了其换碑过程。此后在连续的抄录碑文的过程中,也见到了梁氏家族壮年劳动力将新换好的墓碑抬到墓地更换原碑的活动,此处不一一赘述。

有些墓碑虽然并未写明"重立""再立""换碑"等字样,但明显可以通过墓碑的形制和结构推断出来。在一些较为晚进的墓碑旁边,仍然可以看到紧挨着碑柱的旧有碑柱,其上碑联也仍可以清晰见到,与新碑联形成对比。由此观之,诸如此类并未写明"重立"信息的墓碑明显也是重新刊立的。

每当一个家族在集体过节或举行其他重要活动时,遇到家族祖坟的墓碑处于陈旧或字迹不清等情况,多会商议共同出资换碑。

二、换碑习俗在当地的传承

换碑的传统,作为一种文化符号置入梁氏家族的日常生活秩序中。只要是该换的、能换的、需要换的墓碑都是他们换碑的对象,梁氏家族成为当地换碑文化习俗的积极实践者和维护者。(换新碑场景如图6-5所示)

图6-5 换新碑

换碑时间通常在清明节、七月半和过年之前三个重要的时间段,尤其以清明节和七月半为甚。换碑通常在两种情况下进行,一是原来墓碑风化严重，字迹模糊不清，为了记录家族传承情况而需要更换墓碑；二是墓碑过于矮小陈旧，随着家族人数的增加，需要将新增的人数记在墓碑上，以彰显家族子孙的孝道和家族人丁的兴旺。换碑行为通常是家族性的，即以一个家族中某一辈人为立碑的出资人，通过大家共同参与而立碑或者换碑。笔者在清明节的时候参加了白岩姚家的家族清明祭祖，就见证了他们家族内"敦"字辈的14个弟兄以每人（即每户）出资500元人民币为其家族两老祖立碑的事情，立碑时间定于七月半。

换碑的具体时间需要经过家族内全体出资人来共同协商决定，根据各家族过节的时间不同而有所差异，但总体上不会相差太远。三种时间上的选择，有一个共同点，即此时间段内均在"人"与"祖先神"接触最为密切的时间段内，也是"祖先神显灵"最为频繁的时间。尤其是清明节和七月半，是中国传统意义上的祭祖活动最为明显的时间段，而换碑时间的安排也是适应了"祖先神显灵"这样特定环境，自然也就成为祭祖活动，尤其是换碑活动最为适宜的时间。

换碑之前，通过组织者提前将家族内的新增人口进行统计，并根据世系传承排版整理后交由制碑工匠刻字，并写好所需的相关信息。到换碑当天，家族齐聚坟山，杀猪宰羊、杀鸡取血等用于祭祀和食用。

在动土①后就可以搬掉旧有的墓碑，将碑板平放在墓碑前作为碑座使用，有的也将原有的碑板放在新立的碑板之后，埋在坟茔里面，最后将新立的墓碑换上，并用水泥等将其固定。在一系列的基础程序完成后，阴阳先生会念经超度亡灵，请求墓主庇护后人。主持换碑仪式的人会将参与出资换碑的所有人的名字罗列成为清单，逐个将其念与墓主"知晓"，祈求保佑平安发财等。到场的后人也会分批到墓主坟前磕头作揖。

法事结束时，到场参加换碑和祭祀活动的人们会将袱包、纸钱、香烛等祭祀用品连同刀头、粑粑、酒等一起在坟头点燃烧掉。同时还会在邻近的坟墓上象征性地烧上一些纸钱，同样用刀头等献祭，此举有三层含义：一是为了让被换了碑的墓主在地下和"左邻右舍"处理好关系；

---

① 动土：作法的一种仪式，修建新房时往往也有此仪式。

二是在生的人之间的一种直接互动,即是不同墓主的后代间的一种以"各自祖先毗邻"为桥梁的相互慰问和互相尊重;三是处于同一片墓地的不同墓主多为同一大家族的不同祖先,在祭祀换了碑的墓主亡灵时也对其他血缘较近的旁系祖先进行问候,也是孝道的一种体现。

三、换碑显示的家族互动

换碑既是辽家坳区域家族传统血脉延续的诉求,同时又是家族间互动的需要,在整个家族文化乃至区域文化中均占有极为重要的作用。通过换碑活动,家族凝聚力再一次增强,成为家族团结和家庭和睦的重要助推力量。

换碑活动自始至终的各个环节都表现出家族成员之间的互动。对家族内共同祖先的坟墓换碑或定制新碑的费用通常在 3000~5000 元,在物质生活相对富裕的今天,单凭一家人来出资也并非难事,但为了达到"共同的祖坟共同维护"的目的,所需资金就应该是以一代人为单位进行分摊,即便数额上可能不一定相等,但他们对于祖先的认可度却是相同的。如白岩姚家在为其两祖坟换碑时,家族内的 14 个"敦"字辈兄弟多出资 500 元而也有人出资 300 元,但这丝毫未影响他们作为团结的一家人的形象和对于其祖先神灵的高度责任感。资金的筹集在家族内全体成员商议后进行,是集众力办大事的一种体现,更是家族内借此推进团结互助的重要机会。购买猪、羊、鸡等成为一种经济行为,很多家庭会以此为目的进行猪、羊、鸡等的养殖,就是为了能够在类似的祭祖活动时减小经济负担,还可适当增加个别家庭的经济收入。这就在客观上促进了家族内劳动力上的互动、思想观念上的互动和经济结构的互动。

换碑活动与清明节等其他大型祭祖活动时家族内的人际互动类似,在换碑活动过程中,家族妯娌之间会形成极为团结的后勤保障群体,为了使换碑活动更加顺利有序地进行,对食宿的运筹、人员的安排等都是需要精诚合作才能完成。平时只能在家相夫教子的生活习惯也在此时做出了适当改变。同样,这种具有延续性的祭祀活动也为新生一代提供了接触的机会，很多相聚较远的家族内的小孩子可以通过这样的机会进行交流，为今后的家族性的集体活动打下基础。如若没有这样的机会，很多同宗的小孩子之间都会出现相互不认识的现象，这明显是不利于家族亲缘关系的建立和发展的。

小　结

整个墓地结构是生者为逝者所立的，呈现出阳间住宅大门的形制。这也是生者用以表达家族传承的一种重要方式，企图达到让逝者灵魂得到"有房可居"的目的。对联、纹饰的变迁，成为有清以来当地社会发展和经济进步的缩影。当地墓碑结构中的诸如碑柱、碑帽等从无到有，从薄到厚固然是经济社会发展反映，但与此同时，也彰显了当地人们对于外来文化的一个逐渐学习和吸收的过程。纹饰的产生和发展，明显带有多元性的变迁序列在其中。以"鱼"为代表的南方少数民族区域社会的文化和以"龙凤、麒麟"为代表的中原文化在此地高度融合，并以墓碑中"纹饰"的方式体现出来。是民族民间交流融合的例证。

墓碑中关于"女儿作为孝名的出现""恩妻作为孝名的出现""女性墓主名讳的书写"的表达等问题实际上反映了当地人在立碑时的心理认同。这些互动与交流，都是一个循序渐进的过程，体现了社会融合发展中的一些具有当地特色的因素。

在经济发展越加迅速，金钱成为衡量社会关系至关重要重要的筹码的时代，能够以对祖先神灵的敬奉为切入点，进行家族内甚至更广范围内的交流和互动，实为一件不易之事，而换碑的习俗正好为家族成员的相互了解和关系的增进提供了契机，从这样的民俗文化本身的意义来说，它已然实现了其该有的祭祖价值和家族成员对于互动的需要。故我们可以说，一个换碑活动涉及的层面非常广泛，即是经济的互动，也是家族人际关系的互动，同时还是社会资源的重新整合。

第七章 辽家坳"烧蛋"习俗考察

2018年3月中旬至8月底，笔者在镇远县金堡镇辽家坳村进行为期半年的乡土历史文化田野调查。辽家坳是以侗族人民为主要群体，汉、苗、侗杂居的民族构成为基础的乡村社会，因而当地的历史文化和风俗习惯也就深深地烙下了各民族交往和互动的印记。每逢赶集天，辽家坳集贸市场的一端便香烟袅袅，神婆们忙着为烧蛋者答疑解惑，景象甚为壮观。"烧蛋"作为占卜活动的一种重要形式，作为一种文化现象，在中国历史长河中发挥过极为重要的作用，是古代劳动人民生存、生产和生活的重要依赖，时至今日，仍在广大的黔东南地区流行着。古有"无事不占、无事不卜"之说，足见占卜在整个人类文明中的重要地位。

第一节 "烧蛋"习俗概况

"烧蛋"是通过神婆在经过一系列的仪式过程后，将"烧蛋者"所选择的蛋放入以香、纸和少许柴火作为燃料的火盆中，通过鸡蛋（鸭蛋）烧熟后炸裂的纹路并辅以"打卦"的形式来判断吉凶祸福的一种占卜仪式（如图7-1所示）。"烧蛋"作为占卜活动的一种重要形式，具有极为悠久的历史。在黔东南北侗地区表现得甚为明显。

图7-1 "烧蛋"现场

一、古代文献记载的"烧蛋"习俗

"烧蛋"和其他文化事项一样,有其产生、发展的脉络,作为一种历时性文化传承,由来已久。几千年来依然活跃在南方广大的少数民族地区,有极强的社会适应性,同时还有较大社会基础,可以说是一种主观社会需求作用在"烧蛋"仪式的客观社会存在基础之上的文化。因调查所获资料有限,其起源只能以相关文献资料记载为主。

《史记·孝武帝本纪第十二》有关于"鸡卜"的记载:"是时既灭南越,越人勇之,乃言'越人俗信鬼,而其祠皆见鬼,数有效。昔东瓯王敬鬼,寿至百六十岁。后世谩怠,故衰耗。'乃令越巫立越祝祠,安台无坛,亦祠天神上帝百鬼,而以鸡卜。上信之,越祠鸡卜始用焉。"①越人作为我国古代南方少数民族群体,其习俗与汉王朝所辖的中原地区不同,在汉武帝元封元年(前110)被汉王朝军队击败后,为了保存自己传统的生活习俗,将战国时期"东瓯王敬奉鬼神得长寿而后世谩怠而衰耗"之事向汉武帝说明,得到了汉武帝的应允,"鸡卜"的习俗得以保存。此处关于"鸡卜"的记载,虽未明确说明"蛋卜"的起源,但可证明至迟在汉代时期,"鸡"就作为占卜用品应用于神职活动中,围绕"鸡卜"而产生的很可能就有"蛋卜"。杨义在文章《綦江"蛋卜"巫术探析》中推测"蛋卜"为"鸡卜"的其中一种形式,②笔者认为是很有道理的。

《资治通鉴》明确记载了"蛋卜"的习俗,《资治通鉴》卷二十一注曰:"越俗用鸡卜……亦有用鸡卵卜者,握卵以卜,书墨于壳,记其四维,煮熟横截视当墨处,辨壳中白之厚薄,以定侬人吉凶。"③可以肯定地说,现在意义上的"烧蛋"习俗也就很好地继承和沿袭了上述的"鸡卵卜"仪式过程,只不过形式上有所差异,一种是"煮"而一种是"烧"。(万历)《黔记》中对"蛋卜"也有涉及:"……在曹滴洞司(今从江县西北)

---

① (汉)司马迁. 史记[M]. 北京:中华书局,2006:107.
② 杨义. 綦江"蛋卜"巫术探析[J]. 科学咨询,2011(4):72.
③ 转引自杨义. 綦江"蛋卜"巫术探析[J]. 科学咨询,2011(4):72.

者，出则男负竹笼……葬以鸡卵卜地，掷卵不破云吉地，葬之。"①（乾隆）《镇远府志》对"蛋卜"也有简单记载："病不服药，惟听巫卜，或卜草、卜蛋、卜梳子、卜草鞋、卜鸡骨，所卜之鬼与祭鬼之物甚多，病愈归功于巫卜之甚灵，病死则归咎于祭鬼之未遍……"②其中，"卜蛋"显然即"蛋卜"，与鸡骨卜、草卜等共同组成了当地的卜辞文化体系。（民国）《黄平县志》也有相似的记载："苗病不服药，唯听巫卜，或以草，或以鸡子，或以木梳，草鞋、鸡骨等物卜之……"③这些卜辞行为在当地人的社会生活中起到了"左右生死"的作用。

古代文献中相关卜辞形式的记载，明证了"蛋卜"这一卜辞形式由来已久，并在历史长河中发挥过重要作用，并一直影响着当地人们的生产生活。

二、"烧蛋"习俗的仪式场景及相关事项解读

"烧蛋"习俗在其历史发展过程中，因社会实践生活的需要而被赋予了特别的含义。不同的人到集市或神婆④家中"烧蛋"的动机也各有不同。"凡是遇到手脚无力、四肢疲软、心理慌张、小孩子不乖、做噩梦等情况，人们就来'烧蛋'，烧了蛋之后，自然就好了。"⑤"烧蛋者"通过对生活困惑等向神婆叙述，并希望通过神婆的"通神"作用，将各种不解与不安诉诸神灵。在这个仪式过程中充当了疏导者、见证者和引导者的角色。"昨天晚上做了一个不好的梦，觉得心里有些不舒服，正好今天是赶

---

① （明）郭子章. 黔记[M]. 成都：巴蜀书社，2006：409.
② （清）蔡宗建修，龚传坤等纂. 镇远府志[M]. 成都：巴蜀书社，2006：90.
③ 陈绍令等修，李承栋纂，黄平县志[M]. 成都：巴蜀书社，2006：122.
④ 神婆：当地人称为烧蛋师傅，辽家坳村域内的烧蛋师傅均为女性，而在邻近的三穗地区有男性烧蛋师傅，本文为了写作方便，称该区域内的烧蛋师傅为"神婆"。
⑤ 采访人：叶成勇、田文。采访时间：2018年5月6日赶集天。采访对象：孔阿姨，78岁，家住辽家坳集市，为神婆，经常为别人烧蛋占卜，预测吉凶，为人和善，能言善辩。

场天,来烧个蛋,看看会不会好点。"①这说明在遇到无法排解的梦境(尤指噩梦)时,人们会以解梦为目的请神婆烧蛋,并希望得到神婆的指点。"我家小孩马上要高考了,我来请神婆算一下他能不能考出好成绩。"②这个"烧蛋"原因,初步听起来似乎比较荒唐,但作为一种"社会存在",这种原因却成为大多数家长的真实心理反应。而对于"帮人改煞、招魂和驱除不干净的东西"这样的"烧蛋"则带有很大的"消灾"功能,是在人们已经遇到不安和不适等情况后,由神婆等神职人员在事后进行的补充解释和补充仪式。

2018年5月6号,适逢辽家坳赶集,笔者对烧蛋仪式做了较为细致地观察。现将其中一场仪式简单叙述于下:

白岩(自然寨地名)龙阿姨:来给我的小孙孙和侄女烧一下蛋。小孙孙这几天不乖,不喜欢吃饭;侄女今年大学毕业,不知道能不能找到工作。

(笔者记录)龙阿姨从背篓里拿出两个鸭蛋和一捆香纸递给神婆,神婆点燃两炷香,分别用每炷香在两个鸭蛋上比划出龙阿姨所说的两个人的名字,将鸭蛋按顺序放入火盆中。大家开始闲聊起来,摆谈家长里短。约过了十分钟,鸭蛋烧好了,其中一个略显炸裂。神婆开始剥蛋,边剥边观察鸭蛋烧出的纹路。

神婆:这个蛋是给小孙孙烧的,小部分不规整,说明他的胃功能不好,常常不吃东西(龙阿姨点头表示情况属实)。蛋的大半是好的,说明问题不大,你平时多带他到处走走,把这个蛋带回去给他吃,过几天就没事了……如果过几天还不好,再买三尺红布,一斤纸钱和三炷香到土地公那里去烧,做做善事,就好了。

(笔者记录)神婆拿起卜卦开始打卦,嘴里念念有词。在经过反复几次后,阴、阳、圣三卦都完成,仪式进行的较为顺利。

① 采访人:叶成勇、田文。采访时间:2018年5月6日赶集天。采访对象:李阿姨,57岁,家住罗家寨。
② 采访人:叶成勇、田文。采访时间:2018年5月6日赶集天。采访对象:龙阿姨,58岁,家住白岩。

龙阿姨连连表示谢谢，嘴角露出微笑。

神婆：这第二个蛋想问你侄女的工作。

龙阿姨：嗯嗯，她今年刚毕业，我有点担心，你看看这个运程如何？

神婆：这个蛋烧得很完整，烧出来的纹路也很规则，没有烧坏，是好兆头。她今年的运程很好，能够找到工作。

神婆：我再打一下卦问问神灵。

（笔者记录）说着拿出卜卦，打了几卦，前面的阴卦阳卦都很顺利。后面的圣卦出现了波折，神婆口中明显说出了责备神灵的话，并威胁神说再不显灵就不供奉了。打了五六次，圣卦终于出现。龙阿姨脸上露出欣慰的笑容。

神婆：结果是好的，就是还需要努力，叫她好好复习考试，机会很大。

根据长时段的观察，我们可以对"烧蛋"习俗做出简单归纳：

（1）"烧蛋"的缘由。人们"烧蛋"的缘由很多，如小孩不乖、婚姻不睦、事业不顺、四肢疲软、恶心呕吐和厌食、做噩梦、行走夜路被惊吓还有一些对未来的迷茫和未知等都可以作为"烧蛋"的缘由。总的来说，作为对过去难以用科学解释的现象，心理上的解释和对未知的预测是"烧蛋"缘由的两种主要说法。

（2）"烧蛋"的时间。"烧蛋"通常在赶集天进行，笔者的田野点辽家坳每逢一、六（农历初一、初六、十一、十六、二十一、二十六）均会在辽家坳集市上见到"烧蛋"。寒天①也有，主要在神婆的家里进行。农村很多地方都会选择在赶集天"烧蛋"。

（3）"蛋"的选择。所烧之蛋，在辽家坳区域通常为"鸭蛋"，当地人认为鸭子既能跋山又能渡水，烧鸭蛋寓意既可以渡陆上的劫，也可以渡水中的劫。而在邻近的青溪地区和其他地方则多烧"鸡蛋"。

---

① 寒天：即非赶集天。《四川方言词典》作："寒场天（闲场天）han²cang²tian¹（名）不赶集的日子。"又作："寒天 han²tian¹（名）同*寒场天。"（王文虎，张一舟，周家筠编. 成都：四川人民出版社，1987.）

（4）神婆"法术"的来源。在当地的传说中，神婆作为通神的重要桥梁，其"法术"的来源主要有三种形式：① 祖传获得，很多神婆都是通过祖辈相袭而获得"法术"的。② 神灵托梦，这又分为夜间做梦所得和生病期间昏厥迷糊所得两种。有的神婆是在睡觉的时候，受到了"神灵"的指示，第二天醒来就具有了"法力"。另一种是处于重度昏迷期时，得到"神灵"的"庇护"，传授以"法术"，并呼唤神婆通过"法术"在世上劝善救人，以作为其病情好转的条件。通过做梦或迷糊状态获得"法力"后，神婆们往往会将这种经历告知身边的人，尤其是妇女，并通过她们将自己持有"法力"之事向外传播开去。③ 拜师学艺所得，这种方式在当地相对晚近，尤其是"烧蛋"的经济功能显现后，神婆通过拜师学艺来获取经济报酬。

（5）"烧蛋"的过程。"烧蛋"仪式通常有以下几个步骤：① 画名，即是神婆在烧蛋者指定的"蛋"上用一炷点燃的香画出"病人"的名字，并通过咒语赋予"蛋"以神性；② 烧蛋，将画了名的"蛋"放入以香纸和柴火为燃料的火盆中；③ 看蛋，在"蛋"烧好以后，神婆根据"蛋"的纹路和烧坏程度判断"病人"的吉凶祸福，通过纹路的走向给出相应的解释，通常是一些劝导病人如何为人处事、积德行善的话；④ 打卦，当地的蛋卜通常和卦卜结合在一起。神婆通常会设定问题，打卦以获得神灵的指示，卦象分为阴卦、阳卦和圣卦三种，三卦俱全方为吉；⑤ 念咒驱邪，神婆将"卦"或者剥好的"蛋"对着"病人"身体成规律地比划，口中念咒，表达对于恶神的不满，希望其尽快离开病人身心；⑥ 吃蛋和挂药，分析病情后，神婆会将所烧的蛋拿给病人吃，认为吃了才能够达到治疗效果（这实际是一种心理暗示和资源利用）。有的神婆根据病人的情况，会将事先准备好的裹有檀香、大米等的小红布包用红线穿着，挂在病人脖子上，一为提神，二为驱邪。仪式结束后，神婆会对"病人"说很多好话，称作"封赠话"。

（6）"烧蛋"的人群：参加"烧蛋"的人多为中老年妇女、女性年轻人和小孩。青壮年男性很难在"烧蛋"仪式中见到，但女性在仪式中往往会将其家中男性所遇到的烦恼向神婆寻求解释和指引,并将神婆所说的"金科玉律"转达给家中的男性。可以说,参与者多为女性,但涉及的却是几乎所有人,女性是最直接的实践者。

  到仪式现场参加"烧蛋"的人群多为女性而几乎没有男性,是有其原因的。其一,男性作为社会生产的最主要劳动力,在整个生产过程中起到了"顶梁柱"的作用,即很多妇女口中的"当家的"。这样的角色定位和体能上较女性的相对优势使得男性更多地在从事生产劳动,而女性在生活中的对于家庭琐事的管理要较男性更为细致和耐心,且女性拥有比男性更多的时间,故求神问佛之类的事情对于女性来说也就更加得心应手。其二,求神问佛等仪式在社会生活中地位的下降,是男性较少参与的又一个重要原因。求神、占卜等具有神性的仪式活动,在旧社会是生活的重要内容之一,甚至对于绝大多数人的生产生活劳动有着不可替代的指示性作用。在社会经济逐步发展、社会生活质量逐步提高和人们思想意识逐渐进步的当代社会,经济的发展和生活满意度的追求成为比"求神拜佛"更为理想的需求,故男性更多地摒弃了原来掌握的神职权利,出现了这一权利的平移,女性继而成为这一仪式的主角。其三,当地很多男性将"烧蛋"视为一种非现实的迷信行为,表现出不屑的态度,甚至有人会认为男性去"烧蛋"是让人耻笑的行为,如果自己参与的话会被别人笑话。"一般去烧蛋的都是女人,大多数的男人都怕笑,也就没有去参加这个活动,但也有一些老年的男人去参加。有些男人怕笑,选择在寒天到神婆的家里去烧蛋。"①其四,作为神职人员,神婆所获取"烧蛋"占卜这门技艺的方式或许不同,有的为祖传,有的为拜师求艺,有的为神灵托梦等,但这种主要体现与人交流的职业要求有更多时间、更多精力、更多圆滑的话语、更多洞察心理的能力,从这一层面上来说,女性无疑较男性是更加合适的。

---

① 采访人:叶成勇、田文。采访时间:2018年7月3日。受访人:梁博华,69岁,原居下葛藤坪,现居辽家坳集贸市场。

参加烧蛋活动的多为居家的农村女性，可能还有另一个原因。我们社会的飞速发展，很多外界的事情都在发生着日新月异的变化，外出的人接触到的新事物，而外出的年轻人更多地将类似的困惑反馈给居家的女性亲人，希望得到一种虽不科学但更亲切的解释。因此，停留在农村的这部分人需要面对的物质层面和精神层面的困惑自然也就越来越多，无形中就增加了压力，不得不去寻找更多的方法来面对，"神婆"等就在这个过程中充当了倾听者和指引者的角色。外出上过学的、打工见过世面的、游历过很多地方的人大多不会将这些痛苦、压抑等寄托在诸如烧蛋的活动上，但不排除对居住农村的亲人们倾诉。

一直待在农村的人对"烧蛋"表现得虔诚，这跟一个人的界域有很大关系。有些人根本不知道医学可以治疗一些心理层面的病症，传统的"烧蛋"等却给了他们治疗心理病症提供了实例和可能，给人提供了极大的精神需求。大多数农村女性对于医学的认识更多地停留在直接的药物治疗和手术治疗，而对心理层面疏导的认识却相对匮乏，将身边的"烧蛋"作为一种"精神寄托"和"心理安慰"也就不足为奇了。

"神婆"的角色定位随着时代的发展而发生了变化。在阶级社会时期，神职作为社会生活中最为重要的职能之一，是人们竞相驱逐的具有地位象征性的权力。可以说，在阶级社会谁掌握了神职权力，谁就能在现实的社会生活中占有主导地位，谁掌握的神职权力越大，其社会地位也就越高。这也是阶级社会中神职权力大多由男性充当的一个重要原因。在传统中国社会，最高神职权力由皇帝掌握，其下儒生、各教僧侣也有涉及，民间的神汉、巫婆无法进入庙堂，地位极低。但其在所活跃的阶层仍可拥有一定的民间威望。中华人民共和国的成立，作为辽家坳区域社会文化转型的一个重要时间节点，人们在地位上的渐趋平等，也导致了"神职"权利的平移，有的"神职"更需要女性特有的思维才能得以完成，这就出现了掌管"神职"权力的人员结构的重新整合。"神职"人员中男性渐次减少而女性逐渐增多，正如占卜权力的掌管者由男性向女性的转移一样。

第二节 "烧蛋"的功能嬗变

一、"烧蛋":从信仰到怀疑

"烧蛋"在辽家坳区域甚至整个黔东南地区均极为流行,但人们对于"烧蛋"习俗的认识却正在发生着极大的改变。

"烧蛋"仪式在辽家坳区域之所以历经时代变迁而依然不衰,甚至在很大程度上呈现较为繁盛的景象,最为内在、根本的原因就是其固有的文化包含力和群众影响力。很多人在遇到灾异和疑惑时,自然地选择了"烧蛋",以求得避灾和解决办法,结果也正好出现了转机,化险为夷。"每次遇到不顺心的事情,我都会来赶场'烧蛋',听了神婆讲解后,回去按照神婆的说法去做,拜菩萨,给祖宗烧张纸,事情就好转了。"[①]"每逢赶场天,平时遇到的不开心的事情就可以来跟神婆说说,烧个蛋,自然也就平平安安,有时即便自己不烧蛋,也会看看别人烧蛋。"[②]类似于这样遇到不顺心的事情便会想到"烧蛋"的人不在少数,她们将"烧蛋"作为解决未知难题的重要渠道和精神依托,十分虔诚。

自幼生活的艰难和不易是人们"烧蛋"求解脱另一个因素。在经过多次磨砺后,心中的积虑得不到及时疏解,而"烧蛋"这种能"通神"的仪式活动正好满足了这部分人对于心理平衡的需求,在没有找到更加合理、便捷的解决方式之前,她们成为"烧蛋"仪式虔诚的信仰者。

随着近些年西南地区经济社会的快速发展,原本需要依靠"烧蛋"才能得到解决的心理问题被"心理咨询医生"以更为科学的方式解答。

[①] 采访人:叶成勇、田文。采访时间:2018年5月6日赶集天。采访对象:李阿姨,57岁,家住罗家寨。

[②] 采访人:叶成勇、田文。采访时间:2018年5月6日赶集天。采访对象:王阿姨,76岁,家住罗家寨。

很多人在"烧蛋"之后发现原本需要解决的问题依然存在,开始对"烧蛋"产生了怀疑甚至抵触。"要是烧个蛋就管用的话,我也不需要努力工作了,也就不会到现在还单身,原来我也烧过蛋,神婆讲了会在一年以后找到媳妇,但现在都还是单身,证明神婆的话没有起作用。以我的个性是应该通过行政手段严令禁止'烧蛋'这种骗人的把戏延续下去。"这是笔者在采访过程中,一个30多岁仍未婚中年男人的一番话。不难看出,这位中年男人原本将婚姻大事寄托在"烧蛋"仪式上,希望通过神婆的指点找到媳妇,但事与愿违,终究还是未能成功,转而对这种文化现象出现了较大的仇视心理。"世界上哪里存在什么神哦,那些神婆借助神的幌子招摇撞骗,但作为一种文化传统,别人爱信就信吧,我们也干涉不了。"[①]这种认识是在认真思考的基础上总结出来的,证明已经有人在科学文化的认知体系下否定了"烧蛋"习俗。有这样认识的人不在少数,多因其在"烧蛋"仪式后没有达到理想的目标,进而对此表现出不屑的态度。

笔者认为,所有的对于信仰的"无"均来自曾经对于信仰的"有"。也即是说,当地人们之所以不信"烧蛋"仪式,更多的是因为原先的不幸经历未能在"烧蛋"仪式中得到灵验解释和指引。正如未婚中年人一样,以虔诚之心收获不如意的结果,其嗤之以鼻的态度是可以理解的。但将诸如婚姻、工作等的前景寄托在'烧蛋'习俗上,这本身也是极不科学的。

二、"烧蛋"活动的娱乐性增强

"烧蛋"历来以神职活动的定位出现在社会生活中,这毋庸置疑。然而,近些年来,随着科学技术的发展,人们对于未知世界和未知领域的认识已经逐渐趋向科学化和合理化,原本对于"烧蛋"的依赖渐渐地被

---

① 采访人:叶成勇、田文。采访时间:2018年8月8日。采访对象:王阿姨,49岁,家住方寨。

更加显性的医疗技术和科学知识所取代。同时，很多人将"烧蛋"习俗作为一种传统继承下来，在没有更好的场域提供更为科学的心理咨询时，"烧蛋"是可靠的选择之一。但随着认识的提高，人们对"烧蛋"的依赖性已然大大减弱，原来庄重肃穆的仪式感也变得更加轻松愉悦。

正如前文白岩龙姓阿姨所言，"和大家在一起也就图个好玩"，这种心态是"烧蛋"仪式娱乐性渐趋转型的直接反映。有的烧蛋者在仪式过程中就公开以玩笑的口吻否定神婆的一些解释，指出神婆所言与其本身的实际生活不同甚至截然相反，并惹得围观的人哄堂大笑，这种氛围是围观者们更愿意看到的，不为反驳，更为娱乐。

一位20岁不到的未婚女孩到一神婆处"烧蛋"，其问题包括她的婚姻前景，即结婚后会不会向其他很多人一样走上"离婚"的结局。这是一个带有很大预测性的问题，神婆未能给予正面回答（当然也不可能给出正面回答）。神婆企图通过打卦的方式来预测这一问题，但在需要阴卦、阳卦和圣卦三卦齐全才能得出结论的情况下，巧合的是阳卦怎么也打不出来。烧蛋的女孩嬉笑着说："我只是来试试你烧蛋准不准，这个卦都打不出来，还是我自己来打吧。"不巧的是，女孩也未能打出阳卦，最后"负气"离开了"烧蛋"现场，临走时还不忘调侃。从女孩的烧蛋的出发点及其过程来看，娱乐性更加明显。

每逢赶集天，除了烧蛋者围坐在神婆周围外，还有很多并不"烧蛋"的围观群众，她们会为神婆的各种解释暗自思考，同时也会在适当的时候发出较大的笑声以表示互动。神职活动被赋予了新的元素在其中，更多的人即便不去亲身参与，也会作为旁观者对整个仪式活动产生影响，促使神职活动的功能渐趋改变。同时，可以肯定的是，"烧蛋"功能的这种渐变，是建立的"烧蛋者"或"围观群众"见识逐渐广泛，以前很多只有通过"烧蛋"才能解释的行为已然可以用科学、常理等手段来解释。这种功能的转型是伴随着社会认知能力、知识水平和生活方式的不同而出现的。

三、"蛋卜"和"卦卜"在仪式中聚集

原本"占卜"仪式中"蛋卜"和"卦卜"是分离的,各自作为一个系统出现在占卜仪式中,同时,在整个仪式过程中原本单一的"求神指点迷津"的功能也出现了变化,活动的组织方式和解读方式也更趋现代化,一系列与"烧蛋"有关的商品交易也在此推动下更加频繁。

笔者认为,蛋卜的区域性、民族性要强于卦卜,其传承与发展更多地适应于南方少数民族地区,并逐渐赋予了南方少数民族地区的地域特征。卦卜是在汉文化的逐渐传入过程中才渐次与蛋卜结合在一起的,本身是汉文化占卜系统中一项极为重要的子系统,其在历史长河中所起到的作用也是由来已久,在适用的空间上较蛋卜更加广泛。虽然我们无法获知"蛋卜"与"卦卜"结合的时间,但不可否认,现在意义上的蛋卜更多的是吸收了传统蛋卜和卦卜两种仪式的合理元素,并将两者有机地结合起来,形成更加具有适应性的现代黔东南地区的占卜系统。

除了"烧蛋"仪式本身外,为了能够在心理上产生平衡的效果,通常在蛋卜卦象显示不吉利时,神婆会以"做功德、行善事"等"神的旨意"作为解决办法并将其传达给烧蛋者,烧蛋者在得知解救办法后会毫不犹豫地选择践行神的旨意,进而又推动了诸如在沟渠处建桥、买红布拜土地庙、在路旁安置"懒凳"、在岔路口刊立指路碑等功德行为的发生,加大了社会互动的广度和深度。建立在此基础之上的社会互动也就更加具有层次性,原本不存在或较为萧条的祭拜仪式在"烧蛋"仪式的推动下又产生和兴盛起来,社会文化的多元性得到彰显。

四、附带发生的经济行为

"烧蛋"仪式作为一种神职行为,在当地历史的变迁过程中,发挥了其神职功能,在很大程度上为它的信任者们提供了较大的精神支持,一度以精神良药的角色定位于民众的心中。

近些年来，随着社会经济和科学技术的快速发展，在为烧蛋者答疑解惑的同时，神婆的经济收入也附带而来，市场上关于香、纸等商品的交易频度也随之加大。神婆们会准备一系列与"烧蛋"仪式相关的必需品，比如成框的鸡蛋（鸭蛋）、成叠的纸钱以及成捆的香枝（原本这些多由烧蛋者本人提供）。这些材料的准备既为烧蛋者提供了方便（可以不用从家里带或者其他地方购买），也形成了这类商品的现场交易模式，使诸如鸡蛋之类的农产品商品化倾向扩大，而纸钱、香枝等平时只有过年过节才能销售的商品更加普及，成为市场上常见的商品，在蛋、香纸、红布之间形成一个消费链条。市场经济使得"烧蛋"增添了新的时代内涵，原本较为单纯的神职行为逐渐融入了现代意义上的经济元素，市场为了调节供求关系，主动增加了上述商品的供应，加大了这种习俗的现代化转型的步伐。

神婆们在散场的时候会清理当天所有"烧蛋"获得的钱，通常在100～200元之间，有的神婆能达到200～300元的收入。同时，神婆在为烧蛋者解读疑惑和灾异现象之后，通常会有解救办法，即要求烧蛋者购买诸如红布、香、纸等到土地庙祭拜，又推动了相关经济行为的再次发生。有些烧蛋者因"灾难较大"而需要的救赎力度就相应地加大，花钱购买公鸡、羊、猪等用于祭拜，这在很大程度上又增加了烧蛋者的经济负担，但为了生命安康及其家人的平安、顺利，"神"的旨意又不可能置之不理。

烧蛋者们都愿意"花钱买平安"，适当的经济损失成为维系其心理平衡的重要开销。从这个层面上来说，"烧蛋"作为一种神职行为的功能虽然依然存在，但其作为神婆的经济收入来源和市场经济交往的助推力量的作用也愈加明显，人们对于神灵的信仰已然超越了神职行为的范畴，经济化的趋势更加明显。

各种医疗卫生技术得到了质的提升，为人们日常生活中的一系列灾异行为提供了技术解读和卫生服务。切身利益体验使人们更加相信科学的医疗技术。然而，很多心理上的问题并非医疗技术能够很好地解释，"心理医疗"也不可能广泛地深入到广大农村的社会生活中。这时，神婆的主观性解释也就成为人们消除心理障碍的重要方式，方便、快捷而又接地气。因此，在经济水平相对提高的现代社会，人们依然愿意用"花钱买平安"的办法来实现心理上的救赎。

第三节 "烧蛋"仪式的文化内涵及其对当地社会治理的借鉴作用

一、"烧蛋"习俗的文化内涵解读

"烧蛋"作为辽家坳及其周边区域一种古老的卜辞活动流传已久。在当地集贸市场兴起（20世纪80年代中期）以前，"烧蛋"仪式的依托空间更多地停留在神婆的家中或者烧蛋者的家中，且烧蛋者"烧蛋"的缘由更加明晰，一般都是在遇到特定的疑难无法得到解决时才进行。这样狭小的场域和针对性的"烧蛋"缘由，注定了"烧蛋"仪式作为神职活动的本质。也即是说，原本的"烧蛋"仪式在空间上要较现在封闭得多，在时间上较现在稀少得多。

辽家坳集贸市场的兴起，为"烧蛋"注入了全新的血液。随着20世纪80年代中期辽家坳集贸市场的兴起，原本处于无序状态的"烧蛋"仪式有了特定的空间依托和时间依托，神婆们通过在市场的一端定点摆摊，紧跟市场经济的大潮流，将原本封闭的神职活动以公开的状态展现在人们面前，注入了市场交易的各种元素，"烧蛋"所需的一系列材料与市场结合起来，促使整个仪式在保持了原本神性的同时有了商品化倾向。同时，依托市场，将"烧蛋"习俗展示给了外来人，使其群众基础和社会基础更为广泛，扩大了知名度和影响力。基于此，我们甚至可以说是现代市场将原本处于封闭状态的"烧蛋"仪式再一次激活了，市场使得"烧蛋"有了时间保障和空间依赖。再者，市场经济赋予了"烧蛋"习俗"经济互动"的文化内涵，加强了该习俗的文化多元性。

在社会科学技术日新月异的现代社会，"烧蛋"依然在诸如辽家坳这样的区域盛行，除了其本身具有的较为强大的内在吸引力外，更多的是人们对这一仪式的需要。周大鸣、廖子宜①等人在文章《烧蛋：对于一种湘西边城民间医疗习俗的探究》②中以"神药两解"来解读了"烧蛋"习俗在对于烧蛋者心理治疗方面的特殊作用，认为"烧蛋"是对医学上药物治疗的一种补充，是心理治疗的重要手段。诚然，社会的发展离不开科学的进步，但在一些相对偏远的山区，医疗技术不够发达，尤其是心理病症的疏导措施欠健全的情况下，诸如"烧蛋"这种能够在很大程度上解决心理症结的行为是有其存在的特殊场域背景和现实价值的。

"烧蛋"习俗表面上具有很大的迷信性，但细究起来，我们不难发现：在"烧蛋"的仪式过程中，神婆以组织者和参与者的身份贯穿于仪式活动的始终，表面上以巫术的形式进行组织和传承，但其内容却展示了很多合理的内核在其中。神婆对于一系列内容的讲解实际上建立在与烧蛋者之间的"问与答"的基础上，根据烧蛋者的回答，将为人处世的一系列方法和道理以"神灵旨意"的形式进行传达，教导人们在遇到问题和困难时怎样去面对和解决，即便神婆的解释不能直接见到物质层面的功效，但从心理上来说却带有很大的疏导性。李静在其《民族心理学》一文中有这样的叙述："通过治疗者采用某些语言、动作或其他方式，使被治疗者在不知不觉中接受某些信念或指令，或者依赖于自己的祈祷来自慰，通过缓解心理压力，实现消除疾病症状或加强某种治疗方法和治疗效果的目的。"③在"烧蛋"仪式中，神婆充当了治疗者的角色而烧蛋者则作为被治疗者存在。

基于此，我们说"烧蛋"实际上是在巫术活动的外衣下进行的能够满足一部分人社会需求的文化活动。神婆对烧蛋者做出的一系列指示并不是社会层面上的"是非判断"，更多的是道德层面上的"价值导向"。也即是说，神婆一般不会对"烧蛋者"所述之事进行"对与错"的指示，

---

① 周大鸣：中山大学人类学系教授。廖子宜：中山大学人类学系博士研究生。
② 周大鸣,廖子宜.烧蛋:对于一种湘西边城民间医疗习俗的探究[J].民俗研究,2015（4）：137-139.
③ 李静著.民族心理学[M].北京：民族出版社，2009：459.

更多的是引导人们积善行德，去恶扬善。尤其是在乡村人情社会，神婆多以长辈或长者的身份对小辈或后生进行"敲打"（用手轻拍烧蛋者的肩膀，以示教导），将神秘的"烧蛋"仪式世俗化，进而拉近"人与神"之间的距离。不可否认的是整个"烧蛋"仪式中有荒诞的一面，这种"荒诞"从侧面又增加了整个活动的仪式感和神秘感。仪式中展现出来的经济行为却带有很强的附带性，从某种层面上来说，我们甚至可以将其视作为一种"文化消费"。最为主要的是神婆在一定程度上充当了社会风气的维护者和价值观的导向者角色，这是我们剥开巫术的外衣之后看到的当地人对于社会价值的诉求。

二、从"烧蛋"看传统文化在民间社会治理中的作用

作为当地的传统文化元素，"烧蛋"无疑在当地人的生产生活中扮演着重要角色，尤其是在现代医疗技术等还未传入当地时，更是如此。同样，我们可以反思的一个问题是：在国家行政命令进入之前或未被地方社会完全吸收之前，抑或非必须使用行政命令时，当地的社会秩序是怎么调节的呢？或许我们能从"烧蛋"仪式的功能和作用得到启发。

一个农村的党支部、村民委员会、调解委员会等的作用，更多地体现在个人和官方沟通的过程中。正所谓"清官难断家务事"，人们在日常生活中遇到的琐碎的事情往往是行政命令等解决不了的，这可能就需要借助当地一系列的神职活动，需要有另一套"治疗系统"才能得以实现。在乡村社会，除了基层单位以外，能够对当地产生影响力的还有乡村里的那些传统权威，正如很多人宁愿去听一些诸如鬼师、神婆等"神职"人员的喃喃咒语也不太愿意听取上级行政人员作的指示一样。当地人在传统的生活习惯中，认定了当地的"神职"人员、寨老、族老等的号令，认为他们的话更加具有说服力。很多民间矛盾的解决也就是需要传统的权威才能实现。有鉴于此，我们在进行乡村社会治理的过程中，便需要充分利用一切可以利用的积极因素，以实现治理效能的最大化。

诸如"烧蛋"等神秘的仪式对于解决病症或困惑并没有什么直接的、物质层面的作用，甚至生病者或困惑者自己也不赞成通过"神职活动"来解决，但其家人往往会给病人举行这样的一套仪式，他们也需要一种精神安慰。长期以来固有的生活逻辑让大部分人都信奉神婆，潜移默化中形成习俗，认为别人这样做，自己也应该这样做。

我们还得关注一个重要的群体，就是烧蛋的"神婆"。在类似烧蛋等神职活动辐射的广大农村区域，"神婆"扮演着重要角色。首先，神婆的思想意识、文化水平以及为人处世的技巧等都较其一般人高得多，甚至可以说他们懂的东西是常人不懂的。因而，掌握"神职"的人在特定的地域里有特定的权威。这种权威作用于社会生活，则表现为对"烧蛋者"甚至更多的民众起到的教化作用。神婆等会通过所烧之蛋的纹路来对烧蛋者进行解释，这更多的是他们自己的建构，有一套具有神性的逻辑体系来引导着人们惩恶扬善、去伪存真。因为烧蛋者多相信神婆和巫师，认为所有的问题都可以从神婆或巫师处得到圆满的解释。

当然，我们关注的不是烧蛋仪式本身的"神性"部分，而更应该讨论的是这一套看似不符合现代社会发展需求的东西为什么能长期存在，并在不同程度上发挥着作用，即"为什么基层社会需要这一套"的问题。笔者认为这更多的是一种心灵调节的需要。正如大学没有神婆，没有乡村社会一系列的心理调节机制，但也要有很多心理咨询师一样，要不然很多极端的事情便会发生。乡村社会因为有神婆等"神职"人员的存在，很多心理问题能够得到及时疏通与解决，从侧面维系了一个区域社会的相对安宁。不时地"烧蛋"，将生活中的疑难问题解决在萌芽和初始阶段，这正是神职活动所展现出来的社会功能。包括黔东南的鬼师、黔西北彝族的毕摩、黔北的端公等均在其中便扮演了人与神之间沟通者的角色。

当基层行政组织不能最大限度地满足当地人的心理诉求时，普通民众会更多地相信传统的调节机制。这种传统固然没有"法律"的功效，但其部分调节功能是行政命令等无法轻易完成的。从这个层面上来说，民间的神职活动对于社会治理起到了一定的补充作用。

小　结

"烧蛋"作为镇远县极富色彩的民间文化,在当地社会的历史长河中发挥着重要作用,从侧面集中体现了区域社会人们的精神互动和价值导向。文章通过镇远辽家坳村"烧蛋"习俗的调查和分析,力求解释这一文化事项长期存在于当地社会的合理性,探讨其作为"价值导向"而非"纯粹迷信"的文化内涵,进而窥探该文化在地方社会运行中疏导、教化等的特殊治理功能。

诚如美国人类学家 P. K. 博克在其著作《多元文化与社会进步》中所述:每当不测和焦虑闯入人们的生活时,精神技术就会发展。对于人类学家来说,与其去批评这些迷信,还不如理解这些技术在社会中所起的作用,不管其作用是心理的(消除焦虑增强信心)还是社会的(集中群体力量或促进社会整合)。①这样的论述实际上看到了我们平时并未看到的神职仪式的积极一面,对人们认识物质世界和精神世界具有较强的方法论意义和价值导向意义。

物质和精神是人类社会生活的"一体两面",我们在追求精神文明与物质文明同步发展的过程中,要认真辨别传统文化中的各项文化元素。去伪存真、去糟取精,将合理的、能够满足大多数人社会需求的文化元素进行针对性地吸收,将不适应社会发展需要的文化选择性地放弃,做到取舍有度和取舍合情。对于辽家坳区域社会中"烧蛋"习俗传承和发展的认识,也是在解读了其作为"价值导向"和"经济行为"的内涵后,认识到了其存在至今的原因。这种"取舍"的认识逻辑也符合前文所讲到的"有度、合情"原则。

---

① [美]P. K. 博克著,余兴安、彭振云、童其志译. 多元文化与社会进步[M]. 沈阳:辽宁人民出版社,1988:206.

第八章　多神信仰的变迁

在辽家坳，大大小小的神庙建立在房前屋后和山间地头，有的矗立如小型木房，有的则只是有三块砖"两竖一横"简单搭建，有的供奉了大大小小的多樽神像，有的则空空如也。在经过辨认后，这些神庙分别是观音庵、飞山庙和土地庙等。这些小型的神庙建筑成为当地的楼居建筑和村落结构中不可分割的组成部分。加之直立在三岔路口的一块块指路碑，构成了当地具有多元文化特质的信仰体系。这些信仰文化，植根于当地人日常生活中，成为反映当地历史与社会的一面镜子。

第一节 指路碑刊立及其功能变迁

指路碑从其最初的功能"指路"层面来说，不属于神灵信仰。但是，由于指路碑功能由原来的"指路"向体现当地人对于"护子成长"的功德诉求的转变，在刊立指路碑的过程中赋予了其神性，认为是婴儿得以借助自然生长力的重要方式，笔者认为在其中呈现出了一种类似于"生育之神"的神灵信仰。故将此纳入本章的写作。

一、指路碑概述

在黔东南少数民族聚居的大部分地区，经常会在三岔路口或重要交通点上见到成排刊立的石碑（也有木质），多为长约30厘米，宽约20厘米的长方形形状，碑面上写明立碑人、立碑缘由、指路方向、四至地名等信息，这就是指路碑（如图8-1所示）。在辽家坳区域，指路碑极为常见，只要是岔路口，基本上都会见到指路碑，有的断裂，有的完好，有的平躺于地面，有的深埋地中，多数相对规整地排列在一起。正如王建纬所言，"这种习俗除流行于我国的汉族地区以外，也在西南一些少数民族地区存在。"[①]其最为显性的功能即是"指路"。指路碑以纵横交叉的路

---

① 王建纬. "挡箭碑"的民俗学意义[J]. 文史杂志, 1996（3）: 60.

口为依托，是人们在辨别方向的过程中形成的一套具有指向性的标识系统。即便是在广大的平原地带，也要以岔路纵横为基础。也即是说，指路碑是立碑人为了替过路人指明道路方向、四至而刊立的碑刻，具有功德碑的性质。

图 8-1　指路碑

各个岔路口指路碑多少不一，有的只有一两块，有的七八块，有的成排地竖立在路旁。数量也多少不一。指路碑主体部分成长方形，多为石质材料刻录而成；也有用木板加以毛笔书写，书写相对较为随意。材质的选择是根据立碑人的意愿确定的，但笔者认为鉴于木板的获取较石板的获取简单方便，木质指路碑应该先于石质指路碑出现。（部分指路碑信息表如表 8-1 所示）

表 8-1　指路碑信息表

序号	碑名	立碑人	立碑缘由	四至地名	对联	立碑时间	材质
1	指路碑	信仕张有鑫	命犯急脚关	上走辽家坳下走冽洞左走方寨右走子棚	长命富贵易养成人	壬辰年六月十四日	石质
2	指路碑	信仕潘胜军	命犯将军箭	东走辽家坳南走岭大坡西走老棚北走老力湾	长命富贵易长成人	公元二〇一七年二月十九日	木质
3	指路碑	辽家坳杨姚		左走罗家寨右走纸棚上走老力湾下走关土	长命富贵易长成人	公元二千年十月廿二日	石质

续表

序号	碑名	立碑人	立碑缘由	四至地名	对联	立碑时间	材质
4	将军箭	信仕李康念琪	命犯关煞	上走大路边下走金堡左走三穗右走镇远	箭来碑挡弓开弦断；长命富贵易养成人	天运戊子年十一月廿一日	石质
5	将军箭	信仕潘敏	命犯将军箭	上走老泥湾下走方寨左走罗家寨右走老棚	长命富贵易养成人	天运甲午年八月十□□	石质
6	将军箭	信仕吴念琪	命犯关煞	下走三穗左走金堡上走镇远	长□□□易□□□	二〇〇四年三月十□□	石质
7	挡箭碑	信仕姚家乐	命犯将军箭	左走盘山右走白岩上走辽家坳下走冽洞	长命富贵易养成人	公元二〇一三年二月十六日	石质（绿色）
8	指路碑	信士王易涌	命犯急脚关	上走老泥湾下走过领大坡右下走子棚左走下方寨	长命富贵易养成人	公元二〇一七年四月廿一日	木质
9	箭来碑挡	信仕姚土地	祈资	上走镇远左走冽洞下走三穗右走焦溪	长命富贵易长成人	公元一九八四年十月十六日	石质
10	箭来碑挡	信人龙章平	命犯将军箭	上走辽家坳下走冽洞左走盘山右走白岩	长命富贵易养成人	甲申年腊月廿一日	石质

注：表中立碑人有的作"信仕"，有的作"信士"，有的作"信人"，皆具原碑文照实录入。

指路碑的名称通常有"指路碑""挡箭碑""箭来碑挡""将军箭"等几种。写明了立碑人、立碑原因、方位四至、祈福对联、立碑时间等内容，其材质有石质和木质两种，有的还在碑面上涂上绿色或者红色，笔者推测红色碑面意义重在体现指路碑的辟邪功能，而绿色碑面意义旨在突显还愿功能。

二、历史上指路碑刊立的原因

指路碑作为生活在山地的人们重要指路性标识，有其产生和发展的特殊历史过程，但由于资料所限，具体起源年代已然无法考证，只能通过建立在田野调查基础上的判断和相关文献资料的记载来对其起源进行推理性阐述。

（一）与狩猎相关的信息屏蔽需要

指路碑，顾名思义即是用以指路的石碑，其主要的功能是"指路"。指路碑的刊立是与祖国西南地区崎岖不平的山地地形有着直接联系的，即复杂的山地地形地貌是指路碑产生的地理基础。在贵州的广大地区尤其是黔东南广大区域，指路碑刊立的现象表现得极为明显，其中最主要的原因也在于此。

黔东南地区相对集中地居住着苗、侗等山地民族，历史以来都在与高山、丘陵的地理条件打交道，并创造了一系列独特的山地文明。在多年的调查访问和学习过程中，不难发现苗、侗等山地民族生计方式的一个极为显著的特点即狩猎与农业的有机结合。在狩猎过程中，指路碑的文化现象逐渐形成，并在后来逐渐完善，形成现在我们所见的"指路碑文化系统"。

黔东南人充分利用了山地资源优势，开发出了一套打猎方法，其中就包括"指路"在内。人们在打猎时，对猎物进行围追堵截，但在山路崎岖、丛林密布、岔路纵横的山间，要想能够在不发出过大声响的前提下达到对猎物合而围之的目的，指路方法就显得极为重要。

在围猎过程中，走在前面的捕猎者为了不说话惊动猎物，会在岔路口放置诸如树枝、石头等具有标识作用的东西，以便让后来者知道猎物逃走的方向。这种方法很好地将人和动物在山间行走的方向进行标记，看不懂标识的猎物也就不知道狩猎者的围攻意图，对动物进行了屏蔽而对人进行指引，这样的方法继承和沿袭下来，我们将此种情况称为"信息屏蔽"。随着符号或者文字的逐渐普及，将方向和地名刻录在石头或者树桩等表面，成为后来人们进入深山老林中走路辨别方向的重要指南。

（二）以"护子成长"为核心目的的指路碑刊立

无论是的什么年代，幼孩的成长、人口的增长和繁衍均是一个家庭最为重要大事之一，也始终是关系到区域社会发展乃至国计民生的大事之一。尤其在旧社会以人口论家族实力和社会地位的情况下更是如此，因而新生婴儿的成长是每个家长尤为关心的问题。在广大的农村地区，甚至基本上的婚姻都带有"传宗接代"的功能。

从"护子成长"这个核心目的出发，指路碑的刊立成为祈求小孩平安成长的最初动力。当地人认为，小孩出生之时并非完全意义上的自然人，为了能让小孩子健康成长为"人"，需要借助一些自然的力量来进行庇护，也就有很多人常常给自己的小孩取"贱名"，诸如"狗""猪""牛"以及一些植物的名字等常出现在小孩子的乳名中，"取一些猪狗的名字是为了让小孩子乖点，肯长点"①。这种企图借助牲畜和自然的力量来庇护小孩成长的愿望可以通过借助刊立指路碑的形式表达出来，将小孩子的姓名刻在石碑上接受来自自然的洗礼和特殊的生长力量，这是指路碑刊立的重要原因。

（三）以社会主流道德观念为指向的刊立

刊立指路碑和其他积德行善的社会公益性行为具有相同的道德指向意义。王建纬在其文章中写道："贵州省镇宁扁担山区的布依族、苗族同胞在家有孩子出生或生病受伤时，便要请来'老魔'，杀鸡立挡箭碑，还要用血来淋在碑上，据说这样孩子才能除病免灾，转危为安。"②这里的"挡箭碑"就有了两层含义，一是抵御来自自然界病魔对小孩子的侵扰和袭击，有些石碑会在碑面上画上"搭弓射箭"的图案，"箭"成为病魔的化身和符号象征，而"挡箭"即是"挡住病魔"的含义。"一经巫师作法，化腐朽为神奇，石碑便具有了祛病禳灾、保种护生的特殊功能，可抵御外人、阴人、蛊婆等'放阴箭'射杀小儿灵魂。"③二是以疏导路人正确

---

① 采访人：叶成勇、田文。采访时间：2018年8月15日。受访对象：姚敦科，49岁，白岩人，现居住于辽家坳集市，笔者驻村调查时的房东。
② 转引自王建纬."挡箭碑"的民俗学意义[J]. 文史杂志，1996（3）：60. 原资料见《贵州省文物工作汇编》第9辑，《镇宁布依族苗族自治县民俗调查》。
③ 吕养正. 苗疆"挡箭碑"一体两面特征及民族繁衍意识蠡探[J]. 吉首大学学报（社会科学版），2001（1）：53.

找到目的地的形式，积德行善，并在这一过程中相信"善有善报"的因果报应逻辑，以所积之德来惠及小孩子的成长过程。"一般多理解为这乃是一种修好积德的人类道德行为，这与修桥补路等积善习俗的意义相类似。"① 对外积善行德，对内祈求庇护，这是指路碑刊立的双重含义，也是笔者将所见的四种不同名称的指路碑分为两种类型的依据所在。

无论是对外施善行还是对内求庇护，目的都是希望小孩子能够健康成长。我们需要更多地从心理层面来解释人们的这一行为，并将之置于社会历史互动的结构和过程中去看待，从指路碑的形式来看待这一文化特征，理解指路碑刊立行为背后的文化根源。

指路碑的内容包括碑的名称、立碑人及缘由、对联、指路方向、四至以及立碑时间等几大项。名称大致包括"指路碑""将军箭""挡箭碑""箭来碑挡"等。这些名称其实又可以细化分为指路碑和挡箭碑两种类型，"将军箭""挡箭碑""箭来碑挡"等统一为挡箭碑。但两种类型之间除了文化含义上解释有所区别外，作为"指路"这一核心内涵是一致的。指路碑左边通常为立碑人姓名和立碑缘由，诸如"某某某命犯将军箭""某某某命犯急脚关"等，有的只是写明姓名如"某某某特立""某某某奉献"等字样，以表示广义上的祈福消灾和护子成长之义。中间为所要指明的方向四至，如"上走某地下走某地左走某地右走某地""东走某地西走某地南走某地北走某地"等，根据地势高低指向更多地出现在指路碑中，而"东西南北"的方位指向相对较少，笔者认为是根据地形条件有关系的。"东西南北"的指向法更多的是吸收了平缓地区的方位观念。在方位地名下方为对联，也有在其两边的，多为"长命富贵，易养成人"。

三、从木质到石质

在调查过程中，笔者发现辽家坳境内及周边苦李坪、枫木溪、冽洞等地的指路碑年代均较晚近，多在中华人民共和国成立以后才刊立，最

---

① 王建纬．"挡箭碑"的民俗学意义[J]．文史杂志，1996（3）：60．

早的为 20 世纪 70 年代。虽然刊立年代相对较为晚进，但不可否定指路碑的悠久历史。在相关文献资料中发现了 1887 年刊立的位于四川渠县的指路碑。

笔者认为，年代久远的指路碑未能保存下来的主要原因在于过去多用木质材料的缘故。具体说来大致如下：一是由于过去指路碑刊立多以木板为材料（石质材料刊刻相对较难），均立于露天，常年经受风吹雨打、日晒雨淋，防腐性能较差，故容易腐烂。二是指路碑所在地多为岔路口，遭受牲畜等的破坏较为频繁，消失的速度也就较快。三是流落野外无人管理，墨迹容易遭到雨水冲刷而退去，一旦指路碑成为白板，其"指路"意义便渐渐消失，很容易被人们当作柴火而取走。这些因素使得指路碑存在的年限均不长，后人要想看到年代久远的指路碑也就基本不可能。研究指路碑只能寄希望于博物馆等地的收藏或者文献资料的相关记载。然而，博物馆收藏对于位于农村的指路碑也不会太重视，认为其价值似乎不大。相关文献资料也较少去记录一块指路碑内容。这样的情况下研究指路碑的难度也就相当大。

四、从指路功能到功德诉求

正如"指路碑"的命名一样，其最初的主要作用既是"指路"。随着各地交通的发展，尤其是"组组通、户户通"的通组路政策的实施，原本落后的村庄交通状况得到了极好的改善，原本指路碑的"指路"功能逐渐失去了本来的意义。但现在仍然有很多人在刊立，说明这种文化现象在经历千百年后已然植根于当地人的生存逻辑之中。刊立指路碑，既是历史文化的传承，同时又能在一定程度上满足人们的现实需要，无论是对于个体家庭还是村落社会均具有极为重要的指示性意义，是社会发展过程中一种既根源于历史又尊重于现实的双重价值取向。

指路碑是重要标识性工具，在整个西南山地民族群体中几乎都可以见到。这种信仰习俗是一个极具人文情感和符合社会价值取向的文化现象，其形式简单却又意义深远，故无论是历史时期还是现代社会，均成为当地人祈福消灾、护子成长的重要信仰诉求渠道。指路碑的刊立者以积德行善的心理作为社会主流价值导向,以石碑和文字作为道德依托,将个人的心理需求展现于众多过路人,从过路人中获取隐性的保佑力量。"护子成长"是指路碑刊立的最为核心的目的,这一目的建立在积德行善的基础之上,相信"善有善报",坚信只要是做好事,事情就会朝着预期发展,这是刊立指路碑的普遍心理写照。

指路碑的刊立,从历史上因山路崎岖难辨的现实功能转化为现在"祈求平安"的功德诉求,其刊立是将家庭空间向村落空间甚至更为广阔的多个村落的交汇空间的转化,将家庭愿望诉诸更高层级的村寨聚落的自然力。立碑人祈求以更具兼容性、延展性的空间以及更加强大、更有安全感的自然力来庇护相对狭小的家庭空间和生长力较弱的小孩的成长,既是两种力量上的互动,同时又是两种空间上的互动。

第二节 土地神信仰及其变迁

辽家坳村域内的土地神信仰具有人数多、范围广、频度高等特点。走在辽家坳村域内,随处可以见到大大小小的土地庙。大的土地庙通常立在两个自然寨的分界之处成为重要的分界标识,或者立在一个自然寨的寨头,成为守护寨内平安的守护神;小的土地庙通常立在家门不远处,成为保护一家人平安的家土地神。

一、村域内土地神的置放空间和祭祀时间

(一)村域内土地神的置放空间

村域内土地神信仰仪式表现得相当浓重,空间上的分布说明了这一点。在空间上,辽家坳村域内的土地庙分布范围极为广泛,可以说是"无

处不见土地庙"。土地庙按其规模和形制来分，可以分为大土地庙和小土地庙两种。大土地庙通常立于自然寨的寨头，供奉着土地公和土地婆等能祈求平安的神灵，但此中供奉的神灵很抽象化，甚至在庙里不会摆放任何具体物象；有的则只是象征性地放置一个石头，代表土地神。祭祀的人包括一个自然寨的所有信仰者。因其地理空间位于一个寨头，故称为寨头土地。

小土地庙常为一家一户的简单、小型的土地庙，通常由三块水泥砖或相对规则的石头砌成（如图 8-2 所示）。选择家门口适当的地方（通常由烧蛋神婆根据主人家的吉凶情况确定适宜的方位）安放，将三块砖或石头呈"门"状安置在院坝边，有的靠近土墙，有的直立于院坝，有的家用土地庙甚至设计在砖墙之内。直接在修建地基的时候就将"小土地庙"修在墙中，可以说土地庙文化是"植根于墙"的信仰文化。因处于楼房前面或侧面，故称为"楼门土地"，或"家土地"。

图 8-2 小土地庙

当然，也有位于寨子中央或较大庙宇旁的土地庙，形状与"家土地庙"类似，也是由三块转或者石头组成。寨子中央的土地庙通常会和观音庵等建筑连在一起，即在观音庵外面院坝安置土地庙，甚至在观音庵里也供奉着土地公。在祭祀观音或者祭祀飞山公时，一并祭祀土地神。土地庙很好地与观音庵、飞山庙等联系在一起，形成功能和结构上的相互补充。

三种类型土地庙的布局，构成了土地神信仰安置空间，形成以观音庵等大型庙宇为中心，飞山庙为补充，寨头土地庙为分界线和各家各户的"小土地"为网的结构布局，与村寨中楼居建筑形成"人居"和"神居"的二元共存局面，两种局面相辅相成，相伴相生。

（二）村域内土地神的祭拜时间

人们对于土地神的祭拜，多是自行安排时间，但在农历二月十九、六月十九、九月十九等特定的时间表现得尤为浓重，是自由时间与约定俗成的时间的统一。

人们在平时生活中遇到不顺心的事情或者一些突如其来的遭遇时，为了让自己的不安与惶恐得到释放，选择一个能保守秘密的倾诉对象以倾诉内心的情感，及时到"家土地"烧点香纸，将心中的烦恼诉诸土地神，以求得庇护和心灵的释放。这样的祭祀时间是不固定的，根据人们的日常生活境遇而定。每个月的初一和十五通常进行仪式化的祭拜。

寨头土地的祭祀，时间也较为随意，但多集中在每月的初一和十五。因其较"家土地"更有信众基础，甚至可以说凌驾于"家土地"之上，故其祭祀时间也就更具严密性。作为自然寨共同的守护神，"寨头土地"的祭祀时间除了每月的初一和十五之外，在整个自然寨发生较为重大的事故时，需要大家共同祭祀以祈求土地神的庇护。

与观音庵、飞山公等连在一起的土地庙，以及"天地菩萨"，随着人们祭祀观音菩萨、财神菩萨等神灵时一并祭拜。观音菩萨的祭祀通常在农历二月十九日、六月十九日和九月十九日这三个时间点，与之相连的土地庙也就在祭拜时间上与之一致。当然，这样的祭拜同样具有随意性，当地村民在长时段远离神祇后，也会不择时间主动前去祭拜，主要根据祭拜者在生活上的具体"遭遇"而行。比如 2018 年 8 月 29 日星期三早上，笔者在采访过程中，罗家寨代光明[①]老人家为了配合我的调查打开了

---

① 代光明：罗家寨人，61 岁。罗家寨寨中庵堂钥匙的保管者和庵堂的看护人。因其家族曾遭受重大变故而笃信观音等神祇。

位于罗家寨寨中的庵堂，他本没有打算特意去祭拜，但开了门之后看到观音等神像，临时拿出香纸进行祭拜。代光明老人家说道："这个是平时只要觉得有点不顺心就可以来祭拜，也没有规定说具体什么时候拜，最多的就是 2 月 19、6 月 19 和 9 月 19 这三天。"《施秉县志》风俗条对土地会有如此记载："每岁二月二日、六月六日、十月十日，乡人醵金市酒肉群集山坳桥头土地庙前祀神，俗曰土地会，非是，则年谷不登，疑即古八赛田祖祈丰年遗意也。"①

二、土地神信仰的多元化变迁

（一）从土地信仰到土地神信仰

1. 相关文献资料对土地神信仰来源的描述

对于土地神信仰文化的根源，很多学者都有较为系统的论述，笔者在文章的绪论部分已有提及，在此仅挑选一些较有代表性的说法进行叙述，以便进一步表达自己的观点。

吴秋林教授在其文章《中国土地信仰的文化人类学研究》一文中，对于土地信仰的来源有如下描述："在中华先祖把生存的方式从狩猎、采集、游牧转向农耕的时候，这种信仰就诞生了。这种信仰一开始并不是一种精神层面的事物，而是一种土地疆域的标记，或者说是对土地生命的一种感知，是一种有明确功能性和单位的存在。"②吴教授的论述，实际上是在总结地力生产的基础上，从功能学的角度来进行的，说服力很强。具体说来，即是土地信仰是与农耕文明相伴相生的。

杜正乾在其博士学位论文《中国古代土地信仰研究》中写道："中国古代的土地信仰是以史前时期的'万物有灵'观念下的土地崇拜和'地母'崇拜为原生形态，以中国传统观念中的'父天母地'思想为哲学基

---

① （民国）朱嗣元修，钱光国等纂. 施秉县志[M]. 成都：巴蜀书社，2006：541.
② 吴秋林. 中国土地信仰的文化人类学研究[J]. 宗教学研究，2013（3）：148.

础,以文献典籍中有关土地祭祀的典礼和融合佛道思想的土地神验传说为载体,以土地神崇拜为核心而形成的信仰体系。"[1]杜老师认为,土地神观念重农耕文明出现开始便已经存在,并用一般自然神崇拜的逻辑及历史线索来梳理土地神信仰的产生过程,更加突出土地神信仰中"神性"的部分而非土地的生长力因素,这似乎还有待进一步商榷。

刘佳在其硕士学位论文《农村居民土地神信仰行为研究》[2]第三章谈到基层组织和信仰精英人物的引导与推动在土地神信仰形成过程中的特殊作用,是信仰行为产生的必备力量。这种认识是从行政力量和信仰精英的角度来阐释,并未将"神灵崇拜"产生的普遍因素列出。潘国英《南方民间的土地神信仰》[3]一文开篇说"土地神是古代农业社会神灵崇拜意识的产物",将土地神信仰完全认同为神灵信仰,似乎缺少了对土地神信来源的一个微观认识。

2. 土地神信仰的来源

从上述学者的论述中我们可以看出,大多数人认为土地神信仰源于未知、恐惧和对自然的不解。这样的认识固然有一定的道理,但以此作为土地神信仰产生的缘由却是有些欠妥的。吴秋林教授的认识给人以很大的启示,土地神是植根于传统的农耕文明系统中而产生的神祇,与其他的神灵有着本质的区别。

笔者认为,土地作为传统农耕社会中万物生长的基础,是实实在在存在的,能够在万物生长过程直接发挥作用。有"去迷信化"和"去惧怕化"的特征,不像图腾崇拜一样神秘,也不像风、雨、雷、电等神灵一样因惧怕而产生。也就是说,土地神信仰的最初阶段是土地信仰,土地神信仰的形成经历了一个肇始于土地信仰而后形成的演变过程。所以笔者认为土地神信仰形成的原因不能以普通神灵信仰为参照,有其固有的信仰逻辑。

---

[1] 杜正乾. 中国古代土地信仰研究[D]. 成都:四川大学,2005:1.
[2] 刘佳. 农村居民土地神信仰行为研究[D]. 南京:南京农业大学,2016:24.
[3] 潘国英. 南方民间的土地神信仰[J]. 东南文化,1998(4):62.

传统的农耕文明时代，总是将庄稼的种子埋在地里，待到条件成熟后便生根发芽，长出幼苗，直至开花结果。这样的一个过程是人们在长期的劳作过程中总结和发现的，年复一年地传承至今。在农作物生长的过程中，人们发现了土地孕育万物的规律，农作物长成之后有着实实在在的收获，能感知，能食用。农作物在生长过程中的高矮变化可以感知的，这就使得庄稼人对土地产生了特殊的情感，并将其作为感恩、祭拜和崇敬的对象，形成土地崇拜。

土地崇拜终归是较为泛化的行为，人们在祭拜过程中需要寻找一个祭拜的对象，以增强仪式感。故选择一堆土、一块石头或与土地有关的其他物件作为对象进行祭拜，被选定的物件逐渐被赋予了神性，土地信仰从原来泛化的祭拜空间逐渐集中到相对狭小的稳定的空间。空间上从泛化到相对稳定，被选定的物件从普通到神圣化，这样的过程实际上就是土地信仰到土地神信仰的转化过程。被祭拜的对象逐渐成为一种文化符号，人们将这种文化符号移植在村寨旁特制的土地庙中，使其具有了更高的神格，祭拜的空间随之固定下来。这样的一种习俗也成为自然寨与自然寨之间、村落与村落之间的文化分界线。因此，从这个意义上来说，土地神信仰经历了从敬畏自然到文化符号的转变。

（二）土地神信仰的多元化

土地神因其在农村社会信仰体系中的特殊地位，人们在祭拜的过程中，逐渐将其他神祇吸纳到土地神体系中来，丰富了其内涵。土地庙中供奉的神祇有多种形象，同时在其他文献资料中也能见到多种形象的土地神。辽家坳区域内的土地神形象大致有以下几种类型。

1. 民族精英和历史人物的土地神化

土地神作为当地区域社会内人们信仰程度极高的神祇，祭拜对象的选择除了较为虚化的土地神灵外，当地人还将对自己民族生存和发展产生重要影响的民族精英、英雄人物作为祭拜对象置于土地庙中，将民族精英与土地神灵有机地结合在一起。人们在祭拜土地神的同时，也就祭拜自己的民族精英，将民族精英赋予土地神的神性，形成民族精英的土地神化。在辽家坳区域，飞山公神像除了供奉在飞山庙中之外，一些土地庙中也供奉着，正说明了这一点。

观音庵在辽家坳区域是较大的神庙建筑，其中不仅供奉着观音，同样有土地神的一席之地。在诸如罗家寨的观音庵中，最右边的一间就专门供奉着土地爷，但其形象却并非土地公的形象，而是"关公"形象。历史人物被移植到土地庙中作为土地神供奉，是当地人对于直接影响其文化认知和观念的历史人物极大的认同和崇敬。这种移植之后的敬奉保证了土地神崇拜和英雄人物崇拜的"两不耽误"。

无论是少数民族历史上的精英人物，还是对当地社会产生极大影响的历史人物，都成为当地人在土地庙里的供奉对象。将具体的人物与土地神联系起来，使得土地神从抽象转化为具体。这种抽象与具体转化，实质上是神灵信仰与英雄崇拜的结合，是人们神性的精神世界和人性的物质世界的结合。

2. 土地神的虚无化

家庭土地庙的设置，是将三块米砖或较为平整的石头搭建成房门状，形成门楼格局。家土地庙里面基本不会放置任何东西，有的人家象征性地放置一块看起来较为独特的石头或市场上购买的泥制塑像。然而，不放置具象的神祇却丝毫不影响人们祭拜土地神的虔诚之心。

这样的情况下，土地神样子是虚无的，而土地神祭拜的活动确是真实的。作为符号出现在土地庙中的实物已然在人们心中处于可有可无的地位，即便土地庙里什么也没有，祭拜对象为空，但只要面对土地庙，祭拜者仍然虔心履行祭拜的程序。

三、土地神信仰的再认识

土地庙在当地极为常见，是有其特殊的社会功能和内涵的。虽然我们现今无法断定中原地区的土地神信仰和边疆少数民族地区的土地神信仰到底孰先孰后，如果单从农耕文明的发展程度这个角度来说，中原地区的土地神信仰应该是要早于边疆少数民族地区。但笔者同时认为这样的论述缺少实证，故只是提及。可以对两者进行一个对比。

随着15世纪末16世纪初的新航路开辟，欧洲人打通了中西方的通道，粮食作物的种类进一步丰富，产量也有所增加。外来农作物的传入，使大量的荒地得到开垦和种植，诸如玉米等外来作物对于地力的要求并不高，人们抗击自然灾害的能力也相应增强。人们原本对土地的依赖性逐渐减弱，信仰程度也相应地下降。

边疆地区的土地信仰却因为人们征服自然的能力较中原地区弱而出现了相对的滞后性。边疆地区因政治、经济、交通等各种因素的制约，未能与中原地区的快速发展保持一致，对外交流没有跟上时代发展的步伐，土地神信仰相对稳定地保存下来。从这个层面上来说，土地神信仰的稳定程度与西南地区社会经济发展的速度有着较强联系。

人之精神不能完全处于缺失状态，在烦恼、恐慌、不安等情况下总得找到一些倾诉的地方。正如在前文"清明祭祖活动"一节内容中所说，神灵通常为倾诉对象的最佳选择。而"家土地"和"寨头土地"具有倾诉情感极为便利的条件，在还未找到更为权威和便利的神祇用作信仰活动之前，土地神是最为合适的。

笔者认为，内地文化在经济、社会各方面因素的推动下率先向前发展，而边疆少数民族却囿于其较为封闭的地理环境和社会发展水平，形成相对稳定的文化形态，上升到区域文化的高度，成为特有的文化符号。而少数民族地区经济在与内地经济充分互动的基础上，逐渐向先进的内地经济靠拢，跟上时代发展的步伐。然而，诸如土地神这类极为传统的信仰体系已然在边地表现出了较强的稳定性，很难因经济的发展而被冲破。这种文化现象存在范围广、祭拜氛围浓，在一定程度上与经济的发展并不完全同步，具有较大落差。

土地神信仰作为中国传统农耕文明的重要标识，在道教、佛教和基督教等文化的影响下，地位明显下降，尤其是在快速发展的现代社会中，更是被弱化到了信仰体系的边缘地位。从组织系统上来看，土地神信仰远不及佛教、道教等完整，其信仰活动相对自由，具有更大的不确定性。

但在黔东南等少数民族地区仍然十分浓厚地在传承者这一信仰模式，说明其本身是与当地的环境生态、人文诉求密切相关的。

第三节　社节文化的历史展演及价值

在辽家坳及其周边地区，过社是比较浓重的一个节日。每当社节来临，当地的女性多会制作社饭、灰煎粑等以过节。这个节日，在当地人民的生活中影响极为深远。社节，经历了一个从产生到发展的过程，而在中国南方的很多地区则表现出了节日传播过程中的沉淀过程。这个过程实际上与土地神信仰是一致的。

一、社节的来源

《说文解字》对"社"的解释为："社，地主也。从示、土。"[①]《春秋左传·昭公二十九年》："共工氏有子曰句龙，为后土，此其二祀也。后土为社；稷，田正也……"[②]《隋书》对社节的来源及过社习俗有较为清晰的记载：

> 凡人非土不生，非谷不食，土谷不可偏祭，故立社稷以主祀。古先圣王，法施于人则祀之，故以勾（句）龙主社，周弃主稷而配焉。岁凡再祭，盖春求而秋报，列于中门之外，外门之内，尊而亲之，与先祖同也。然而古今既殊，礼亦异制。故左社稷而右宗庙者，得质之道也。右社稷而左宗庙者，文之道也。梁社稷在太庙西，其初盖晋元帝建武元年所创，有太社、帝社、太稷，凡三坛。门墙并随其方色。每以仲春仲秋，并令郡国县祠社稷、

---

① （汉）许慎. 说文解字[M]. 北京：九州出版社，2001:7.
② （春秋）左丘明著，史靖妍主编. 春秋左传[M]. 桂林：漓江出版社，2017:391.

先农，县又兼祀灵星、风伯、雨师之属。及腊，又各祠社稷于坛。百姓则二十五家为一社，其旧社及人稀者，不限其家……①

这则材料对于社节的来源及其意义等都有较为清晰的记录和分析，点明了过社实际上就是与"土谷"联系在一起的，即为了祭祀土地而设立。"社"本身是"土地的主宰"的意思，也即是我们所说的土地神。而过社节中的祭社行为，就是祭祀土地神。社祭分为春、秋两次，表达"春求而秋报"的意愿。土地神的地位"与先祖同"。祭祀"社稷"之神时，往往也会兼顾着祭祀"星、风、雨"等神灵，而这些神灵，实际上是一个有机的整体，即土地万物的生长，需要诸如"星、风、雨"等元素的参与，以确定时令、调和风雨等。祭社需要设社坛，旧时一社通常包括二十五家，从这个层面上来说，社又可以作为一个人数范畴或者地理单元，形成较为紧密的一个地缘组织形式，该地缘组织最为直接的功用就是服从和服务于农业生产。

可以说，这种活动最初兴起的地方应该是中原农耕文明区，后来形成了一系列的文化习俗而传向边疆地区，经过在边疆地区的发展与沉淀，逐渐与地方社会的自然环境、生存逻辑相结合。在现在的中国广大南方地区表现得特别明显，而辽家坳所在的镇远及邻近的三穗一带，正是这种习俗的盛行区域。

源自古代的社神祭祀活动，是祭祀文化的一部分。社神，也就是前文所讲的土地神。在我国的历史发展过程中，土地作为劳动人民最为重要的自然资源，对于人们的生存和发展都起着关键性作用。也正因为如此，土地在"自然崇拜"中占有极为重要的位置，据上文《春秋左传》所记，我们认为至迟在春秋时期，对于土地的祭祀行为就开始了，土地神后来逐渐被称为社神，对土地的崇拜也就逐渐发展成为社祭。围绕社祭而兴起的节日，也就是我们现在所看到的社日。

极早的起源及长时段的演变，赋予了社日丰富的文化内涵，在漫长的历史长河中影响甚至左右着人们的生产、生活。萧放老师在《岁时——

---

① （唐）魏徵等．隋书[M]．北京：中华书局，1973：141．

传统中国民众的时间生活》一书中指出："它（社日）起源于三代，初兴于秦汉，传承于魏晋南北朝，兴盛于唐宋，衰微于元明及清。"①可见，社日起源甚早，同时其流传的时间很长，直到现在，在中国南方广大地区依然盛行不衰。萧老师所言"衰微于元明及清"，更多的是对中原地区社日状况的总结，而对于南方如笔者调研的辽家坳所在的镇远、三穗一带，则依旧存在。只是那种大型的祭祀活动被个体小家庭较为小型的"邻里聚餐"所取代。

二、社节的仪式过程及社饭的制作

（一）社节的仪式过程

社日，是事关农事的重要祭祀日子。在古代原本分为"春社"和"秋社"两次，时间通常在立春和立秋之后。现在在辽家坳地区，多过"春社"。同行到辽家坳做村寨志编修的调查小组②也在采访中了解到，当地的"社"更多地就指代"春社"。春社通常情况下在立春后的第五个戊日进行，当地民间有言道："一戊天地，二戊本身，三戊牛马，四戊阳春，五戊逢社"，每个戊日相隔十天，在第三、四、五个戊日的时间段，实际上就是立春后的约 10~20 天之后的一个月，其时正值春耕来临之际，农民们对牛马等用于耕种的牲口好好照料，等待春耕时节的到来，而"阳春"二字，正好是广大农村地区对一年农事活动的总称，亦即"一年阳春"。待到代表"阳春"的时令刚过的第五个戊日，人们集中过"社"，这就具有了祈祷上天赐予本年度丰收的意义。

村寨志编修小组成员们还了解到：第一个戊日不能倒水；第二个戊日不能干活，如扫地等；第三个戊日要让牛马休息，不能劳累，这应该是对农事活动的主要依靠对象——牛马的关照；第四个戊日不能下地，要

---

① 萧放. 岁时——传统中国民众的时间生活[M]. 北京：中华书局，2002:133.
② 由贵州民族大学吴大旬教授带领的，以 2015 级文物与博物馆学专业的张开富、唐志美等同学为组员的村寨志调查小组，正在积极编修辽家坳村寨志。

让土地得以'休息',才能丰收在望;第五个戊日就是社日,有言道"五戊逢社,青蛙呱呱叫",这就意味着冬眠结束,万物复苏了,春耕时节也就开始了。

在当地人的习俗中,认为去世三年之内的亡魂为新魂,新魂有提前享受亲人祭品的权利,孝子贤孙们往往提前预备好祭品到新坟前面祭拜,以避开土地神祭拜的时间,习惯上被称为"拦社"。《玉屏县志》对此也有相关记载:"社日,采野蒿煮社饭,前数日祭新坟,谓不过社。"①

"春社"过得极为浓重,人们认为农历的二月初二是土地菩萨的生日,需要在这天去祭拜,一是为了庆生,二是为了祈求风调雨顺,五谷丰收。据辽家坳当地人讲,吃社饭的时间并不确定,只是二月初二这天相对集中。当地人的判断吃社的时令,则是以当地方言中一种名叫"鬼归阳"②的鸟叫声为依据,这种鸟开始啼叫,说明春天来了,吃社饭的时间也就来了。很多人由于没有赶得及在集体祭祀的当天赶到现场,过后的一段时间仍然会持续到土地庙祭拜。辽家坳村方寨自然的杨姓阿姨告知笔者,"过社是季节到了,田里的泥鳅都睁开眼睛了,之前的泥鳅都闭着眼睛养神的,这一天就要下田抓泥鳅,做蒿菜饭吃"。实际上,这种认识也正好反映了过社是基于春天到来、万物复苏的背景而进行的。

社节一到,当地村寨里一些较有威望的老年人(如神婆)就会组织人们共同到观音庵、土地庙所在地方祭祀。祭祀之后,集体在土地庙前聚餐或举行其他娱乐活动。在土地庙用餐,现在已经很少见到传统的社饭了,就是普通的饭食,只是这种饭食甚是丰盛,鸡鸭鱼肉等一应俱全,人们对此十分重视。在吃饭之前,由当地经常从事神职活动的老年人组织祭拜土地神的活动,土地庙往往又是与观音菩萨及其他的风雨雷电神灵组合在一起,对土地神的祭拜过程,也就附带了其他神灵的祭拜,这样就给"饭食"赋予了一定的"灵性",故当地人认为吃了饭之后能够祈福消灾、风调雨顺。

---

① (清)赵沁修,田榕纂.(乾隆)玉屏县志[M].成都:巴蜀书社,2006:42.
② 笔者认为,"鬼归阳"作为当地的一种鸟名,本身也带有"万物复苏"的意思,是春天来临的一种象征。

到春社这天，人们齐聚社庙，点烛烧香，摆酒供菜，叩头礼拜，给土地神过生以求五谷丰登，家庭和睦，兴旺发达。供品包括社酒、社肉（也称"福肉"）、社饭、社糕、社粥等，祭祀完毕后，就将社酒、社肉、社饭等分给参加社祭的人食用。南朝时期宗懔在《荆楚岁时记》中讲到社日习俗："社日，四邻并结宗会社，宰牲牢，为屋于树下。先祭神，然后享其胙。"① 人们利用了社日的这个时间节点，对"牲牢之胙"进行享用，也是祭祀土地神的一个目的。我们甚至可以认为在物资匮乏的年代，能够利用这样的祭祀时间和空间进行物质生活的适时改善，是民众在追求物质生活提高层面的诉求。

《宋史》中对社节的记载在一定程度上理清了宋代社节习俗的步骤：

> 社稷，自京师至州县，皆有其祀。岁以春秋二仲月及腊日祭太社、太稷。州县则春秋二祭，刺史、县令初献，上佐、县丞亚献，州博士、县簿尉终献。如有故，以次官摄，若长吏职官或少，即许通摄，或别差官代之。牲用少牢，礼行三献，致齐三日。其礼器数：正配坐尊各二，笾、豆各八，簠、簋各二，俎三。从祀笾、豆各二，簠、簋、俎各一。太社坛广五丈，高五尺，五色土为之。稷坛在西，如其制。社以石为主，形如钟，长五尺，方二尺，剡其上，培其半。四面宫垣饰以方色，面各一屋，三门，每门二十四戟，四隅连饰罘罳，如庙之制，中植以槐。其坛三分宫之一，在南，无屋。庆历用羊、豕各二，正配位笾、豆十二，山罍、簠、簋、俎二，祈报象尊一。②

显然，祭社对于国家层面和下层老百姓层面来说都是极为重要的，材料大量关注了祭社的重要步骤，祭社的各种器皿位置摆设、数量等记录得极为清楚，还对参加祭社的人员的等级也做了相应的记录。宋人孟元老对唐宋时期的社节盛况做了记录，在其《东京梦华录》一书中，对以北宋都城开封（东京）的秋社习俗如是说道：

---

① （梁）宗懔. 荆楚岁时记[M]. 太原：山西人民出版社，1987：33.
② （元）脱脱等. 宋史[M]. 北京：中华书局，1977：2483-2484.

八月秋社。各以社糕、社酒相赍送。贵戚、宫院以猪羊肉、腰子、妳房、肚肺、鸭饼、瓜姜之属，切作棋子片样，滋味调和，铺于饭上，谓之'社饭'，请客供养。人家妇女皆归外家。晚归，即外公姨舅皆以新葫芦儿、枣儿为遗，俗云'宜良外甥'。市学先生预敛诸生钱作社会，以致雇倩、袛应、白席、歌唱之人。归时各携花篮、果实、食物、社糕而散。春社、重午、重九，亦是如此。①

社饭习俗的适用群体不仅是王公贵族，也包括平民百姓。只是两个阶层所用以制作社饭的材料不一样，这是由物质条件决定的。但无论哪种形式，在社节这样的活动中，人员的流动，礼物的馈赠，经济的交往等都在其中有所体现，甚至作为活动的主要意义所在。通过相互之间的赠送、请客，邻里关系、亲属关系等均得以维系，这无疑是社会发展所需要的。

对于社节，唐宋时期的文人墨客也多在他们的诗词中有所体现，如唐张演的《社日》一诗："鹅湖山下稻粱肥，豚栅鸡栖对掩扉。桑柘影斜春社散，家家扶得醉人归。"这种乡村社会稻谷成熟之后的"秋社"之景已然跃然纸上。尤其是"家家扶得醉人归"一句，更是说明社节时段人们聚在一起喝酒喝得酩酊大醉的图景，说明"酒"也是社节文化的重要组成部分，辽家坳区域内人们在过社节时，自然也是如此。诗人陆游在《社肉》"醉归怀余肉，沾遗遍诸孙"一句中描述了在社节中喝酒吃肉的场景，也说明了将饭局中的"社肉"带回家中分发给子孙们食用，享受来自活动组织者的馈赠，更感受到来自"神灵"的恩惠。在辽家坳地区，社节期间若遇亲朋好友，多会热情相邀到家做客，划拳喝酒。谁请到的人越多，证明其社交网络就越广。

（二）社饭的制作

近些年来，过社时祭祀土地神的仪式在逐渐淡出人们的视野，虽然

---

① （宋）孟元老撰，邓之诚注. 东京梦华录注[M]. 北京：中华书局，1982：214.

仍有诸如贵州镇远、三穗等地的浓重氛围，但显然不可与过去更广范围同日而语。社节逐渐演变成只吃社饭的饮食文化习俗。吃社饭，是社节活动中极为重要的环节。

将蒿菜①采摘回家以后，洗净，切成1~1.5厘米长的小段，装入布袋后放入水中反复揉搓以去除苦涩味道成新鲜社菜，放入干锅中用文火炒至半干，呈软和状态。将洗干净的腊肉切成肉丁炒熟，将花生炸熟，豆腐切成小块炸干，野葱切成一厘米长短。将在冷水里泡上十二小时左右的糯米与上述材料进行混合，放上适量盐巴，置入蒸笼蒸熟，便成为社饭。刚蒸熟的社饭，并非其最佳味道，相反，等到社饭冷却后，再加上少许猪油（或植物油）爆炒，味香至极。由于野蒿等具有较好的药效作用，能在一定程度上治疗和预防病症，是当地人赖以维系身体健康的重要食材。而在其他一些地方，社饭中的蒿菜却具有不同的意义，如贵州天柱县"在社饭里拌蒿菜吃是叫后人不要忘了战乱、匪患、瘟疫的苦日子"②，也如季诚迁所说，"民间传说也有'社节'是为了提醒侗民要节约粮食，饭中掺野菜，喻示缺少吃的五六月（青黄不接的季节）即将来临。"③

过社的时候，除了社饭，还有社粑，社粑与社饭是相伴而食的。社粑的制作，是先把糯米洗净晒干，打磨成粉（以前用石磨，现在多用机器）。糯米粉准备好以后，将火坑里的草木灰（主要是青蒿灰、稻草灰等）用筛子筛选少许，甚至有的人家到山上选取少许黄泥巴粉末，拿回家后用筛选，将草木灰等和糯米粉混在一起搅拌后揉成面团，分别切成小块，用甑子蒸熟。蒸熟后的社粑就可以食用了。当地人往往制作大量的社粑用以赠送亲朋好友，吃不完的社粑就被晾在楼梯间或其他通风处，以便能够随时吃到。社粑通常冷食。

---

① 蒿菜最好为红根，味略香，苦味不重。
② 杨青慧.北侗春社节的传承发展——以天柱县注溪乡为例[J].北方音乐，2020（10）：29.
③ 季诚迁.古村落非物质文化遗产保护研究——以肇兴侗寨为个案[D].北京：中央民族大学，2011：104.

三、社节的功能转型

作为土地神崇拜在人们日常生活中的具体表现，社节延续着几千年仍然在广大的中国南方农村地区盛行，这种文化的稳定性不得不让人反思其功能，亦即其在区域社会中的作用。

在贵州东部的很多地区，社饭是相当流行的。清明节前后，也是吃社饭的高峰期，有些家族在过清明节的时候，社饭是必备品。人们用社饭祭祖，在坟山上过清明节时，安排来年的耕作活动，在逝世亲人的亡魂的"陪伴"下聚餐，这是孝道的一种具体表现形式。基于此，我们可以认为，"社"作为最初的地缘组织，在发挥其管理人口这一作用的同时，逐渐与人们祭奠祖先神灵的活动结合，置入民众的信仰文化体系之中，进而进入人们的生活日常，指导着春耕秋收等农事活动的进行。

农事的进行，往往是通过大量的垦殖活动得以实现的，而垦殖活动在辽家坳当地及其周边地区，又很自然地跟移民联系在一起了。正如笔者在第一章"家族的迁入"部分所言，当地的家族，多是明末清初自外地迁徙而来，各家族的祖先们通过不断地开拓进取，才形成了今天的区域社会。就地处西南地区的贵州区域而言，历史移民早在秦汉时期便已开始，逐渐在多民族的共同努力下开辟着贵州这片区域。尤其到了唐宋时期，西南地区的历史更加紧密地与中央王朝联系起来，正如宋代军事上在贵州的买马活动，更是紧密地将贵州拉入到王朝国家内的互动过程中来了。各种文化习俗也随之大规模地传入当地。至少在宋代以来，由中原传入的习俗渐渐地融入西南少数民族群体中，成为当地稳定的文化现象。而社节这种习俗在西南地区的沉淀，跟祖先的神圣崇拜仪式有关。人们将其祖先开疆拓土的历史功绩与之联系起来，成为核心的思想信仰，进而维系着一个家族、一个区域社会的历史进程。可以说，人们对土地神信仰的过程，也在一定程度上反映了其先祖开拓进取的过程。现在的人们在对土地神祭祀的同时，也就将他们的祖先一并祭祀，土地神祭祀和祖先祭祀便很自然地联系在一起了。至于土地神祭祀和祖先祭祀为何结合，我们在下文再简要分析。

当地的清明节祭祖时需要吃社饭，二月初二土地菩萨的生辰也要吃社饭，《三穗县志》载："二月二，部分村寨还举办祭祀土地菩萨活动。"①而这个时间节点又正好遇到了由中原传入的"二月二龙抬头"这一预示万物复苏的日子，故而我们相信社饭所适用的时间和空间并非固定和单一的。这种多维空间和多重时间以"社饭"为桥梁联系起来，实际上是多元文化元素在这里出现了一个高度的整合。

蒿菜作为春天破土而出最早的植被之一，对于人们祈求丰年的愿望有着极强的预兆性，人们吃蒿菜，带有"吃春"的寓意。蒿菜的药效，是医疗技术极为落后和发展相对滞后地区人们用以治病疗伤的重要方式，体现了西南地区少数民族对渐次传入的中原文化的采纳和调适过程。初春时节，经历了寒冬的萧条之后，蒿菜与米饭等的混合，充当了"菜食"的功能，即人们在吃"社饭"时不需要在另外煮菜。这些都是社节在实际生活中作用的具体体现。

《明史》中对于社稷祭祀的描述相对宏观，"仲春仲秋上戊祭太社太稷。②府、州、县社稷坛，广杀十之五，高杀十之四，陛三级。后皆定同坛合祭，如京师③"。我们可以引用郭子章《黔记》中的一则材料继续说明社节在区域社会治理中的具体作用：

> 里社。凡各处乡村人民，每里一百户内立坛一所祀五土、五谷之神，专为祈祷雨阳，时若五谷丰登，每岁一户轮当会首，常川洁净坛场，遇春秋二社，预期率办祭物，至日，约聚祭祀。其祭，用一羊、一豕、酒果、香烛，随用祭毕，就行会饮。会中，先令一人读抑强扶弱之誓，其词曰：凡我同里之人，各遵守礼法，毋恃力凌弱，违者，先共制之，然后经官。或贫无可赡周给，其家三年不立，不使与会。其婚姻丧葬有乏，随力相助，如不从众，及犯奸盗诈伪，一切非为之人，并不许入会。读誓词毕，长幼以次就坐，尽欢而退。务在恭敬神明、和睦乡里，以厚风俗。祝文：

---

① 三穗县志编纂委员会.三穗县志[M].北京：民族出版社，1994:107.
② （清）张廷玉等撰.明史[M].北京：中华书局，1974：1225.
③ （清）张廷玉等撰.明史[M].北京：中华书局，1974：1229.

维洪武 年岁次 月 朔 日,某府某州某县某乡某里某人等谨致祭于五土之神、五谷之神,曰:惟神丞赞造化,发育万物,凡我庶民,悉赖生殖,时维仲(春东作方兴,秋岁事有成)谨具牲体恭申(祈告报祭)伏愿雨阳,时若五谷丰登,官赋足供,民食充裕,神其鉴之尚享。①

《清史稿》中对于社节也有较为详细的记录,其中我们或许能看出一些关于社节变迁的痕迹。

> 社稷之祀。自京师以至直省府、州、县皆有之……定制,岁春、秋仲月上戊日,祭大社、大稷,奉后土句龙氏、后稷氏配。祭日,帝亲莅,坛上敷五色土,各如其方。乐七奏,舞八佾……祭日逢国忌,不改期,易素服。康熙三年,遇太宗忌日,始改中戊。雍正二年,平青海,告祭行献俘礼。自是平定藩部,献俘以为常。乾隆十七年,改送燎为望瘗。明年,增望瘗乐章。三十七年,以年老更仪节。……嘉庆五年,仁宗诣坛祈雨,视春秋致祭仪,惟祭品用脯醢、果实,不饮福。前三日及祭日,王、公、百官皆斋戒,禁屠宰,不理刑名。余悉如故。……其在府、州、县者,顺治元年建,岁祭亦用上戊,府称府社、府稷,州、县则云某州、县社、稷。世宗缵业,制定祭品,羊一,豕一,帛一,笾、豆四,铏、簠、簋各二。有司斋二日,届期朝服祭于坛。乾隆八年,始颁祝文,各直省定例,为民祈报,会城布政使主之,督若抚陪祀。道官驻地,府、州、县主之,道陪祀。十六年,以尊卑未协,诏互易之。督、抚、道官或出巡,仍令布政使暨府、州、县官摄祭。武官自将军以下,皆陪祀。社、稷以次诸祭,悉准此行。②

结合《宋史》所载,我们可以对"祭社"从唐及以前到宋这个时间段所经历的变迁做简要的分析。以"一百户"为单位,改变了前文所引

---

① (明)郭子章.(万历)黔记・卷十二・群祀志[M].成都:巴蜀书社,2006:283-284.
② (清)赵尔巽等撰.清史稿[M].北京:中华书局,1976:2516-2517

《隋书》所载的关于社节的一些情况。"二十五家为一个祭祀单位"的祭祀传统发生了改变。这种转变，应该是单位地域内人口的增长所引起的。祭祀单位中户数的不同，更多是由单位地域内的人口密度所决定的。前文《隋书》所讲的关于"社"的文化习俗，更多是从国家层面来概述，是从大方向上论述。到了宋代人所写的《东京梦华录》中关于"社"的记载，就更加详细，也能看出其记述向下层社会倾斜的趋势。

而《黔记》所载记载的"社节"情况，则更多的涉及平民社会。这种变革，与宋以来的社会变革有着极大的关系。如罗炳良老师所言："宋代社会处在中国历史由封建社会前期向封建社会后期转变的变革时代，宗法形态也相应有所变化，表现出承前启后的特征。农村中一些官户、形势户家族虽然依旧承袭前代聚族共居，但规模大约缩小，其范围只限于直系祖先的亲属，而且形式上不再以宗族的面貌出现，而是以家族形态存在。"①从宗族到家族的下沉的过程，实际上也是同一习俗适应群体范围的改变过程，社节习俗的变迁也在这个框架内。

罗老师还进一步指出："中国封建社会的宗法制度到宋代发生了显著变化，中古社会的宗族体制让位于封建社会后期的家族体制，宗法观念也由门第阀阅观念转变为尊祖睦族观念。"②原本是维系等级关系的宗法制度被"尊祖睦族"的家族体制所取代，而"社节"正好也正好是从原本维系等级观念的手段转变成为具有"教化"功能、劝善功能的节日，这不得不说是受到了整个宋代时期社会转型的影响。

到了明代，社节的"教化"功能更加显现出来，甚至在上文提到的如《黔记》等文献中明确地指出"和睦乡里，以厚风俗"的具体作用。至迟到明代时期的社节已然增加了一项十分重要的内容，即在仪式活动中的"教化"功能。要求同社的人们不能恃强凌弱，以求得乡里和睦。若在"里"中违背约定，则会被大家共同制裁，甚至送官处理，官方力量的参与，成为维系"里"内和谐的重要保障力量。而若出现"奸盗诈伪"等情况，则以"不许入会"相惩罚。"社"会，作为农事生产的重要

---

① 罗炳良.宗法制度与宋代社会[J].北方工业大学学报，1992（4）：90.
② 罗炳良.宗法制度与宋代社会[J].北方工业大学学报，1992（4）：95.

指导活动，甚至其祭祀中所体现的对于神灵的"请求庇护和恩赐"意涵是直接关乎一家一户生产生活的大事，不让入会，实则等于剥去了犯法之人参与集体农事的权利，这样的惩罚无疑是极其严重的。上述"祝文"中的"官赋足供"则说明举行社节也在很大程度上与国家赋税的征收有关联，是国家征税活动在民间治理中的现实反馈。以"祭社"为空间载体，将处理区域社会的基本准则公之于众，无疑是具有公信力的。

通过同一社坛中户数的增加，祭祀功能的扩展，对于乡里的"教化"功能凸显出来，这是明代以来祭社的一个显著变化。据此我们认为，社节在随着时代的演变而出现功能上的增益，原本较为单一的组织功能被赋予了新的"教化"意义，这是区域社会发展过程中，代表国家权力的地方上层精英们不断总结和提炼的结果。于是，社节成为多重元素聚合下的一种社会习俗，既具有土地神祭祀的功能，也是祖先神祭祀的需要，还是地方社会治理的有效选择。

社节作为祭祀土地神的节日，如何与祭祀祖先神进行结合的呢？这是个值得进一步商讨的问题。通过《清史稿》等资料的解读，可以看到对社节的祭祀有了时间的规定，如"上戊""中戊"等，而民间社会则直接表述为"立春后的第五个戊日"等说法。通过"戊"这种时间认识，我们能够推断："祭戊"作为道教用语，在道教进入地方后才会出现。在辽家坳及其周边地区，老人过世后讲究一种"入土为安"的观念，而这个过程就需要"道士"的参与，道士作为埋葬死者过程的见证者和组织者，会对死者阴宅的地理范围做出规定："东起某地，西到某地，南到某地，北到某地"等，这就为逝者的阴宅划定了一个范围，其后代子孙在祭拜时，需要祭祀祖先魂灵，也同时需要祭祀阴宅土地，这种情况下，土地神祭祀与祖先祭祀就更紧密地结合起来。

同样，我们还可以通过材料看出，作为祭祀土地神的具有"礼"的性质的"社节"往往和"乐"紧密地结合在一起，甚至祭祀礼仪所用的乐曲和与其规格、规模是逐级匹配的。如《元史》中专门有关于"社稷乐章"的记载。在民间祭社的过程中，人们可以随性地唱歌、跳舞、喝酒、划拳，尤其是很多地方甚至有男女情歌对唱的环节。贵州天柱一带，人们在过春社节时,还有多种娱乐形式,如唱山歌、看斗鸟等①。"恩施人过社的重要目的,是为了谢神娱神,所以恩施社饭具有娱乐功能,包括娱神和娱人……过社期间,人们常常欢聚一堂,供奉祭品并分食社饭……祭完土地神之后,男女老少聚集,共享美食、谈论家常、观看歌舞,以缓解日常生活的乏闷。"②不唯恩施,很多地方都表现出了这样的娱乐性,只是不同区域所表现的形式不一样,而其作为"娱乐"的性质却是一样的。

"社节"活动,既有其结构性,又有其过程性。说其结构性,主要指它是与农业生产、农耕文明息息相关。在这个习俗中,为了维系传统的礼仪制度,包括祭祀、乐曲、祝词等在内的结构呈现出一套稳定的系统,共同支撑起"社节"这一文化现象。而在历史长时段的变迁过程中,它又具有"过程性",即发展到一定阶段,适应各阶段需要的元素被逐渐置入,深化着"社节"文化的主题。正如笔者前文讲到的土地神信仰与祖先信仰的结合,官方力量对地方"社节"文化的置入,教化作用的凸显,娱乐功能的增强等,都是融"结构和过程"互动于一体的重要体现。社节祭祀,为人们的活动提供一个玩乐的空间。人们在这个空间既能实现心理需求,也能得到对土地神、祖先神等神灵的敬畏心理的体验。但这种敬畏心显然是相对孤立的,维系不了整个区域社会的运转,祭祀的时候也就是短时间的具有象征性的几个动作:烧纸、磕头、作揖等。剩下的大量时间仍然体现在到场的人与人之间的互动上,无论是"娱神"还是"娱人",其本质上来说都是娱乐。对于"家长里短"的事情的讨论、总结和践行,是社节活动更为实际的内涵所在。甚至我们可以认为,"神性"与"人性"是社节文化的"一体两面",这两面都是一定区域社会人们精神、物质和心理各方面需求的真正展演。

故我们可以说,社节的变迁过程经历了四个层次:第一个层次是单纯的祭祀土地神的过社,分春、秋社;第二个层次是土地神祭祀与祖先

---

① 杨青慧.北侗春社节的传承发展——以天柱县注溪乡为例[J].北方音乐,2020(10):29-30.
② 山雨、刘玲.恩施社饭习俗的文化人类学分析[J].传媒论坛,2019(23):24.

祭祀的结合；第三个层次是官方的教化意愿的置入，"社"具有了更深刻的文化内涵；第四个层次就是以"娱乐"为特征的社会习俗的重构，我们可以说这是一个民间社会自我重塑和整合的过程。

黄莹莹、王伟萍两位老师总结说："传统的风俗习惯是一种珍贵的文化现象和集体记忆，对社节中的信仰和习俗，我们必须从正确的角度出发，去其糟粕，留其精华。"[①]也如山雨、刘玲等所言："社神的信仰、敬孝重礼的品质和朴素的民风是恩施社饭文化内涵的基本体现。社饭的社会维系功能、娱乐功能、文化传承功能也成为这一地方性文化发展的内在动力。"[②]过社节的习俗本身是肇始于土地神信仰而逐渐被发展成为一种植根于中国广大南方地区的民间习俗，在很长的历史发展时期，逐步地跟土地垦殖、移民开拓和祖先崇拜结合在一起，甚至其祭祀过程也伴随着对其他神灵的祭祀活动，这是适应当地人生活需求的文化活动，而之于教化和娱乐功能，则在很大程度上体现了官方和民间不同层级人们的不同诉求。笔者通过对该节日习俗进行简单粗略的记录和分析，力图为民族民间文化的传承和保护做出些许努力。

第四节　飞山信仰、观音及诸神信仰

一、飞山信仰及其形成

在辽家坳及其周边地区，飞山[③]信仰极为浓重，飞山庙（如图 8-3 所示）遍布各自然寨。"飞山之祀遍于黎平、镇远、天柱……"[④]飞山庙，

---

① 黄莹莹、王伟萍.桂东南民俗中的社节研究——以广西桂平市西山镇长安村为例[J].南宁职业技术学院学报，2017（5）：92.
② 山雨、刘玲.恩施社饭习俗的文化人类学分析[J].传媒论坛，2019（23）:25.
③ 需要特别指出的是，飞山信仰在当地已然成为了土地信仰的一部分，土地信仰的人格化中即包含着飞山信仰，但由于飞山信仰的特殊历史逻辑，故笔者对此进行单列，以期更加详细地阐释这个问题。
④ （清）田雯、张澍、李宗昉、吴振棫著，罗书黔、贾肇华、翁仲康、杨汉辉点校.黔书·续黔书·黔记·黔语[M].贵阳：贵州人民出版社，1992：440.

是为了向飞山山神求雨所建的庙宇。①在飞山庙的门额上通常写有"飞山宫"三个字,这种信仰植根于当地人的日常生活中,是极具影响力的神祇信仰文化。飞山宫通常立在自然寨边界处,充当了自然寨守护神的角色。

图 8-3　飞山庙

据《杨再思氏族通志》载:

> 杨再思为唐末五代时期的人,生于唐懿宗咸通元年(860)6月6日,卒于后周显德元年(954),享年94岁。懿宗咸通十四年(873),再思随父居本守叙州,领五溪(渠河、清水江、潕阳河、辰水、巫水)洞地。建立洞制,辖15洞,称五溪长史。唐昭宣帝天佑年间(904—907),边郡割据,再思临危受命守沅州,分镇黔滇,保境护唐。后梁建立,再思誓不奉梁,仍用唐天佑年号,众奉为诚州刺史,威名日盛。②

"后梁乾化二年(912),再思任诚州刺史……民感其德,尊称'飞山公',立庙于靖州之飞山。"③《靖州志》:"杨再思,太原人,五代初居五

---

① 刘子贤. 归顺与叛逆:清水江——沅江地区杨公神的多重叙事模式解读[J]. 百色学院学报, 2013(6): 83.
② 《杨再思氏族通志》编写组. 杨再思通志[M]. 凯里:黔东南日版社印刷, 2002: 1.
③ 转引自刘子贤. 归顺与叛逆:清水江——沅江地区杨公神的多重叙事模式解读[J]. 百色学院学报, 2013(6): 85.

溪，有部曲规飞山而据之，自号'飞山令'。"①杨再思作为唐中央王朝派往镇守西南的武将，在唐朝灭亡之后，"誓不侍梁"，仍以唐"天佑"为年号，完全符合儒家传统文化中的"忠君爱国"的正统思想。得到以杨氏家族为主的后代人的推崇。杨氏在迁入西南边疆地区以后，兼有"外来人"和"地方社会的掌舵人"的双重身份。杨氏后人要想真正地融入当地的土著民族中，除了靠"守土有功"的业绩外，还需要有一种能被当地人广泛接受的信仰才具备说服力。这时候，杨再思作为合适的人选地位被进一步提高，成为杨氏家族在清水江、溆阳河等区域的祖先神。对杨再思的信仰具有了祖先信仰和历史英雄人物信仰的双重属性。信仰被逐渐传开，成为当地人的精神寄托。

在辽家坳，每年农历二月初二，村民有组织地到飞山庙前点香烧纸，祈求平安。平时也常有人不定期地到庙前焚香祈祷，多为排解生活中所遇到的烦恼和其他因重大变故造成的困扰。同时，飞山庙前又通常立有土地庙，人们在祭祀飞山公时也一并祭拜土地神，通过祭祀时间和祭祀空间的重叠，达到多元信仰在同一时空场域结合的目的。

二、观音及诸神信仰的融合

观音庵多为附近的人们集资修建，规模较大，可达 10~20 平方米。里面供奉着观音菩萨、财神菩萨等多种神祇，其实用范围较寨头土地更为广泛，多作为一个自然寨以及周边村民共同祭祀多神的活动场所。每年农历六月十九、九月初九等时节，人们会在观音庵举行大型的求神拜佛活动，并组织聚餐（村民在观音庵前聚餐场景如图8-4所示）。观音庵成为当地民众的精神信仰层面规模最大、规格最高、氛围最浓的信仰。

---

① 转引自（清）田雯、张澍、李宗昉、吴振棫著，罗书黔、贾肇华、翁仲康、杨汉辉点校. 黔书·续黔书·黔记·黔语[M]. 贵阳：贵州人民出版社，1992：440.

图 8-4　导师叶教授与村民在观音庵前聚餐（叶成勇教授授图）

观音庵的正堂中央供奉观音菩萨，围绕在周围的是诸神形象，分别有玉帝、王母、地母神、财神、药神、雨神、雷神、风神等。居于中央的观音神占主导地位，在当地民众的认知中即是最高神。每一樽神像前都有用于祭拜的碗碟，用于烧油点灯。观音庵堂的院坝中还有土地神、天地神等，在祭拜观音的时候都要一并祭拜。

多神崇拜在观音庵内相对集中，祭拜空间和时间的一致性，使得当地的神灵信仰体系趋于一体，在一定程度上将原来复杂的分时间、分地域的祭拜程序进行了整合，是多元文化在当地高度融合的反映。

三、从"飞山公与观音的关系"看多元文化融合

2018 年 8 月 17 日，在邻近的冽洞村独田沟调查。在对飞山庙作调研时得知："飞山公是观音菩萨的父亲。"①这显然是一个认识上的误区。但细想起来，这样的误区并非偶然，在其背后是一套民族认同和地方文化认同的逻辑，更是外来文化与地方文化、民族文化在博弈过程中的调适。

---

① 采访人：叶成勇、田文、杨双丽。采访时间：2018 年 8 月 17 日。受访人：王代云，65 岁，金堡镇冽洞村人，经常组织村中大型祭祀神祇的活动。

（一）地方文化认同的需要

飞山公信仰是当地以侗族人民为主要信仰群体的神灵信仰，从杨氏家族的祖先神崇拜转化为整个区域大多数人共同崇拜对象。

随着佛教、道教文化在当地的传播，飞山公信仰也在不断地传承，多重文化要素在当地出现了并存的现象。但在当地人看来，飞山公仍然应该占据着较外来文化更为重要的位置。这种地位的凸显，要求当地人们在对比吸收多元文化的同时，要突出与自己密切相关的区域社会神祇更为重要的地位，将地方文化凌驾于外来文化之上，也就出现了诸如"飞山公为观音菩萨的父亲"这种说法。

这种认同被越来越多的当地人所接受，形成共识。地方上层精英或特殊利益群体也就将此认识规范化和系统化，成为引领人们进行生产生活和其他神祇活动的重要手段，在促进地方文化认同感的同时以更加行之有效地推动地方社会文化的运行和发展。

（二）多元文化并存与融合的需要

多元文化的融合，是地方社会文化发展的必然趋势。在以辽家坳及周边地区，多元文化之间不仅表现出并存的特征，更体现出融合趋势。每一种信仰体系都有其内在的逻辑，但人们的信仰却可以归集到一点，那就是"祈福消灾保平安"，所以无论哪一种神灵，只要能具备这样的功能，它们就有被融合的条件和可能。

佛教等外来文化的传入，必然对当地的社会发展产生一定的影响，地方文化在力量上不可能完全压制和排斥外来文化，而地方文化的信仰又形成了自己的秩序，寻找到两种文化的接合点，实际上就找到了不同文化并存共生的前提。

小 结

指路碑的功能从"指路"到功德诉求，是当地人在历史发展过程中与自然斗争的结果。以文字为标识，将其书写于碑面，显然是在汉文化传入以后的事情，从原本作为屏蔽功能的狩猎过程中的指路标识，到以此为载体的"生育保种"逻辑的变迁，成为指路碑传统在当下已然延续的内在维系力量。土地神信仰不仅有自然寨集体的信仰模式，同时还有家家户户小型的信仰模式，植根于人们的家庭日常生活。社节作为由地域范围演变而来，逐步融入祖先崇拜的元素，作用于土地神信仰和丧葬仪式中，也是习俗融合的极好例证。在笔者看来，这种祭拜的浓烈氛围的存在，更多的是农耕文明对于土地的特殊依赖性在辽家坳区域仍然强烈地表现着。经济层面的发展容易呈现急速状态，而精神层面的发展却具有较强的稳定性。作为外来文化的观音信仰传入当地以后，土地信仰和飞山信仰依然得以完整地保存下来，并发挥着极为重要的作用。而外来文化的强大生命力，对地方信仰体系形成冲击，进而形成信仰体系的多元化。

以观音信仰、飞山信仰和土地信仰为主体，糅合多神信仰于其中，形成了辽家坳区域社会神灵信仰的多元性。这种多元性更多的是外来文化与当地文化的一种妥协，是将原来独立的不同的信仰体系实现有机的结合。

第九章 辽家坳区域社会历史文化的演变特征

长时段、宽领域的蹲点田野调查，让笔者相信辽家坳区域社会有其较为独特的运行逻辑。这种逻辑作用在当地的社会历史文化方面，表现为"多元"的文化特征。

一、全面的融合：从物质到精神

2018 年 3 月中旬至 8 月底，笔者在导师叶教授的带领下于镇远县金堡镇辽家坳村作了为期近半年的蹲点田野调查。在这半年中，我们较为充分地感知了当地的民族民间文化。田野调查过程中，我们经常会见到多种文化并存的现象，两种或多种不同的文化要素作用于同一件事物上，虽然不同的文化要素呈现出各自的特点，但共生与融合是当地文化发展的主要趋势。

辽家坳区域社会的形成是建立在多元文化融合的基础之上的，而当地文化的融合呈现出较具特色发展之路，我们所能感知到的文化状态是经过了长期的整合与调适后形成，进而呈现出"你中有我、我中有你"的格局。这样的格局深深地打上了当地区域社会发展的烙印，从不同层面反映着当地区域文化的发展变迁历程。首先从物质层面开始，逐渐发展到精神层面。

辽家坳区域内家族的迁入，较为确切地说是明末清初开始的。家族的迁入，大大促进了当地荒地的开垦与利用、植被的种植与使用、动物的饲养与食用、市场的开发与管理、楼居的修建与设计等。各家族通过相互间的交往和利益的取舍，使原本隔绝的不同文化在这个地方得以"碰撞"，产生"火花"。从这个意义上来说，这种融合更多地体现在有形的物质层面。随着社会经济的发展，各种现实的需求使得人们为了建立起一个稳定的共同体而努力，通过各种规章的设定、契约的订立、力量的彰显以维护统一区域内的各种文化要素在力量上的相对平衡，融合的程度已然不再局限于物质方面，而是向着婚丧嫁娶、村规民约、社会教化等方面深入，更多地体现在无形的精神层面。

在稻作系统中，两种完全不同的态势并存于稻耕系统中。传统的牛耕是当地较为普遍的稻田耕作系统，约自明末清初起便已经在该区域存在并发展下来。正如老棚潘家始祖"牛公潘海禄"抱牛吓跑"地痞"所言，这一耕作系统由来已久。与此同时，中国古代农业中"免耕"系统在当地也得到了较好的传承，对于当地稻作农业和居民生活都产生着较大的影响。但这种系统已然不具备普遍性，似乎有被牛耕取代的趋势。当地的"不耕而种"又很好地与"稻田鱼"的生态养殖模式结合起来，形成新型的种养殖兼顾的稻作发展模式，"免耕"系统再一次焕发新的活力。原本只是作为稻作环节之一的文化事项逐渐与其他的生计方式结合，适应新的社会环境和人文环境的变化，在当地形成特有的发展模式，这对于当今社会农业技术的发展不得不说是一种很好的借鉴。

楼居建筑样式的调查也是笔者在辽家坳调研的重点之一。当地的楼居，以落地式木质结构建筑为主，但在个别的自然寨中依稀还有吊脚楼样式的痕迹，可以大胆推测该地原有的楼居建筑结构中，有"吊脚楼"形式的楼居结构存在，只是后来随着社会生产力等各方面因素的发展而渐渐被平地楼取代。明显的吊脚楼结构依然可以在山势陡峭的自然寨中见到，与平地楼形成两种楼居样式并列存在的局面。除了本身地理环境的变迁及人文社会环境的变化等因素外，当地人固有的文化思维在这两种样式并存的态势中具有很大的导向作用，即人们利用了原本吊脚楼的建筑样式，结合平地楼的特征，对楼居样式进行了适应地基需要的调整。这在一定程度上反映着当地楼居建筑样式的多元性特征。文化融合中有多种元素的并存，文化元素并存又体现着不同文化模式之间的过渡性，一旦某一种文化处于强势地位，另一种文化就很可能被吸纳。

当地的婚姻与丧葬习俗以它们巨大的包容性吸纳了不同的文化元素，包括巫、道、佛、城隍等文化元素作用于同一时空场域，使得原本具有极大标识性的有单一民族特性的文化在竞争、并存与整合中逐渐趋于一体化。原本与当地少数民族生产生活息息相关甚至是量身定做的具有指导性意义的文化，终究还是没有躲过多元文化整合的历史浪潮，进而出现了同一空间内来自不同时间、不同地域的文化要素不得不相互间做出让步,并适时地将自身较具牵制性和压倒性的文化事项植入区域文化的整体运行过程中,最终形成的文化就是历史和社会所选择的文化,是更能体现当地人生存和发展逻辑的文化。

"烧蛋"习俗作为辽家坳区域社会中极为盛行的一种文化现象,以替人解除心理疑惑为目的,通过价值导向劝导人们有所为和有所不为。在"烧蛋"仪式的中,我们可以清晰地见到整个仪式过程是将"蛋卜"和"卦卜"有机结合起来,通过"蛋"的纹路来判断"烧蛋者"的吉凶祸福,同时又结合卦卜中"阴、阳、圣"三种卦象,以作为价值导向的一种推理性辅助。整个"烧蛋"仪式,是神婆在了解"烧蛋者"的疑惑后,对其做出一种价值评价,并非完全意义上的是非判断。这种"蛋卜"与"卦卜"在同一场活动中出现,而且并行不悖,实际上体现了多元文化在并存中的高度融合。现在我们在"烧蛋"仪式上见到的已然不仅仅只是"烧蛋",更多的是两种形式的相辅相成。

辽家坳的信仰文化体系中,建立在土地神信仰基础上的多神信仰模式,以观音庵为最大型的祭祀空间,兼容了佛教信仰、道教信仰等,形成一种多元信仰结构。人们在祭拜观音菩萨的同时,还会在另一侧祭拜土地神、天地菩萨、雷神、雨神等多种神祇,实际上就是一种多神信仰,众多的神灵又被聚集在"观音庵"中来祭拜,这就呈现了祭拜空间和祭拜时间的一致性。观音庵成为聚合不同神祇信仰的最权威、最直接的空间,对于当地多神信仰向单一神灵信仰正起到潜移默化的推动作用。可以说,这种以土地信仰为基础以观音为中心的多神信仰体系,实际上是由传统的多神信仰体系向单一神灵信仰的过渡。更具有普适性的神祇信仰必将在这个过程中起到主导作用。

《镇远府志》的"风俗篇"相关材料能够进一步说明当地的多元文化整合现象。"每寨公建祖祠,名曰鬼堂,刻男像裸体,不令女人入见。遇病,延鬼师于堂持咒。以上皆背体违法之陋习。"[1]这段材料给我提供了三个方面的对比性信息。首先是"祖祠"和"鬼堂",两个文化事项将"祭

---

[1] (清)蔡宗建修,龚传坤等纂.镇远府志[M].成都:巴蜀书社,2006:87.

祖行孝"的忠孝观念与苗、侗地区巫鬼盛行的认知逻辑联系起来，将"祖祠"称为"鬼堂"，实际上是两种文化的历史性对接；其次是将"男性崇拜"生育观念与"女人不得入内"的羞耻观念并列，实际上就是文化的共进；三是将"鬼师治病"作为"背体违法"之陋习，这显然是强调了汉文化中优质的医疗技术相较于巫鬼治病的科学性。这种表述，是当地区域社会从物质层面到精神层面的全面的融合的具体体现。

辽家坳区域出现的多元并存而又具有高度融合特征的文化现象。同时，并存中的每一种文化要素又有其相对的独立性，有其固有的一套文化逻辑。多种文化并存，必然是政治、经济、文化等多种力量共同作用的结果，形成在和谐中共进的文化态势。文化的并存虽不一定最终形成高度的融合，但融合的趋势在辽家坳区域体现得同样明显。如"烧蛋"仪式中的"蛋卜"和"卦卜"两种文化紧密地联系在一起，以至于形成"蛋卜"和"卦卜"形成相伴相生的统一体，致使"烧蛋者"也会很自然地认为两种文化模式并没有违和感。一种文化要素向另一种文化要素的靠拢或两种文化的并存，是当地社会历史长河中多种力量共同作用的结果。基于此，我们认为辽家坳区域是一个介于两种或多种文化之间的"多元社会"，有其不同于汉文化系统和边疆少数民族文化系统的特征，这两种特征共同构建了辽家坳区域社会的历史与现在，启发着未来。

原本因为中央王朝和地方少数民族在势力上的角逐而导致的民族民间交流多停留经济层面，抑或物质层面。正如前文提到的两种建筑结构并存、两种耕作系统的变成一样。随着明清两代中央王朝对于贵州东南部的管控和经营，尤其是在清朝中前期对苗疆地区的经营和管理的深入，王朝一统的观念在民族、民间的融合也突破了原本单一的物质层面，向精神层面过渡。清水江以南的苗族群众逐渐向镇远施秉一线以北的汉文化系统靠拢，学习大量的汉文化元素以适应社会发展的需要，而汉文化系统也逐渐融合到边疆少数民族的文化系统中去，形成"你中有我，我中有你"的态势。

社会历史的发展与变迁，无一例外地建立在融合与互动的基础上，鲜有在蔽塞不通的情况下完成的。区域融合的过程，首先又是从物质层面的直接交流开始，在经过一定阶段的"实物碰撞"后，逐渐将原本独立的各种文化要素整合在一起，进而建立起更为宏观、更具指导性、更加制度化的文化系统，也就是从原来的物质层面的交流逐渐上升到精神层面的融合，甚至可以说物质交往的过程本身也是精神融合的过程。基于此，我们说辽家坳区域社会自明末清初以来的社会发展变迁也在遵循着这样的模式，是从物质到精神的全面融合。

二、势力的角逐：具有"边地属性"的辽家坳区域社会

自明永乐十一年（1413）建省以来，辽家坳区域的历史沿革逐渐变得清晰，原来处于"蛮荒之地""羁縻以领之""三不管地带"的定位有所改观，成为具有独立行政建制的贵州省区的一个组成部分。其历史演进过程，实际上就是一个多元文化共同作用的过程。

《黔南职方纪略》镇远府条载：

"镇远府亲辖地……宋元以前，皆为宣慰地，明初即归版宇。府属北境并无苗地，府东南九十里为镇远县邛水县丞分驻之地……邛水以西，胜秉以东，及偏桥左右两司并镇远县南鄙之苗度洞，皆为汉苗接壤之地。由此而南，悉皆九股生苗，今日之清江、台拱、柳霁等处是也。"①

该文献中明确提到"府北境并无苗地"，这说明镇远府城应作为汉苗生活区域的分界点，府北之地为中央王朝的王化之地，而镇远府以南才是"生苗"不时出入之地。"偏桥正司，并无苗户，其左右两司所管寨落，

---

① （清）爱必达、罗绕典著，杜文铎等点校. 黔南识略·黔南职方纪略[M]. 贵州：贵州人民出版社，1992：326.

自胜秉、石洞口迤逦而东，直接邛水县丞所管之边方上下二里，尽皆汉苗杂处。"①偏桥正司的主要范围在今施秉地，也即是说自施秉到镇远一线以北为王化之地，以南为"汉苗杂处之地"。至于南边以哪一线为界，成为"汉苗杂处"之地与生苗地的分界线，则需进一步探讨。

《黔记》作为研究贵州历史的最为重要的历史文献之一，对贵州在明代及以前的历史做了较多的记述。虽未直接涉及辽家坳这一狭小空间，但我们可以从郭子章相关的表述中窥探其区域社会的历史过程。其中对于镇远府的记载，更是研究辽家坳区域的直接材料。该书对镇远府地理图进行了绘制和道理说明。笔者据其进行分析。

"其疆域四至俱祥前图（如图9-1所示）。一路自东关官道，十里至碗溪铺，五里至大胜堡，十里至马场坡，乃通邛水司小路，四面皆苗。"②据图28，我们可以清晰地看到明朝在镇远县东面的两条线路，一即"往清浪大路"，东出镇远县，经碗溪铺→大胜堡→永定堡→焦溪铺，此路中"焦溪铺"即现在的焦溪镇地，焦溪地在湖广大道上，是明清时中央王朝的直接势力所在；另一条路"往邛水路"，经白虫铺→高寨→赏洞→八弓洞→邛水司，此为小路，其中"白虫铺"为现在三穗县的白崇地，"八弓铺"为现在三穗的八弓镇地，也即是三穗县城所在地。大路与小路的"马场坡"应为现在的两路口镇之地，现两路口也有"马场坡"这个地名。辽家坳村域在其东南面。"四路皆苗"，即在明朝万历时期及以前为苗人③居住的地方，故明代的"苗疆"区域应在镇远以南之地，现辽家坳区域应为"苗、侗等族人"居住地，同时兼有中央王朝派驻的军人等，形成汉苗杂处的局面。

---

① （清）爱必达、罗绕典著，杜文铎等点校. 黔南识略·黔南职方纪略[M]. 贵州：贵州人民出版社，1992：326.
② （明）郭子章著，赵平略点校. 黔记[M]. 成都：西南交通大学出版社，2016：124.
③ 此处所指的"苗"，应是一个泛化的概念，是对生活在镇远以南清水江流域少数民族的统称。文章为了叙述方面，采用"苗人"这一俗语。

图 9-1　明朝镇远府地里图

明代郭子章在《黔记》中对今镇远、三穗等相关地区的地理状况和民族状况有所描述。"司治逼近巴野、梁上，生苗不时出劫。万历二十九年（1601），予提兵剿梁上苗，近设青圳二哨，兵共一百四十余名，以一把总统摄，各苗稍戢，地方稍安。"①此"司"即指前文提到的邛水司，"巴野"应指现在三穗县南部的巴冶，明时为"巴野叛苗"之地，梁上为应指现三穗的良上，明时为"梁上生苗"之地。青圳二哨，即明时之青洞哨和圳洞哨，在"梁上苗"和"巴野苗"之北。"哨"作为重要的军事据点，原意指军队、民兵等因警戒、侦察等任务而设的岗位，如哨卡、放哨。"以一把总统摄，各苗稍戢"说明当时的国家力量已然延伸到这个地方，并在此处设置了重要的军职对当地进行军事统辖。

也就是说，明代时苗族居住地应在清朝鄂尔泰经营的"苗疆腹地"

---

① （明）郭子章著，赵平略点校．黔记[M]．成都：西南交通大学出版社，2016：124．

以北。故我们可以说：从明到清，苗疆的地理范围逐渐由北向南推进，现在的辽家坳区域在明清时期也就处于"生苗"和"熟苗"的过渡区域，是历史、政治、经济和文化各种因素的变迁和互动交织的地带。更可以进一步肯定的是，此地作为"熟苗"和"生苗"杂居的地方，至少"生"与"熟"之间的界限并非特别明显。具体到辽家坳村域，则需要进一步探讨"有无人居住"和"何人居住"的问题。据《镇远府志》载："镇远居民……山高嶂僻深林密箐，三五户而为村，多或数十家而成寨，鲜有至数百户者，故户少而寨多……"①由此我们知道清代乾隆以前和之前的历史时期，该地多为人烟稀少之地，能达到"三五户"规模的寨子即有可能被记录下来。而现在辽家坳村域内的自然寨至迟到清代前期便有人居住，却在《镇远府志》中没有记载，证明此处分布的人口极为零星，甚至连"三五户、数十家"的规模都达不到。但有人居住却是不争的事实。书中《峒寨志》条记录了现在辽家坳周边的一些峒寨，如焦溪洞焦溪寨②、金浦洞金浦寨、松明洞的松明寨和秀地寨、白虫洞白虫寨③（即今三穗县白崇自然村寨）、得民洞的上得民寨和下得民寨等，并没有现在辽家坳村域内的地名记载。据此，我们认为，现在的辽家坳区域在清乾隆及以前的历史时期并没有形成村寨规模，充其量也就是零星地有几户人家分散居住。

"县属民田共七千一百七十九亩有奇，兼管屯田共一万二千八百八十九亩有奇，民田额征秋粮八十六石九斗有奇……"④这样的记载与前文子棚潘家祖坟上关于"此地一方免秋粮"的记载相呼应，按潘家至这一地区居住约为清乾隆末期计算，则说明清代乾隆及以前的辽家坳区域应是"纳粮之地"，后因潘姓老祖"退匪"有功而免秋粮。辽家坳区域也即介于"纳粮"与"非纳粮"之间，王化与羁縻之间。中央王朝实际上是以"免一地秋粮"作为对当地一种安抚之策，使这一地成为王化之地与生苗之地的缓冲地带。

---

① （清）蔡宗建修，龚传坤等纂. 镇远府志[M]. 成都：巴蜀书社，2006：97.
② （清）蔡宗建修，龚传坤等纂. 镇远府志[M]. 成都：巴蜀书社，2006：98.
③ （清）蔡宗建修，龚传坤等纂. 镇远府志[M]. 成都：巴蜀书社，2006：98-99.
④ （清）爱必达、罗绕典著，杜文铎等点校. 黔南识略·黔南职方纪略[M]. 贵州：贵州人民出版社，1992：124.

据《黔南识略·黔南职方纪略》载：

> 苗为九股苗，与黑苗同类。相传汉武侯南征，戮其种殆尽，余九人散处蔓延，分而为九，因名九股，近丹江者曰上九股，近施秉者曰下九股。地旷族繁，性尤剽悍……（雍正）十三年（1748），贼自古州二岭营战遁，围攻台拱，地方道路阻塞，官兵不能策应，困于莲花屯。数月间贼陷清平、黄平、余庆、青溪等州县，焚掠镇远、思州二府村寨，猝难制伏，猖獗尤甚。①

生苗多为九股苗，也称九股生苗。通过资料中丹江、台拱等信息不难看出，生苗主要分布在清水以南的地区。"清江厅在省城东六百四十里，府治西南一百九十里。明以前为化外生苗及黎平赤溪南洞长官司地。国朝雍正七年（1742）平定苗疆后，以公鹅寨据清江形胜，建城设同知驻共地，旋以同知移驻台拱，改设通判。"②清江厅主要指现今剑河县，正处于清水江边，"明以前为化外生苗之地"。这样，在镇远至施秉一线以南，清水江流域以北，就大略地形成了中央王朝与贵州东南部少数民族在军事上的一个缓冲地带，这个地带也正是"汉苗"杂居的地带。明至清中期③，中央王朝的势力在镇远、施秉一线建立据点，形成防御线。而生苗之地民众则依托清水一线，形成对明中央王朝的天然防线，介于两条防线之间的地方，实际上就是上文所讲的军事上的缓冲地带。

（乾隆）《镇远府志》有如下记载：

> 黄金榜曰：兵防之系于潕也重矣，明初施秉有岑麓等四堡，邛水有荡洞等一十七堡，镇远长官司（即今县）有金堡一堡，盖镇远为滇黔门户而施秉邛水又为苗人出入咽喉，欲通云贵，当守镇远，欲守镇远当营施邛，盖施秉接壤九股两江臻凯黑苗，邛水界连施秉黑苗又接壤黎铜一带红苗，东入则至邛水，西入则自施秉也。④

---

① （清）爱必达、罗绕典著，杜文铎等点校.黔南识略·黔南职方纪略[M].贵州：贵州人民出版社，1992：118.
② （清）爱必达、罗绕典著，杜文铎等点校.黔南识略·黔南职方纪略[M].贵州：贵州人民出版社，1992：119-120.
③ 据该书作者爱必达所生存的年代而作出的时间判断。
④ （清）蔡宗建修，龚传坤等纂.镇远府志[M].成都：巴蜀书社，2006：173-174.

文段中"溮"即指今以镇远为中心的潕阳河流域。邛水为今三穗县所在地，金堡为现金堡镇，辽家坳属之。镇远、施秉和邛水（三穗）为"苗人出入咽喉"，证明这一带是连接中央王朝的王化之地和"苗人"居住区域的重要地段，尤其作为"九股苗""两江苗"势力的重要辐射区域，是中央王朝与贵州东南边疆少数民族群众的中间地带，在军事上起到缓冲作用，在政治上也与双方呈现出若即若离的状态。故中央王朝与地方少数民族两种力量在军事上、政治上的交汇是这一地段的显著特点。同书载："镇远府在省城东四百一十里……南六十里至生苗三水孔界……东南至府属之邛水九十里。"①上述区域多在现在辽家坳区域的周边，有的甚至与辽家坳区域出现地理上的重合。据此推断，辽家坳区域就处在"生苗"的边缘，甚或为"生苗"区人们经常出入的地方。

《黔南职方纪略》载：

> 清江台拱两厅，昔为生苗巢穴，自张经略削平之后，迄今百有余年，苗类尚复不少。清江东南两侧地接黎平，西抵台拱，西南毗连都匀之丹江，安设左右两卫千总两员，屯堡十有一处……复有抱琴塘一处与县属所辖之苗度洞相为表里，其地即清江之北境，台拱之东北，昔张经略由八弓绕道梁上汛进定清江，复由胜秉移驻凯里，即其地也。今则同于腹地，其征粮起科，苗汉无异。计邛水、边方上下二里客民四百七十二户，内无苗产及蓬户典买苗产客户三百八十户……②

上述材料将清江、台拱两厅及"抱琴塘"之地的人员组成做了概述，即苗人与汉人、屯军与平民、蓬户等，形成多源人口杂居的社会形态。但这些人口聚集在同一区域之后，初步保存了较为稳定的群体认识。这种认识影响下的文化具有相对的稳定性，随着历史的发展与变迁，杂处中的各民族文化得以较为完整地保存，并出现了逐步融合的趋势。辽家

---

① （清）蔡宗建修，龚传坤等纂. 镇远府志[M]. 成都：巴蜀书社，2006：33.
② （清）爱必达、罗绕典著，杜文铎等点校. 黔南识略·黔南职方纪略[M]. 贵州：贵州人民出版社，1992：326.

坳自然也在其中，即便不具备上述全部的人员成分，至少也是深受这种结构影响的边民社会。在我们今天的田野调查中仍然能够发现这一点。

基于上述文献的考证，我们可以较为清晰地认识到，辽家坳区域，在明初至清中期及以后①为中央王朝与西南少数民族的交界地带，汉苗杂处。自明朝中央政府在镇远设府开始，辽家坳区域成为有明确演变序列之地，其发展变化伴随着中央王朝和地方少数民族势力的消长而变化。从中央王朝的角度来说，该地是王化之边缘；从西南少数民族的角度来说，该地同样是在其生活范围的边缘处。这种多民族成分的杂居区域，文化必然带有多元性。不同文化之间形成历时变迁与共时互动的高度统一。于是我们可以认为，这样的边民社会是以多民族并存为基础，多元文化融合与共生为特征的变迁与互动相结合的社会。

在辽家坳区域，建立在多元文化融合基础上的文化并存与整合，实际上是具有其演变序列的。从横向上来讲，辽家坳地处明清时期汉文化系统以南，同时又是处于苗文化系统以北。两种文化系统的交汇使得辽家坳区域社会多元并存与融合状态的形成具有两条路径。一是由北向南的汉文化传入，主要指镇远施秉一线以北的文化南向发展；一条是由南向北的苗文化传入，主要指清水江沿线以南的苗文化的北向发展。这两条路径是辽家坳区域社会历史文化形成的基础。

在此基础上，我们可以试着找出一个词来概括这种多元文化并存的社会。如果我们将明清两代中央王朝所奉行的文化系统称为"汉文化系统"，将清水江以南的边疆文化系统称为"苗文化系统"。在中央王朝企图进入苗疆腹地（如清代鄂尔泰、张广泗开辟新疆六厅）而边疆民众也力图向汉文化去延伸（如张秀眉领导的苗民起事）的双向互动下，可以说除了军事上以镇远施秉一线以南清水江以北为缓冲地带以外，在多元文化并存的同时，文化上也表现出较强的过渡性。一旦其中一方力量明显强于另一方时，文化的强势就会突显出来，从原来的过渡阶段变为完

---

① 此处之所以说"清中期及以后"，是为了不跟前文由爱必达生活年代的"清中期"的推算相冲突，事实上，苗族自迁入辽家坳及其周边地区开始，一直在当地生活繁衍。

全的覆盖。后来的史实证明，自清雍正年间开辟苗疆、咸同时期张秀眉苗民起事以后，中央王朝逐渐以经营、治理的姿态将西南边疆作为一国之重要组成部分来治理，形成文化在并存中融合的良性发展势头。通过上述文化现象的描述，我们也许可以将辽家坳区域社会称为"文化边地社会"①，也即是前文所说的具有"边地属性"的区域社会。权当一种尝试，以期后续探讨。这种多元文化并存共生的社会形态并非历史纵向上的常态，而是特定历史时期，特定社会区域以及不同政治、军事力量互动的结果，是建立在多方互动角逐基础上的文化发展的必然阶段，是两种甚至多种社会结构和文化类型的过渡、调适与整合。

---

① 文化边地社会，是笔者对辽家坳区域社会文化类型的一种尝试性总结，并不成熟。笔者认为，这种社会形态主要由多元文化的互动作用而形成，对于中央王朝制辖下的汉文化系统来说，辽家坳处于文化之边缘地带。对于地方少数民族文化系统来说，辽家坳区域社会的文化也同样处于"苗文化"之边缘地带。最后经多方文化的并存、整合与调适，形成了具有多元性的辽家坳区域社会的文化特征。个人浅见，以求后期探讨。

结　语

　　至迟到清初，辽家坳区域已经有人在此居住，并已在与中央王朝及周边社会的互动中形成了现在辽家坳区域社会发展的雏形。辽家坳区域内各家族的迁入过程，实际上就是一个"开疆拓土"的过程。人们在"反苗战争""逃荒""经商"等动力的作用下，自明末清初以来渐渐有了不同"源"的人聚合于此，进行"异源合流"的重新整合，并在此地逐步稳定，形成多元文化共同作用的文化格局。自然寨地名的形成，不仅在一定程度上体现了家族迁入时的历史面貌，更是在很大程度上体现了家族间的隐性角逐。正如"雷家寨"改名"罗家寨"一样，看似简单的地名更改，实则是建立在家族势力基础上的地方社会互动。

　　两种甚至更多的耕作系统的变迁与融合，并存与调适，旱地作物地位的变迁等都在一定程度上适应着当地社会历史发展的需要。市场、交通、农业技术等因素的置入，在其中发挥着极为关键的助推作用。民居从高脚到矮脚再到平地，本是当地社会在生产力发展的基础上总结出来的适应居住需要的调整，然而却与此同时地表现出诸如"美人靠"等结构的延续，并起到对楼居的装饰作用，这不得不说是民族民间文化与新型楼居建筑高度结合的具体表现。

　　包括同辈人出资修建祖坟墓碑、清明节"挂亲"集体出行等在内的祭祖活动，体现了"团结家族力量"的功能，但随着国家力量的置入，当地社会对于国家力量的高度认同，原本具有"家族叙事"的祭祖活动逐渐向小型社会的管理功能转型，成为地方社会治理的一种方式。墓葬习俗也在很大程度上体现着少数民族文化系统与汉文化系统的渐次融合，诸如墓碑纹饰中以"龙凤、麒麟"等为代表的中原汉文化符号和以"鱼"为代表的南方少数民族稻耕文化符号在墓碑结构中并存，并呈现出融合的趋势。"女儿""妻子"作为孝名的出现反映了当地社会对于中原汉文化的学习一个不断实践的过程。

多神信仰的融合，信仰神祇的置放空间归于一体，外来文化与本土文化在空间上的整合，是多神信仰归于一统的初始阶段。在还没有一种神灵可以统治人们思想的时间段内，这样的多元并存是完全被允许的，甚至是最有效的。飞山公从杨氏家族的祖先神逐渐向当地共同的神祇转变，以致现在的飞山宫成为不同自然寨之间的分界标识，实际上表达了这种神灵信仰所呈现出来的地缘性特征。当"飞山公"这样的本土神与外来的"观音"神在社会同时存在时，地方少数民族的上层精英们总会找到一种方式以调和不同的信仰体系，也就出现了如文中所说的"飞山公是观音的父亲"这种说法，看似不符合常理，却是当地人们信仰文化建构的和地方文化认同的客观需要。

　　多元文化共同作用下的辽家坳区域，通过其特有的地理条件在历史的变迁序列中得以生存和发展，体现出了文化的多元性与融合性，进而展现出从汉文化和少数民族文化之间相互的过渡性。同时，我们也能更为直观地感受到北侗地区与汉文化区的互动交流，在时间上要早于南侗，在空间上要宽于南侗。在中央王朝势力与苗疆地区少数民族势力呈现对峙状态的历史时期，辽家坳区域社会呈现出了多种文化态势并存和融合的现象。对于互动的双方来说，辽家坳区域都是作为"边地社会"而存在。正是这种"边地社会"定位，使得该区域在文化上形成了"既不汉又不苗"的特征，即"似苗非苗而又似汉非汉"。一旦某一种文化在较为强大的军事力量的冲击下占据主导地位，弱势的文化就会呈现向强势的文化过渡的趋势。这种过渡性文化类型是历史时期政治、军事、经济和社会生活等多重因素共同作用的结果。

　　文化的历时变迁和共时互动贯穿着辽家坳区域社会发展的全过程，成为明清两代以来辽家坳发展的根脉。多元文化并存与融合的定位成为解读当地历史的钥匙，直到现在，辽家坳区域社会依然表现出明显的多元化特征，是建立在不同文化元素之上的乡村社会的典型。和谐共生，是祖国西南边陲地区汉文化与少数民族文化之间、少数民族文化与少数民族文化之间，抑或土司文化与地方民族文化之间互动发展的一种范例和借鉴。

参考文献

著作：

[1] （唐）魏徵等. 隋书[M]. 北京：中华书局，1973.

[2] （清）张廷玉等撰. 明史[M]. 北京：中华书局，1974

[3] （清）赵尔巽等撰. 清史稿[M]. 北京：中华书局，1976.

[4] （元）脱脱等. 宋史[M]. 北京：中华书局，1977.

[5] （宋）孟元老. 东京梦华录注[M]. 北京：中华书局，1982.

[6] （梁）宗懔. 荆楚岁时记[M]. 太原：山西人民出版社，1987.

[7] [美]P. K. 博克著，余兴安、彭振云、童其志译. 多元文化与社会进步[M]. 沈阳：辽宁人民出版社，1988.

[8] 湖南少数民族古籍办公室. 侗款[M]. 长沙：岳麓书社，1988.

[9] 林耀华. 金翼[M]. 北京：生活·读书·新知三联书店，1989.

[10] 黔东南苗族侗族自治州地方志编纂委员会编. 黔东南苗族侗族自治州志·林业志[M]. 北京：中国林业出版社，1990.

[11] 黔东南苗族侗族自治州地方志编纂委员会编. 黔东南苗族侗族自治州志·地理志[M]. 贵阳：贵州人民出版社，1990.

[12] 黔东南苗族侗族自治州地方志编纂委员会编. 黔东南苗族侗族自治州志·林业志[M]. 北京：中国林业出版社，1990.

[13] 黔东南苗族侗族自治州地方志编纂委员会编. 黔东南苗族侗族自治州志·地理志[M]. 贵阳：贵州人民出版社，1990.

[14] （清）田雯、张澍、李宗昉、吴振棫著，罗书黔、贾肇华、翁仲康、杨汉辉点校. 黔书·续黔书·黔记·黔语[M]. 贵阳：贵州人民出版社，1992.

[15] 贵州省镇远县志编纂委员会. 镇远县志[M]. 贵阳：贵州人民出版社，1992.

[16] （清）爱必达、罗绕典著，杜文铎等点校. 黔南识略·黔南职方纪略[M]. 贵州：贵州人民出版社，1992.

[17] 黔东南苗族侗族自治州地方志编纂委员会编. 黔东南苗族侗族自治州志·农业志[M]. 贵阳：贵州人民出版社，1993.

[18] 黔东南苗族侗族自治州地方志编纂委员会编. 黔东南苗族侗族自治州志·农业志[M]. 贵阳：贵州人民出版社，1993.

[19] 三穗县志编纂委员会。三穗县志[M]. 北京：民族出版社，1994.

[20] 林耀华. 义序的宗族研究[M]. 北京：生活·读书·新知三联书店，2000.

[21] 庄孔韶. 银翅[M]. 北京：生活·读书·新知三联书店，2000.

[22] （汉）许慎. 说文解字[M]. 北京：九州出版社，2001.

[23] 《镇远县民族志》编写组编，镇远县民族志[M]. 镇远县民族宗教事务局，2001.

[24] 萧放. 岁时——传统中国民众的时间生活[M]. 北京：中华书局，2002.

[25] 汪宁生. 文化人类学调查——正确认识社会的方法[M]. 北京：文物出版社，2002.

[26] 《杨再思氏族通志》编写组. 杨再思氏族通志[M]. 凯里：黔东南日版社印刷，2002.

[27] （清）王复宗纂修. （康熙）天柱县志[M]. 成都：巴蜀书社，2006.

[28] （清）徐家干撰. 苗疆闻见录[M]. 成都：巴蜀书社，2006.

[29] （汉）司马迁. 史记[M]. 北京：中华书局，2006.

[30] （清）蔡宗建修，龚传坤等纂. （乾隆）镇远府志[M]. 成都：巴蜀书社，2006.

[31] （民国）陈绍令等修，李承栋纂，黄平县志[M]. 成都：巴蜀书社，2006.

[32] （清）赵沁修，田榕纂. （乾隆）玉屏县志[M]. 成都：巴蜀书社，2006.

[33] 李静著. 民族心理学[M]. 北京：民族出版社，2009.

[34] 徐扬杰. 中国家族制度史[M]. 武汉：武汉大学出版社，2012.

[35] 费孝通. 乡土中国[M]北京：北京大学出版社，2013.

[36] 王魏. 中国考古学大词典[M]. 上海：上海辞书出版社，2014.

[37] （明）郭子章著，赵平略点校. 黔记[M]. 成都：西南交通大学出版社，2016.

[38] （春秋）左丘明著，史靖妍主编. 春秋左传[M]. 桂林：漓江出版社，2017.

期刊论文：

[1] 陆欣来. 免耕和少耕[J]. 耕作与栽培，1985（2）.

[2] 郭文韬. 中国古代的"免耕"法[J]. 中国科技史料，1986（5）.

[3] 晋鸣. 哀牢山上指路碑[J]. 中国民族，1988年6月29日。

[4] 龚力新. 侗族婚姻习俗的传承性与变异性——析小广侗乡《永定风规》碑[J]. 贵州文史丛刊，1988（2）.

[5] 杨庭硕. 苗族习俗结构刍议[J]. 思想战线，1988（6）.

[6] 罗炳良. 宗法制度与宋代社会[J]. 北方工业大学学报，1992（4）.

[7] 王建纬. "挡箭碑"的民俗学意义[J]. 文史杂志，1996（3）.

[8] 王建纬. 挡箭碑的民俗学意义[J]. 文史杂志，1996年6月10日。

[9] 李修松，张宪平. 春秋战国时期淮河流域农业生产述论[J]. 中国农史，1998（1）.

[10] 潘国英. 南方民间的土地神信仰[J]. 东南文化，1998（4）.

[11] 吕养正. 苗疆"挡箭碑"一体两面特征及民族繁衍意识蠡探[J]. 吉首大学学报，2001（1）.

[12] 姚金泉. 论苗族婚习同婚姻法的差异与调适[J]. 贵州民族研究，2001（1）.

[13] 杨存田. 土地情结——中国文化的一个重要原点[J]. 北京大学学报，2001（5）.

[14] 卢敏飞. 追求族群的永生——融水苗族自治县滚贝侗族丧葬文化透视[J]. 广西民族研究，2002（2）.

[15] 潘永荣，谭厚峰."六山六水"民族调查与侗族研究[J]. 贵州民族研究，2002（3）.

[16] 李筱竹. 贵州民族调查与苗族研究[J]. 贵州民族研究，2002（3）.

[17] 杨再奎. 侗族婚姻习俗与现行婚姻法的冲突[J]. 西南民族大学学报（人文社会科学版），2005（1）.

[18] 曹端波. 侗族传统婚姻选择与社会控制[J]. 贵州大学学报，2008（2）.

[19] 一叶. 各地土地庙妙联[J]. 江南游报，2009（1）.

[20] 彭无情，吴才敏. 侗族丧葬习俗的宗教文化内涵探析——以黔东南苗族侗族自治州为例[J]. 经济与社会发展，2009（2）.

[21] 蔡亚玲. 社会文化变迁下的侗族婚姻习俗探析——以新民中寨为个案[J]. 歌海，2009（3）.

[22] 朱欣. 滇南民族地区指路碑的民俗要义与教育指向[J]. 牡丹江大学学报，2010（3）.

[23] 蒋星梅. 侗族婚姻习俗文化的传统驻留与调适研究[J]. 凯里学院学报，2010（4）.

[24] 郭宸利. 天柱县石洞镇摆洞村侗族交通文化调查研究[J]. 走进原生态——人类学高级论坛2010年卷，2010年.

[25] 罗康智. 清水江流域木材贸易与侗族传统婚姻习俗的变迁[J]. 原生态民族文化学刊，2011（1）.

[26] 杨义. 綦江"蛋卜"巫术探析[J]. 科学咨询，2011（4）.

[27] 董成家. 黔东南侗族婚恋习俗[J]. 今日民族，2011（7）.

[28] 范静. 土地信仰及其功能[J]. 长治学院学报，2012（4）.

[29] 王笛. 不必担心碎片化[J]. 近代史研究，2012（4）.

[30] 孙立生. 人类学视野下黔东南苗族丧葬习俗功能探析[J]. 民族论坛，2012（5）.

[31] 吴秋林. 中国土地信仰的文化人类学研究[J]. 宗教学研究, 2013（3）.

[32] 周永健. 论苗族丧葬习俗的社会文化功能[J]. 求索, 2013（6）.

[33] 刘子贤. 归顺与叛逆：清水江——沅江地区杨公神的多重叙事模式解读[J]. 百色学院学报, 2013（6）.

[34] 叶成勇. 家族与民族之间:黔中通道上金竹金氏族属认同及其变迁探析——以《金氏家谱》为中心[J]. 地方文化研究, 2013（6）.

[35] 周永健. 论苗族丧葬习俗的社会文化功能[J]. 求索, 2013（6）.

[36] 项萌、刘雨露、邓敏. 侗族婚姻习俗变迁的社会性别分析——基于个人生活史的田野考察[J]. 民族文化研究, 2014（2）.

[37] 林移刚. 清代四川土地崇拜和土地神信仰[J]. 农业考古, 2014（3）.

[38] 欧阳大霖. 田野调查实录系列——贵州侗族村落文化[J]. 黔南民族师范学院学报, 2014（5）.

[39] 叶成勇, 贵州"喇叭苗"家族史调查与相关问题探析——以晴隆县长流乡为个案[J]. 地方文化研究, 2015（1）.

[40] 修成国、常江. 土地庙对联的文化解读[J]. 国土资源科普与文化, 2015（1）.

[41] 刘彦. 国家与地方视野下的破姓开亲与婚俗改革——以清代清水江下游锦屏九寨苗白、彦洞讨论为中心[J]. 云南社会科学, 2015（1）.

[42] 周大鸣, 廖子宜. 烧蛋：对于一种湘西边城民间医疗习俗的探究[J]. 民俗研究, 2015（4）.

[43] 龙配城. 镇远报京"三月三"：以"葱篮为媒"的侗族情人节[J]. 贵州民族报, 2017年3月28日。

[44] 杨杰, 黄尚军. 论四川南江县清代墓地的研究与保护价值[J]. 牡丹江师范学院学报, 2017（4）.

[45] 王科本, 宋军. 水族墓碑石雕的装饰结构与图腾文化初探[J]. 美术大观, 2017（4）.

[46] 黄莹莹、王伟萍. 桂东南民俗中的社节研究——以广西桂平市西山镇长安村为例[J]. 南宁职业技术学院学报, 2017 (5).

[47] 山雨、刘玲. 恩施社饭习俗的文化人类学分析[J]. 传媒论坛, 2019 (23).

[48] 杨青慧. 北侗春社节的传承发展——以天柱县注溪乡为例[J]. 北方音乐, 2020 (10).

学位论文：

[1] 杜正乾. 中国古代土地信仰研究[D]. 四川大学博士学位论文, 2005.

[2] 唐晴晖. 湘西苗族文化变迁研究[D]. 西林农业科技大学2007届攻读硕士学位研究生学位论文, 2007.

[3] 卢百可. 屯堡人：起源、记忆, 生存在中国的边疆[D]. 中央民族大学博士学位论文, 2010.

[4] 季诚迁. 古村落非物质文化遗产保护研究——以肇兴侗寨为个案[D]. 中央民族大学博士学位论文, 2011.

[5] 王梨. 贵州侗族服饰文化变迁研究[D]. 贵州民族大学2012届硕士研究生毕业论文, 2012.

[6] 孔小英. 移民侗寨的文化变迁研究——以宣恩县匠科村为例[D]. 湖北民族学院硕士研究生学位论文, 2013.

[7] 陈志峰. 生活方式变迁与传统苗族纹样设计研究[D]. 北京服装学院硕士学位论文, 2013.

[8] 冯毓杰. 经济人类学视野下的侗族音乐文化变迁——以黔东南从江县高增乡为例[D]. 贵州财经大学硕士学位论文, 2014.

[9] 向丽. 黔东南地区苗侗民族婚姻财礼的变迁——以碑刻资料为中心[D]. 贵州师范大学硕士学位论文, 2016.

[10] 刘佳. 农村居民土地神信仰行为研究[D]. 南京农业大学学术型硕士学位论文, 2016.

[11] 王韬. 贵安新区马场镇平寨村布依族历史文化变迁研究[D]. 贵州民族大学硕士论文，2016.

[12] 刘佳. 农村居民土地神信仰行为研究——以泰州市 L 村为例[D]. 南京农业大学学术型硕士学位论文，2016.

[13] 张晁玮. 湘桂边境地区苗族与侗族居住文化互动与变迁研究[D]. 吉林建筑大学工程硕士学位论文，2017.

[14] 侯曙光. 苗族回归边民文化变迁研究——以广西靖西市弄关屯为例[D]. 广西民族大学硕士学位论文，2017.

[15] 邱凡珂. 川东北地区神婆巫术调查研究[D]. 四川师范大学硕士学位论文，2016.

[16] 霍晓丽. 信仰、仪式与地方社会——湘西苗疆民间信仰研究[D]. 华中师范大学博士学位论文，2017.

调查报告：

[1] 席克定. 黎平、从江等的侗族习俗[R]. 《贵州民族调查》之一《月亮山地区民族调查》，1983.

[2] 向零. 从江县信地乡的调查报告[R]. 《贵州民族调查》之三，1985.

[3] 张民. 榕江县三宝侗族婚姻调查[R]. 《贵州民族调查》之四，1986.

[4] 黄才贵. 黎平县肇兴侗族鼓楼调查[R]. 《贵州民族调查》之四，1986.

[5] 张民. 剑河小广村的侗族婚姻调查 R]. 《贵州民族调查》之六，1989.

[6] 向零. 从江县朝利村侗族婚丧习俗的今昔[R].《贵州民族调查》之六，1989.

[7] 黄才贵. 黔东门户的百年变迁——玉屏侗族自治县历史民族学调查[R].《贵州民族调查》之十四，1997.

[8] 吴嵘. 弘扬传统文化，促进经济发展——从江县雍里乡龙江村侗族传统精神文化调查[R].《贵州民族调查》之十五，1998.

[9] 黄才贵. 侗族父系大家族遗存与干栏长屋——来自榕江县保里大寨的报告[R].

谱牒：

[1] 贵州省天柱县雷寨迎春坪总祠编修. 欧阳氏族谱[Z]. 2012. 冽洞矮子沟欧阳广坤收藏。

[2] 潘氏家谱[Z]. 子棚潘尚付收藏。

[3] 梁氏族谱[Z]. 葛藤坪梁厚礼收藏。

[4] 彭城堂·刘氏族谱[Z]. 1985 年续修。

[5] 文献阁筹建文员会编. 重华堂·姚氏族谱[Z]. 2004 年修，白岩姚茂华收藏。

[6] 中国芷江金城公后裔谱牒文史研究会. 张氏族谱[Z]. 2014 年至 2018 年编修，子棚张秀文收藏。

论文集：

[1] 王守龙. 论土地庙的没落与"过客式"农民的诞生. 第二届中国人类学民族学中青年学者高级研修班论文集[A]. 2012.

附录一　辽家坳调查后记

> 竹杖芒鞋轻胜马，谁怕？一蓑烟雨任平生。回首向来萧瑟处，归去，也无风雨也无晴。
>
> ——题记

离开的季节，似乎有些词穷，不知从哪里开始叙述这近半年来的辛酸、苦辣、彷徨与未知，而"收获"终究还是最为主要的，也许我可以用自己的历程来说点什么。

2018年3月18日，在经过短暂的几天准备后，我和导师叶成勇教授踏上了贵阳到三穗的列车，目的地是镇远县金堡镇辽家坳村。导师是响应国家政策的号召出任"驻村第一书记"，而我是为了去做不知为期几何的田野调查，完成那可能左右前程的硕士论文。我们师徒在不同的安排下相约辽家坳。

一、初见——荒凉中显现着繁华

一个小时零五分钟的高铁路程，窗外的山总是在飞奔着撤退，似乎前面有千军万马向乘客扑面而来。一切是那么新鲜，同时又充满着未知。这里到底是一个什么样的居民社会，需要我、我们去观察和解读？

高铁之后，站在泥泞的路边等待许久的中巴车终于到来，一路的颠簸似乎在向我们预示着辽家坳的偏远和荒凉，坑坑洼洼的泥巴路也似乎在向乘客们表达着别样的不满，道路两旁密布着的山林不时发出鸟儿争斗的叽叽喳喳的吵闹声和一些不常听见的呼啸声，浓雾将整个天空笼罩得喘不过气,只能见到朦胧的山丘,路也只能跟着山型弯弯拐拐。偶尔零星的住房又让人相信终究是柳暗花明,但谁又能确定呢?我们这是要去向什么地方?

颠簸之后,在四条路交叉的路口下车,一路通往镇远,一路通往金堡,一路经市场到邻近的响水村安定沟,形成一个假十字路口,这里形成一个集镇,便是辽家坳(局部如调查后记图1所示)。与想象中的完全不一样,这里高楼林立,场市延绵,俨然一片繁华闹市之景象,在后来的一系列调查对比中,为了寻找一种由自然寨返回住处的归属感,我们将具有高大建筑的集贸市场称作辽市。

调查后记图1　辽家坳局部

二、坟墓——枯草丛中的心灵净化

在安排好食宿后,自3月20日开始,为期半个月的墓碑抄录阶段开始了。首先是对罗家寨、白岩、老棚等地较为古老的墓碑进行誊抄和辨识,力图以此为突破口对当地各家族的迁徙和发展史进行梳理,以作为论文写作的重要组成部分。经过零星地抄录一些家族墓碑之后,在叶老师的陪同和带领下,我来到了葛藤坪梁氏家族墓地。这里的坟墓相对集中，整体规模较大，延续性也很好，故确定以此为切入点来解读当地梁氏家族的历史与文化，进而窥探区域社会发展的部分历史逻辑。

太阳底下，背上背着装有纸、笔、卷尺等工具的书包，头上戴着一顶遮阳草帽，左手拿着折叠凳，右手拿着镰刀，这算得上是我的标配。可惜常常一个人，并未留下最帅的那一系列照片。

踏进梁氏墓地（局部如调查后记图2所示），对坟墓周围的枯草进行割除和清理，整个抄录墓碑的过程就是一个替梁氏家族"扫墓"的过程。遮阳帽似乎也挡不住太阳的毒辣，汗水总是在为我证明着这样的观点。为了能将一些古旧的碑文抄录完整，趴在坟前的土地上用眯着的眼睛斜视着那些模糊而又精细字迹，似乎这个世界瞬间就变得安静了。遇到因泥土堆积较多而看不到字迹的墓碑，在跟墓主"打完招呼"后用镰刀小心翼翼一点一点地挖开，将行将倒塌的墓碑稍微扶正。难道这就是我们通常所说的"吃土"的专业？路边时常有行人经过，也会主动和我打上几句招呼，但更多的人充满了疑问，他们不知道这样的行为到底有什么样的作用，能带来什么样的经济价值，甚至并非所有人都表现出的是友好。是论文写作的需要？更是人生磨砺需要？我想，都有！这段早出晚归的碑刻抄录日子，仰头见天俯身见地，与世俗似乎是那么的格格不入，却又显得那么真真切切！

调查后记图2　葛藤坪梁氏墓地局部

三、守望——季节轮回里的春青秋黄

来辽家坳调研，我是做好长期"战斗"准备的，至少也要将季节轮回过程中一些重要的时间节点见到并了解清楚，这样才能更好地认识和理解这个区域社会的历史和现在，乃至未来。

秧苗经历了从矮到高、从细变粗、从少变多、从青变黄的"蜕变"，每一次"蜕变"似乎都能让农民的心中泛起丝丝欣慰。春种和秋收的轮回，大地的神奇被一次次见证，稻田里金灿灿的一片（如调查后记图3所示），也许我们可以将它称作"守望"！农民的四时劳作，又何尝不是为了这样的守望呢？

初来时还是幼崽的那只小狗，已然长大，不知什么原因，在前不久结束了它的浪荡一生。莫名地有些许伤感。那些被黄狗追逐而奋力奔跑的小鸡，现在已经不用理睬生存环境的险恶了，因为自我的成长，或许是解决一切困难的内在推动力！街上到处飞舞的鸣蝉，早已化为尘埃，抑或成为小狗和蛤蟆的美食？灯塔下寻觅亮光的飞蛾们，也许早已轮回，因为再已不会在我们散步时于我们脸上"胡乱地拍"了！稻田里的鱼儿，都已被养殖户放干秋水活捉，餐桌上的鱼肉多了起来。

等待了几个月的"断头路"再一次通达。原来随便可以采摘到的筷子菜，现在已经可以取其杆制成"筷子"了。路上的蚊子从无到有，从少到多，慢慢地该回归自然中去净化了吧？蛇类从洞里爬出，现在却很少见到，该是入洞占领地盘冬眠的时候了！稻谷每天都会变换着颜色，金黄随之而来！街头公路旁，那片坡度在六十度以上的土地，居然将玉米棒子结得又大又长，土地诚不我欺也……

植物生长又一次轮回，太多的变换浸入了历史的血液，置入了大众的生活。春去秋来，每一种守望都已变为现实或即将变成现实。似乎该是回去的时候了，因为我的路，还很长！

调查后记图 3 　金黄的稻谷

四、感谢——相遇的所有人

辽家坳的土地，时常充满着热情和温度。初来时的未知和需求总能得到一些人不计回报地帮助，虽然我现在依然不知道其中一些人姓甚名谁，却将他们视为另一种亲人。

对于错过了赶集天才来到这里的我们，也不知道有哪些能吃的野菜，直到现在我们都还不知道姓氏的小卖部姐姐似乎提前推测到了我们的所需，主动到菜园子里为我们摘菜相送，何其感动！那家梁姓的叔叔阿姨，总是在我去买菜时不计成本地附赠，甚至说出"不能钻到钱眼里去，不要任何时候都用钱买"的话，心里还是暖暖的。田野地房东的热情，使我们这类远离故乡的游子找到了家的感觉，每一次的饭食招待和其他帮助都是那么的亲切……

诚然，成长的路上并非一帆风顺，有些冷落和讽刺似乎可以成为心智成长的润滑剂。诸如"你们做这些有什么用""你们来我们家有什么目的""你们对我们村的经济发展有什么样的帮助呢"等问题总会给人当头一棒。但这些问题却能催促我们去为自己的工作找到合理的理由和坚持下去的动力，而那些"话粗理不粗"的言语似乎可以对今后的学习和生活起到"引导性"的作用。我们的历史学终究要落到实处，成为"经世致用"之学，成为能促进社会发展、增强社会文化底蕴之学，或许这才是乡土历史文化调查的真正意义所在？

当然，最应该感谢的还是导师叶成勇教授。生活上、学术上、情感上、经济上的各种关心和照顾，让我能在"遥远"的异乡找到生活的归属感，亦师亦友的情分已然植根于我们的生活中。学术、生活、情感等似乎被我们通过"散步"而黏合在一起，形成一种全新的生活方式。在此，真诚地向叶老师表达最深的谢意。

五、作诗——陶怡情操的最佳方式

调研期间，最为有趣的事情或许就是作诗了，说是诗，也就勉强算作打油诗而已。但每每有些许的灵感并将其以五言或七言的形式记录下来，何尝不是人生的一大快事呢？

（一）

2018年4月4日，在下葛藤坪抄录梁氏家族墓碑，去往"瓦厂坪墓地"的路极为难寻。在一老人指引下，终究找到曲折小路，顺路蜿蜒而上。恰值万物复苏之际，坚硬的路面上破土而出的新笋（如调查后记图4所示），泪点极低的我瞬间被其不畏艰难的"品质"所打动。虽然孩提时代在家乡也见过类似情况，但情感的表达似乎没有如此强烈。因为此时的我已然身在异乡，志在求索。故以诗文以记之：

咏竹笋

破土重生不畏艰，管它路硬与坑深；
待到仲夏冲天起，羡煞棕树与蓼箭[①]。

[①] 蓼箭：当地俗名棕粑树，叶子可以用来包粽子。箭，当地人常读作平声，即第一声。

调查后记图 4 破土而出的新笋

打油诗在朋友圈发出后,得到了很多朋友的响应,祖能兄随即赋诗一首表示鼓励:

和田兄咏竹笋

杨祖能

铁骨破土获重生,柔肠蹿跃惊芳邻。

虚怀凌云酬节劲,俯首频头见贤君。

客观地说,一经对比,各位便知道我是打油的,祖能兄的境界比我高得多。

(二)

2018 年 4 月 6 日,与叶老师散步到邻近的枫木溪村境,山色风景之美令人赞叹,有山形如漏勺(如调查后记图 5 所示),依稀听见流水潺潺之声,若置身仙境。跳上一条弯弯曲曲的小路,顺着路径往上走,路旁林木茂盛,郁郁葱葱。乘兴疾走,到一拐弯处,忽闻母鸡与小鸡之混杂叫声,才知已进入了一个自然寨。跨上田埂,一座座古朴的楼居映入眼帘,田间有人犁田,近旁有人割草,"鸡犬之声相闻",人与人之间有说有笑,赤身裸体的小孩在院坝跑来跑去。此地名"盘棚"。转过山坳,见到在辽家坳种植蘑菇的李寻与其妻子回娘家,虽然只是一面之缘,但仿佛有"他乡遇故知"之感。于是以打油诗的形式记录下来:

调查后记图 5　漏勺型山

与叶师偶游盘棚

幽径悬叶青青翠，漏勺流水汩汩新。
鸡鸣犬吠兢兢远，拨丛去荆见人烟。
闲来淡看花开季，忙中快语犁地人。
巧遇半面巧说事，话接恩师话桑田。
枯枝驱鸭鸭惊走，野草没脚脚不停。
待到秋时疾风起，还往深涧觅声音。

（三）

　　2018 年 4 月 29 日，时值周末，叶老师因需要处理一些事情而回贵阳，笔者一个人在辽家坳村委会办公室进行论文写作。突然，窗外大雨倾盆而下（如调查后记图 6 所示），山上劳作的人很多都被淋湿了跑回家。街上的小猫小狗也都乖乖地回到了自己的窝里，小鸡们似乎也找到了回笼的方向。大风时缓时急，毫无规律。有感而做诗记之：

倚窗听雨

雨打楼台寒气侵，人倚门窗涟漪圆。
独置深闺旧时淑，斜窥闹市无人闲。
春去夏临农忙至，学院田野思古今。
寥寥孤寂持恒坐，逐字逐句磨章文。

调查后记图 6　大雨倾盆

（四）

2018年6月21日，在经过两天以前访寻《杨氏家谱》未获后，与杨氏族中一长者议定两天后再去。但在到达浏洞村枫榜杨家后，拥有家谱的主家已上山劳作，等到下午五点多钟，劳作的杨叔终于归来，但却未能拿到家谱，心中不免惆怅。回辽路上，巧遇一牧童躺在地上，左手拽着绳子，右手拿着手机，不远处有一头黄牛在秧田边吃草，不时还用眼睛斜视牧童，牧童也偶尔会偷看黄牛，仿佛都在防着对方（如调查后记图7所示）。瞬间，惆怅之感消失了大半，转而开朗起来，以诗文记之。

调查后记图 7　放牛

忙人闲心

闲卧绿茵地，忙攥羁縻绳；
管他路人过，只窥牛近田。
似忙非忙处，提心吊胆时；
童趣他乡乐，何时我有闲？

（五）

2018年6月23日，晚饭之后，一个人游走在经常与导师叶成勇教授散步的后山公路。天渐晚，白皑皑的几团雾气很听话地蜷缩在远处的山间，树林深处人家的炊烟袅袅（如调查后记图8所示）。近处是蛙声蝉声一片接着一片，似乎在竞相追逐着什么，大有"你方唱罢我登场"的感觉。

调查后记图8　云雾相间

晚间游山

一湾翠林一湾雾，一片蛙声一片蝉。
一影行人一影路，一股清流一股烟。

（六）

2018年6月28日晚，日记完成，静卧床头欲睡，却左右胡思乱想无眠，抑或是离开家人太久，心中难免有些思念之情；抑或是感觉在论文的写作过程中自己付出了较大的时间和精力,担心不能很好地及时地保质保量地完成。于是起坐,举头向天,明月破窗而入,似乎完全不管他人是否答应(如调查后记图9所示)。顿起思乡和惆怅之感,遂将其记于后:

静卧窗前

古来月明思乡夜,今日何故照无眠?
束之楼宇无仙问,还有众生共此情!
未普天地同光照,岂敢应人以婵娟?

调查后记图9　床边明月

(七)

2018年8月30日,田野调查初步完成后准备返回学校,心中莫名惆怅,难免有些许的不舍和留恋,当然更多的是感谢,感谢这里一切的一切。散步时走到经常路过的稻田,发现谷子比往日更加金黄,一种收获的喜悦感油然而生。仿佛看到了四季的变换和万物的轮回,有感而发:

春去·秋来

春来播青种,秋到收黄粒。
历经夏暑催,才现冬寒息。
山映火云去,雾罩蛙声急。
半载辽市驻,一季坳口居。
归去问学理,还来辨玄机!

六、归去——也无风雨也无晴

在论文写作的田野调查资料收集差不多的时候,学校的很多事情还需去完成,更需要找一些文献资料对论文初稿进行补充,以增强论文的历史感。于是我选择了离开这个给我提供论文写作第一手材料的地方。

来时,迷茫和未知仿佛一直萦绕心头,是那么透彻和清晰,几度怀疑自己能否完成论文写作。渐渐地,人文的温度、历史的厚度和社会的宽度给我注入了全新的写作思维,一些自认为具有创设性的想法也得到了导师叶教授的指点和支持。体验到的、学习到的和感知到的逐渐成为论文构架中重要的思想来源,而这一切,终将成为回忆。

去时,所有的兴奋与不安都将随着列车飞驰而渐行渐远,甚至成为绝唱。这片土地给了我论文写作的灵感,也教会了我很多做人的道理,我爱这片土地,爱它的宽度与厚度。终究不能永远停留,似乎还有更大的梦想等待着我去完成,离开也就是顺理成章的事情。

> 归来时,迷茫未知中彷徨;
> 驻留时,宁静失落下奋发;
> 归去时,也无风雨也无晴!

七、调查——我有话想说

学术的路,也许很长,长到要我们用几十年甚至一辈子的时间去实践和检验才能得出一个结论。调研期间,我也曾想将自己的感想最大限度地以"发表文章"的形式表达出来,但或许就在第二天的田野调查之后,自己原有的观点便被推翻,一次次地将计划搁浅。用田野的知识来检验自己的思考,同时又以思维逻辑来指导田野调查实践,如此往复,让自己的价值观、人生观和世界观逐步完善。

在文献研究的基础上,将原本滥觞于人类学的田野调查方法应用于历史的研究，形成多学科交叉的学术研究模式。田野调查，越来越彰显出其本身的作用和价值。历史，在时间轴上来说，是过去一系列社会行为的总和，本身是特定时代的产物。故无论是历史的记录还是历史的书写，都在很大程度上烙下了时代的印记，是过去人们社会活动在政治权术、经济互动、文化认同和心理倾向等多个层面的反映。历史的存在是客观的，但各种文化事项却带有极大的主观性，所以我们说，历史在很大程度上是价值取向的反映。

研究区域社会历史，就是要解决社会变迁过程中的关键时间节点和特殊区域社会的历时变迁和共时互动的问题，将常态化的认识系统化，将争议性的问题精准化，将复杂的逻辑简单化，进而达到历史认知的大众化。

历史，很大程度上是隐性的，仅仅依靠我们现有的较少的文献资料必定无法进行系统研究而得出全面认识，这就需要我们走向田野，将自己的认知水平和价值取向带到田野中去检验，从活态社会中去寻找历史遗留给我们的蛛丝马迹，用已知来合理地探求未知，用现在来思辨地寻找过去，将田野调查和文献资料有机地集合起来，形成区域社会史的调查研究方法，我们姑且将之称作"活态社会研究"，但求共勉。

2018年8月31日至9月5日随心而写，以做田野调查后记。

附录二 调查图片选

附录图 1 梁氏家谱

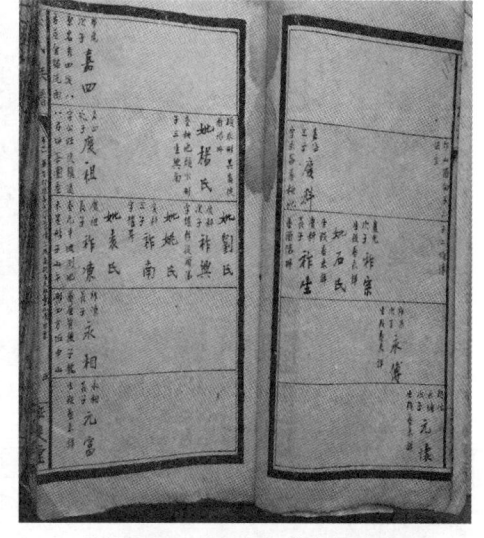

附录图 2 梁氏家谱中梁永相页

附录图 3 陈汉文墓

附录图 4 陈母龙氏墓

附录图 5　杨婆王氏墓

附录图 6　杨再义墓

附录图 7　杨通喜墓

附录图8 方寨杨氏始祖王老太君墓

附录图9 杨昌维墓

附录图10 欧阳氏家谱封面

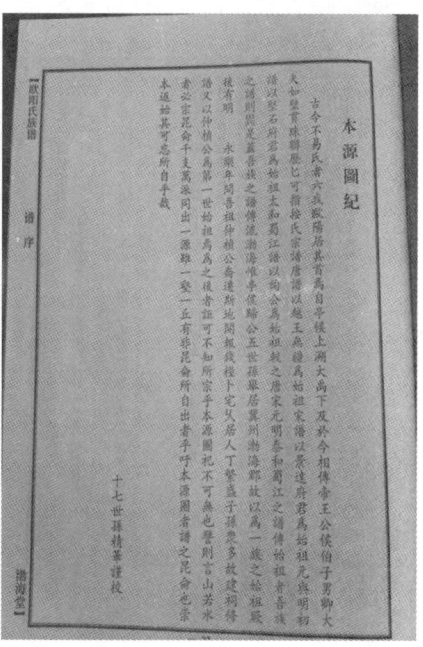
附录图11 欧阳氏家谱本源图纪

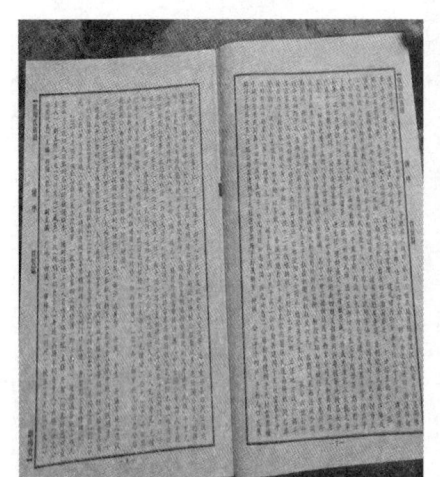
附录图 12　欧阳氏家谱关于改姓的记录

附录图 13　白岩局部

附录图 14　晒天

附录图 15　岭大坡

附录图 16 "咪咪秧"

附录图 17 二道育秧下田

附录图 18 耙

附录图 19 薅秧

附录图 20　风簸

附录图 21　刘氏族谱封面

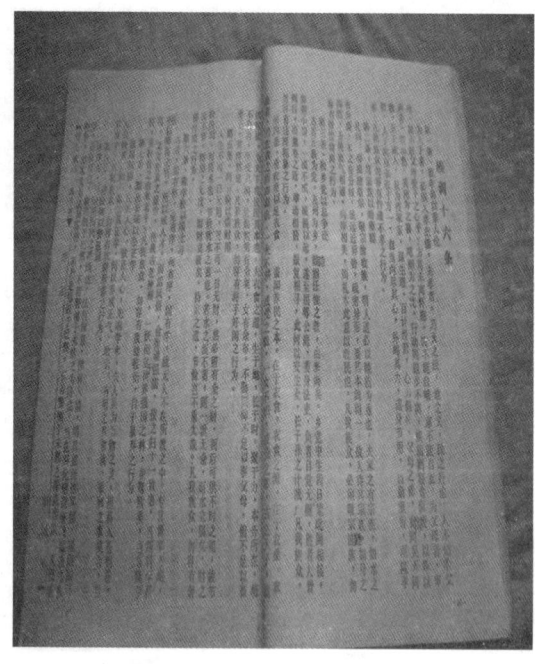
附录图 22　刘氏族谱族训十六条

附录图 23　市场一角

附录图 24　出售树苗

附录图 25　购买小鸡小鸭

附录图 26　原位于罗家寨路口的指路碑

(a)

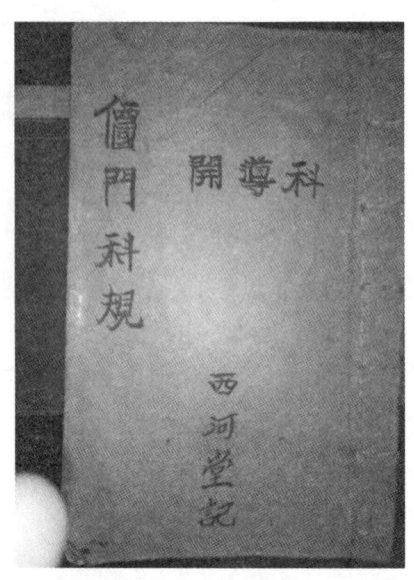

(b)

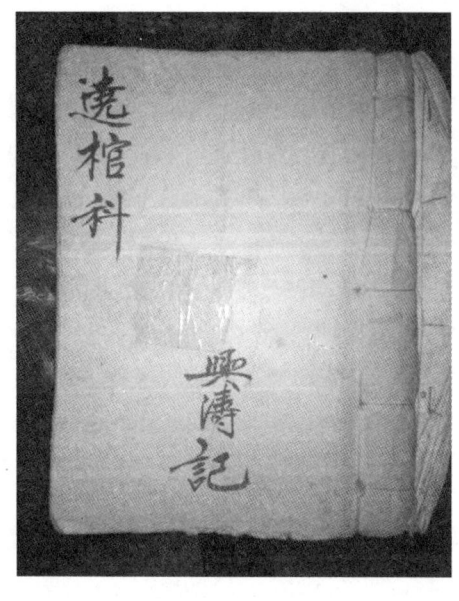

(c)

附录图 27　道场用书

附录三 部分墓碑形制规格信息表

葛藤坪梁氏墓地墓碑形制规格信息表									
序号	墓主	立碑时间/年	碑高/cm	碑宽/cm	碑帽高/cm	碑帽下底厚/cm	碑帽上底厚/cm	碑柱厚/cm	碑柱宽/cm
1	梁婆明氏	1828	68	44					
2	梁婆刘氏	皇上甲午	60	37				3.5	12
3	梁亨万	皇上戊戌	59.5	33					
4	梁婆莫氏	皇上丁未	74	47					
5	梁婆杨氏	1887	58	27					
6	梁允相	1847	68	38.5	16	12	9	5	
7	梁婆陈氏	1914	74	45	25	16	6	4	9.5
8	梁婆龙氏	1932	81	47				7	10.5
9	梁亨用	1932	89	49				8	10
10	梁利银	1932	75	42	34	15	12	7	8
11	梁婆杨氏	1963	76	40	35	19	13.5	6.5	14
12	梁婆杨氏	1963	76	44	29		10	5	14
13	梁臧林	1963	75	46	31		12	5	13.5
14	梁臧雲	1963	76	43	27	18	11	6	13.5
15	梁婆杨氏	1968	73	46	29		7	6	12
16	梁婆姚氏	1970	83	50	34	10	10	6	
17	梁臧炳	1970	85	54	31	18	10	4	12
18	梁利东	1970	85	48	33	17	10	5	12
19	梁博权	1970	75	47	31		31	5	
20	梁婆张氏	1970	81	54				7	12.5
21	梁婆陈氏	1973	84	48	31	16	9	6	13
22	梁博章	1979	70	43	26	17	9.5	6.5	13
23	梁婆姚氏	1979	70	45	29	18.5	10	6.5	12
24	梁婆罗氏	1981	85	51	36	21	13	6.5	15
25	梁婆唐氏	1984	80	48	34		10	6	11

续表

序号	墓主	立碑时间/年	碑高/cm	碑宽/cm	碑帽高/cm	碑帽下底厚/cm	碑帽上底厚/cm	碑柱厚/cm	碑柱宽/cm
					葛藤坪梁氏墓地墓碑形制规格信息表				
26	梁婆姚氏	1985	86	48	32		13	6.5	12
27	梁婆傅氏	1985	94	55	26	21	10	9	12.5
28	梁利常	1985	100	55	39	19.5	14	7	15.5
29	梁允禄	1985	108	60	31	19	13	8.5	14
30	梁臧钦	1987	88	50	30	20	12	7	12
31	梁婆阳氏	1987	88	50	29	18	10	8	12
32	梁婆张氏	1987	80	50	30	20	12	6.5	12
33	梁婆杨氏	1987	76	51	35		12	8	11.5
34	梁元溥	1987	76	52	34	18	10	7.5	10.5
35	梁臧圆	1991	90	54	29	14	9	7	10
36	梁婆杨氏	1992	95	56	31	13	12	7	10.5
37	梁婆陈氏	1994	95	57	34	24	13	5	16
38	梁博芝	1999	108	59	42		15	11.5	15
39	梁利兴	1999	107	62	43	24.5	16	11.5	15
40	梁婆杨氏	2000	128	69	95	43	18	15	19
41	梁臧境	2000	120	67	45	28	17	14	16.5
42	梁博辉	2000	87	50	35	22	13	11	15.5
43	梁博臣	2003	102	60	30	15	13.5	7.5	10
44	梁博渊	2004	122	70	45	29	16	13.5	20
45	梁婆杨氏	2004	122	66	47	27	18	13	17
46	梁婆何氏	2005	123	66	50	33	19	13	16
47	梁利江	2007	121	68	44	24	16	13.5	20
48	梁厚辉	2008	108	63	42	26	15	11.5	17
49	梁婆冉氏	2010	121	77	52	27	20.5	12	15
50	梁婆李氏	2010	143	84	50	26	19	11.5	18.5
51	梁婆刘氏	2012	108	65	41	21	14.5	9	16
52	梁婆杨氏	2016	120	74	49	24	17	11	16
53	梁利仁	2018	121	72	47	24	16	11	18

附录四　梁氏墓地墓碑对联信息表

序号	墓主姓名	立碑时间	对联			对联字体刻法			对联数
			横批	山向	碑柱对联	碑帽	碑身	碑柱	
1	梁婆罗氏	1981		未山丑向	左：得佳城永垂不朽 右：是吉地长发其祥		阴刻	阴刻	1
2	梁公臧钦	1987		坤山艮向	左：永依先祖安百世 右：高明儿孙旺千秋		阴刻	阴刻	1
3	梁婆张氏	1987	万古佳城		左：好山作案千秋盛 右：秀水朝堂百世昌		阴刻	阴刻	1
4	梁公利仁	2018		申山寅向	左：湖海星峰拱北斗 右：妙笔生花产栋梁		阴刻	阴刻	1
5	梁婆刘氏	2012		坤山艮向	左：先祖灵地千年安 右：后裔吉祥万代兴		阴刻	阴刻	1
6	梁婆杨氏	2016		坤山艮向	左：案朝福海千秋盛 右：地接桃津万代兴		阴刻	阴刻	1
7	梁利东	1970	永垂千古		左：□□□□秀 右：绿水万年长		阴刻	阴刻	1
8	梁婆杨氏	1963		庚山甲向	左：龙蟠虎踞山川秀 右：苍松翠柏景色幽		阴刻	阴刻	1
9	梁公利兴	1999		坤山艮向	左：千年山明发富贵 右：万代水秀起荣昌		阴刻	阴刻	1
10	梁陈氏	1973		庚山甲向	左：立碑留纪念 右：祭母养育恩		阴刻	阴刻	1
11	梁婆杨氏	1968	万古佳城		左：去向回真穴 右：来龙归吉地		阴刻	阴刻	1
12	梁元溥	1987		申山寅向	左：远观青龙当进□ 右：近看白虎抱坟台		阴刻	阴刻	1
13	梁婆唐氏	1984		山向	左：一堂绿水绕佳穴 右：万座明山护吉地		阴刻	阴刻	1
14	梁杨氏	1963		庚山甲向	左：龙吟虎啸山川秀 右：经文纬武子孙贤		阴刻	阴刻	1

续表

序号	墓主姓名	立碑时间	对联			对联字体刻法			对联数
			横批	山向	碑柱对联	碑帽	碑身	碑柱	
15	梁臧林	1963		庚山甲向	左：坟后梅花香千里 右：墓前明月照五更		阴刻	阴刻	1
16	梁婆明氏	2012		庚山甲向	左：庚山长久赐富贵 右：甲向永远保荣华		阴刻	阴刻	1
17	梁公博芝	1999		癸山丁向	左：雷达公路曲绕穴地 右：二龙抢宝戏出贤孙		阴刻	阴刻	1
18	梁婆杨氏	1992		坤山艮向	左：龙眠吉地光前代 右：一曲玉带绕佳城		阳刻	阴刻	1
19	梁婆杨氏	2004		坤山艮向	左：新换此碑更发旺 右：重修祖坟启文昌		阴刻	阴刻	1
20	梁公臧境	2000		庚山甲向	左：千里来龙发富贵 右：当面现虎出贤孙		阴刻	阴刻	1
21	梁婆何氏	2005		庚山甲向	左：绿水洋洋百枝茂 右：青山郁郁万代昌		阴刻	阴刻	1
22	梁婆冉氏	2010		申山寅向	左：远观青龙护穴地 右：近看白虎潮墓堂		阴刻	阴刻	1
23	梁婆杨氏	2000		坤山艮向	左：艮向子孙昌 右：坤山家发富		阴刻	阴刻	1
24	梁公博林	2006	百世流芳	申山寅向	左：青龙绕穴护宝地 右：白虎作案照贤孙		阴刻	阴刻	1
25	梁婆姚氏	1985		申山艮向	左：申山万代传 右：艮向启文昌		阴刻	阴刻	1
26	梁婆傅氏	1985		坤山艮向	左：前案照真穴 右：后山出贤孙		阴刻	阴刻	1
27	梁臧云	1963		庚山甲兼申寅	左：声名垂后不朽 右：吉地长发其祥		阴刻	阴刻	1
28	梁公利常	1985		申山艮向	左：千龙归穴地 右：万向勇贤孙		阴刻	阴刻	1
29	梁公允禄	1985	永垂千古		左：立碑千日苦 右：报答祖太恩		阴刻	阴刻	1
30	梁公博章	1979		申山寅向	左：申山生贵子 右：寅向出贤人		阴刻	阴刻	1
31	梁婆姚氏	1979		申山寅向	左：古迹千年永久 右：儿孙万代荣昌		阴刻	阴刻	1

续表

序号	墓主姓名	立碑时间	对联			对联字体刻法			对联数
			横批	山向	碑柱对联	碑帽	碑身	碑柱	
32	梁婆陈氏	1994		庚山甲向	左：建碑醉慈哺乳意 右：筑墓报母勤劳恩		阴刻	阴刻	1
33	梁婆谢氏	2005		申山寅向	左：坟对青山山不老 右：墓朝绿水水长流		阴刻	阴刻	1
34	梁婆杨氏	2016		庚山甲向	左：千里来龙归此地 右：万代富贵在其中		阴刻	阴刻	1
35	梁公臧华	2016		庚山甲向	左：一堂财水千秋盛 右：四面文峰百代兴		阴刻	阴刻	1
36	梁公博臣	2003		庚山甲向	左：思父朝夕千般苦 右：念祖立碑万代兴		阴刻	阴刻	1
37	梁厚孝	2008		庚山甲向	左：立碑作纪念 右：筑茔表儿心		阴刻	阴刻	1
38	梁公博斌	2000		坤山艮向	左：坟前文峰左右顾 右：墓后沙水上下抱		阴刻	阴刻	1
39	梁公利江	2007		坤山艮向	左：家业随阴到地府 右：寨邻尽心立墓碑		阴刻	阴刻	1
40	梁博远	1997		坤山艮向	左：青龙入墓千万代 右：白虎出案富贵来		阴刻	阴刻	1
41	梁厚辉	2008		坤山艮向	左：虽然年少入净土 右：旦愿儿孙有后福		阴刻	阴刻	1
42	梁公臧和	2008		坤山艮向	左：福地得天独厚 右：后人家旺路宽		阴刻	阴刻	1
43	梁婆张氏	2011		坤山艮向	左：灵山宝穴千古秀 右：瑞彩祥云万年昌		阴刻	阴刻	1
44	梁公亨文	1970		坤山艮向	左：垂碑祭祖千秋远 右：为父怜恤泣古坵		阴刻	阴刻	1
45	梁公厚兴	2006		申山寅向	左：龙盘虎踞生贵子 右：山明水秀起文昌		阴刻	阴刻	1
46	梁公博国	2013		庚山甲向	左：千里来龙文昌水 右：九重下雾玉带腰		阴刻	阴刻	1
47	梁公臧兴	1989			左内：仰天有魄高照儿孙 右内：葬地藏金依老祖先 左外：痛念父母垂碑祭墓 右外：振亲养育醉表心情		阴刻	阴刻	2

续表

序号	墓主姓名	立碑时间	对联			对联字体刻法			对联数
			横批	山向	碑柱对联	碑帽	碑身	碑柱	
48	梁婆刘氏	1999		坤山艮向	左：从立墓碑龙脉望 右：佑启后人荣发昌		阴刻	阴刻	1
49	梁婆莫氏	2012		庚山甲向	左：愿祖婆神魂安妥 右：望世代发达荣昌		阴刻	阴刻	1
50	梁公博源	2009	万古佳城		左内：自古大龙照大穴 右内：常留福地等福人 左外：青山绿水朝祖坟 右外：明月众星照佳城		阳刻	阴刻	2
51	梁公博超	2014		庚山甲向	左：良山贵向乘生气 右：玉水藏风永吉祥		阴刻	阴刻	1
52	梁公博辉	2000		坤山艮向	左：青龙护穴发富贵 右：白虎作案万代昌		阴刻	阴刻	1
53	梁公博恩	1990		申山甲向	左外：青龙拥护千千旺 右外：白虎扡家万代兴		阴刻	阴刻	2
54	梁公博文	2006		庚山甲向	左：垂碑千古作纪念 右：儿孙万代报祖恩		阳刻	阴刻	1
55	梁婆莫氏	2007	万古佳城	坤山乙向	左：立碑千年留古记 右：儿孙万代启荣昌	阳刻	阳刻	阴刻	1
56	梁婆李氏	2000		申山寅向	左：龙飞凤舞出贤孝 右：山环水抱产英杰		阳刻	阴刻	1
57	梁公博明	1989		庚山甲向	左：向朝前山发富贵 右：坟坐穴地出文人		阳刻	阴刻	1
58	梁婆杨银秀	1992		庚山甲向	左：坟前文峰左右顾 右：墓后彩带连九州		阴刻	阴刻	1
59	梁公博顕	2006		庚山甲向	左：立碑千年左古记 右：九重下雾玉带腰		阳刻	阴刻	1
60	梁厚国	2006	万古佳城	庚山甲向	左：山青水秀龙脉旺 右：文峰接就子孙贤	阳刻	阳刻	阴刻	1
61	梁公博松	2000		庚山甲向	左：坟前珠宝护穴地 右：墓后彩带连神州 原碑联		阳刻	阴刻	2

续表

序号	墓主姓名	立碑时间	对联			对联字体刻法			对联数
			横批	山向	碑柱对联	碑帽	碑身	碑柱	
62	梁婆李氏	2013		亥山巳向	左：坟前来龙车马过 右：墓后有军驻扎营		阴刻	阴刻	1
63	梁公博富	1992		亥山巳向	左：二龙抢宝护穴地 右：盘山雷达观凌霄		阴刻	阴刻	1
64	梁婆杨氏	1970 1989再立		壬山丙向	左：壬山来龙护穴地 右：丙向儿孙万代兴		阴刻	阴刻	1
65	梁婆龙氏	1949		壬山丙向	左：虎踞龙蟠开甲第 右：山明水秀起人文		阴刻	阴刻	1
66	梁公臧平	2016		壬山丙向	左：江山千古秀 右：子孙万代福		阴刻	阴刻	1
67	梁婆杨氏	1987	慎终追远		左：勤劳恩深恨难报 右：养育大德实难忘		阴刻	阴刻	1
68	梁公臧吉	1987	佑启后人		左：松竹青青护穴地 右：明月朗朗照墓前		阴刻	阴刻	1
69	梁婆陈氏	1989	万古流芳		左：山青水秀龙来往 右：文峰结字子孙昌		阴刻	阴刻	1
70	梁公臧忠	1970 1989再立		乾山巽向	左：立碑纪祖人丁旺 右：儿孙万代荣发昌		阳刻	阴刻	1
71	梁公臧寿	2000重立	万古佳城		左：巍巍群山作卫士 右：涛涛溪水起吼声		阳刻	阴刻	1
72	梁公臧碑	2001	万古流芳		左：孙换祖碑更发旺 右：扭转乾坤起文昌 原左：高照儿孙旺千秋 原右：山明水秀生贵子		阳刻	阴刻	2
73	梁婆杨氏	1981	佑启后人		左：岭上梅花香 右：墓前明月亮		阴刻	阴刻	1
74	梁公博贵	1991	万古佳城		左：画龙起舞护穴地 右：彩凤展翅出贤孙		阴刻	阴刻	1

附录五 调查日记选

2018年3月18日 星期日 阴雨

在经过高铁、中巴车的几次周转后,踏入辽家坳,开始了不知为期几何的田野调查。这一路对我个人而言,将注定是不平凡的。

在叶老师的好言请求、房东老板姚敦科叔叔的大度接纳下,我住进了单独的房间。水、电、卫生间等都十分便利。稍显遗憾的是房间里没有网络,不过这并不影响我的思考和写作。此时我的内心十分笃定。

在安顿好后,叶老师和我去后山走了走,了解了一下当地的地形、物产等基础性的资料。算是为以后的学习和生活打下基础。

2018年3月25日 星期日 阴雨

持续了好几天的阴雨天气,室内稍显寒冷。经过一个星期的体验,对辽家坳的天气、市场等有了较为初步的了解。还观测到了一些诸如指路碑、墓碑、神龛、土地庙、观音庵、飞山庙等文化现象。但由于调查前资料准备的不够充分,吃了亏。认为当地文化的民俗性明显大于历史性,即是说:怀疑当地文化的历史性不能支撑我的论文写作中"学科本位"的要求。

叶老师也经常收集相关资料,并通过翻阅《镇远府志》《黔记》等书,在其中发现问题,并及时讲解给我听。这对我来说,是极为宝贵的,是"灵魂学习"的过程。

我们每天都会到自然寨走访,叶老师主要是因驻村需要,而我却是调查的需要。在田间地头,房前屋后和当地的老年人交流,大量了解民间老百姓的生活状况。叶老师有时会给一些老年人现金,当然更主要的是关心老年人的生活,从情感上给予了当地老人极大的鼓舞。故很多老年人在第二次见到叶老师时，会主动热情地打招呼，而且还嘘寒问暖，完全改变了第一次见面时那种隔膜、不信任甚至仇视的心态。叶老师认为，生活是学习的一种形式，而学习本身就是生活。多年来将学生带向田野，也是让他们达到感知生活的目的。

2018 年 4 月 3 日　　星期二　　晴

今天，村里的事情少，早上过后就不忙了。中午饭后，我跟随叶老师来到了邻近的响水村的安定沟。在与几个老人家交流后，对那里的风俗习惯等有了进一步了解，跟辽家坳似乎有些区别，但我又说不清楚具体区别在哪里。

我们在安定沟找到了乾隆时期的墓碑，将我们对"当地有人居住"的时间大大向前推移了，我们对墓碑进行了释读和抄录、拍照等，有点"断代工程"的味道了。在回来的时候，我们见到了矮脚楼样式的房屋，对于楼居建筑的写作应该是有所帮助的。而对于"安定沟"这一地名的取名，我们认为显然是在明代修建镇远府之后的事情。

2018 年 4 月 5 日　　星期四　　清明节　　晴转暴雨

今天是清明节，村里放假，叶老师也有时间陪我搞调查。在罗家寨刘太裕老人的邀请下（前段时间商量好的，过清明节叫我们），我们到了距离辽家坳两个小时步行路程的黄泥岗参加刘氏家族一年一度的清明节聚会。

聚会很热闹，上坟山挂清明纸的过程也很好玩，在刘太裕老人的讲解下，我也了解了很多关于当地清明节习俗的内容。这将成为我接下来写作相关章节的基础性材料。折清明纸，刘姓老人们的眼中充满了笃定和虔诚。那种对先祖的敬畏之感，深深地打动着在场的每一个人。聚餐习俗十分热闹，基本上聚集了当地刘氏家族的男女老幼，有很多年轻人都是今天从其他地方开车赶来的。足以见得当地人对于清明节的重视。刘太裕老人说：过年可以不回家，但是过清明节却是需要回来的。

午饭后，我跟着叶老师来到了当地的家族族长家里，在族长的允许和指引下，我们对《刘氏族谱》进行了拍照。叶老师向刘氏家族到场的人讲解了家谱中那些具有极强教化意义的内容，还跟他们讨论了每年清明节"晒谱"的习俗，同时对刘氏家族小辈小孩们表达了"学习家谱，传承文化"的意思。

2018 年 4 月 7 日　星期六　晴

今天，我们去到了白崇寨。本想是对当地的历史文化进行了解和调研，却因为一件不愉快的事情的发生而中断了调查。

走进白崇寨，我们并没有能感受到历史的积淀给这个自然寨带来的历史厚重感，反而在见到一座"观音庵"后，被本来简短的几个字带入了沉思。"北崇灵山民圣古吉"几个字的书写（如图1所示），显然是不符合"白崇"古寨的历史地位和文化积淀的厚度的。当时很多妇女以为我们是"某某暗访组"的人，对我们的防范态度异常严厉，甚至有冷嘲热讽掺杂其中。这种状态让我们察觉到今天的调研注定是不顺利的。果然，在我们即将去事先

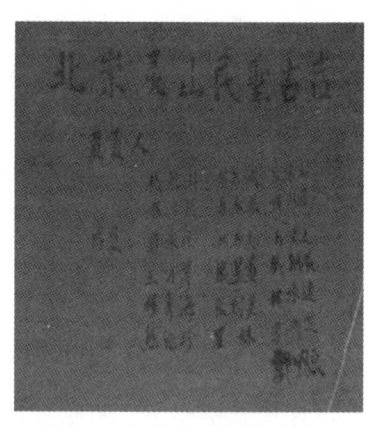

图1　北崇灵山民圣古吉

说好的"给饭钱吃饭"的一户农家时，他家的儿子急匆匆地朝我们走来，一定要我们离开，否则就不客气。在好好解释无果后，我们选择了离开。

后来的那家男主人给我们讲了当年他们如何被一个打着治病救人幌子的"和尚"骗取几千块钱的事情后，我们也就释然了。或许，这本身也就是一种调查，或者说本身是一种乡土生态。只是觉得有点委屈了我的老师。

2018 年 4 月 21 日　星期六　阴

今天又是赶集天，辽家坳的赶集通常在早上进行，一般在中午十二点过后就陆续散场了，当然十冬腊等月的赶集时间要长些。

来辽家坳这些天，虽然对"烧蛋"习俗有所了解，但都不够系统。今天早上决定对"烧蛋"习俗做深入调研，以期为后期写作收集具体翔实的资料。来到"烧蛋"处，大大小小的摊位十几家，神婆们都在富有激情地为"烧蛋者"答疑解惑，而旁边一些围观的人不时发出阵阵笑声，在集市的另一头都可能听得见。

我对该习俗的过程做了记录，并在适当的时候拍照。拍照引起了部分神婆的警觉，担心我是上级领导派下来长驻辽家坳进行暗访工作的，故她们显得有些拘谨了（但愿是我想多了）。

晚上和叶老师专门讨论了"烧蛋"问题，在叶老师的启发下，我们认为，该习俗之所以在辽家坳地区长期存在并散发出了地域文化的特色，其实就是因为"烧蛋"习俗对于当地人来说具有极为重要的作用。即："烧蛋"对于当地人来说，是一种价值导向，在很多时候能够给人们提供解决生活中遇到的问题，尤其是心理问题以指导性的作用。

2018 年 6 月 1 日　　星期五　　雨

今天是六一儿童节，是孩子们的节日。辽家坳全体驻村干部和本村的村干部一起，到学校陪同孩子们一起过节，送去了很多礼物表达关心、支持和慰问。包括文具盒、本子、书包等等。

2018 年 6 月 13 日　　星期三　　阴　晴

今天，叶老师去辽家坳村最远的良里沟做工作。我也和他一起去了。

回来的时候，我们为了能够更加深入地了解和感知当地的文化，从良里沟转冽洞村界。在路上，我们见到了鹅卵石铺成的路，接着又见到了大石块铺成的路（如图 2 所示）。大概一两百米长。我们如获至宝。叶老师向我分析了当时这里作为交通孔道的大历史背景，并推测这就是历史上遗留下来的"古道"。

图 2　大石块铺成的路

通过白天观察到的"古道",结合当地历史上的交通地位以及方志中的相关记载,我们有理由相信,这是一片在历史时期曾留下无数繁华脚印的热土,是值得当地人去热爱和守护的地方。

2018年6月14日　星期四　小雨转晴

今天,我们来到了冽洞村的枫榜自然寨和矮子沟自然寨。开始的目的是想对当地杨氏家族进行历史文化调查。

到了冽洞枫榜寨,通过杨政兰老人家,我们了解到当地的杨姓与欧阳姓不开亲。此地原为雷姓居住。在入寨的车路旁不远处有雷姓祖坟(到现场确认无误)。我们对杨氏家族的墓碑进行了释读和拍照,了解到当地杨家至迟在那里生活了15代人,亦即是最少在此地生活了300年。

在回来的路上,途中矮子沟地遇到了一位热心家族历史文化的老年人,老人姓欧阳,名广坤,70岁。刚放羊回家,叶老师在与他交谈几句后。正逢欧阳广坤老人的两个孙子跑来向他们的爷爷汇报单元考试成绩,两个都比较优秀,其中一个成绩更好。叶老师分别奖励了两个小孩20元、10元表示鼓励。欧阳广坤老人很高兴地拿出了他们的家谱,供我们翻阅(如图3所示)。欧阳氏在历史上曾几次改姓"杨",这与特殊时期杨氏家族的强大以及其作为地方统领对当地的苗民起事的镇压有很多的关系。

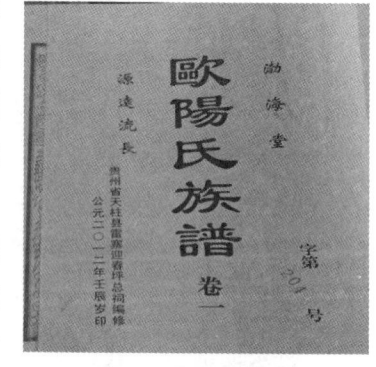

图3　欧阳氏族谱

据了解,欧阳氏到此地已经历九代人,从凯里到此的原因不详,此地原为罗姓居住,卖给了欧阳姓。欧阳姓来此地时应为帮工。

2018年6月15日　星期五　晴

应方寨杨海艳姐姐和其爸爸妈妈的热情邀请,我和叶老师去到她家吃饭。杨叔是一名退休教师,在当地影响较大,且对当地的教育做出过较为重大的贡献;阿姨是一位热情、温和、大方、善良的女性,脸上经常都是挂着笑容。杨姐姐也是一位见多识广的现代女性，30多岁，现在在凯里做童装生意。这一饭之缘还得回溯到几天前我在方寨搞调查时从田坎上路过的情景，彼时正好阿姨和姐姐提着一大桶田螺回家。在了解我是一名学生后，她们对我的工作很是支持，也向我介绍了她们杨氏家族在方寨的情况以及方寨其他姓氏的情况。杨家到方寨居住已十多代人。

杨姐姐一家让我再一次感受到了黔东南人的热情。感谢感谢！！！

2018年8月22日　星期三　晴

还是决定将论文初稿完成了再回到贵阳安安心心地看书考博。今天晚上和叶老师聊到了何时回学校的问题，他询问了我的论文写作情况，我也如实地向他作了简单的进度汇报。深感时间的紧迫和生活的无奈。

如果提前回去，固然可以去省图、旧书市场、图书馆等地方寻找相关的文献资料对论文进行补充，但不确定的是，回去之后难免有很多不该有的杂事缠身，有很多时候不是想推就能推得掉的，毕竟人是社会性动物，有人的地方就有江湖，而有熟人的地方江湖也就显得更加复杂。

按照这样的写作进度，论文初稿可能要在九月中旬才能完成。是否可以考虑将一些原本想写的减去，节约时间以备考？但既然已经做到这里来了，似乎又有些舍不得删除，这就矛盾了！或许真要等到必须舍弃的时候才能果断地舍弃吧。但有些比较明显的与论文结构关联不太大的内容是可以大胆删除的，实在想写也要留在后面，等时间充裕的情况下再来写作。

加快进度写作，因为时不我待，还有更远的路要走！

2018年8月23日　星期四　雨转晴

今天是较为浓重的月半节，也就是中元节。关土龙姓一老人家因孩子龙仙考上了我们学校我们学院社会学专业，请叶老师去吃饭，相当于过节了。叶老师顺便把我也带上了。

主人家甚是热情，满满的一桌子菜，饮料总是还没有喝完又满上了。叶老师在饭间对考上大学的龙仙同学提出了建议和期望。

晚饭结束后，我们坐在院坝聊天，讲到了关于村委会相关工作人员的经济问题，民间的很多不满情绪正在以极快的速度蔓延，随时都有矛盾集中爆发的可能性。一系列的聊天给我了很重要的启示：人之为人，重在信；人之为官，重在廉。

回来的路上，有很多人在路边烧袱包，也即是月半祭祖活动。这里的月半气氛非常浓重，保留了当地较有特色的历史文化。之所以在路边烧，是因为当地人认为其祖先会骑着马从大路上来领取纸钱，以在阴间享用。除了在路边烧纸外，当地人还会在土地庙去烧纸，以表达对于土地公和祖先神灵的敬畏。

叶老师总是喜欢叫我拍上一张照片，"拍一张"似乎已经成为他的口头禅。当然这也是好事，很多文化现象需要用图像的形式记录下来，以后追述的时候就更加清晰了。我也不知为什么，在他分析这种文化现象的时候似乎没有了多大的兴趣，这种带不了直接经济利益的文化事项仿佛成为一种空谈和奢侈，当然事实并非如此。

2018年8月24日　星期五　晴

我也不知道自己选择的这条路正确与否，时常在经历了很多思考后往往再一次对自己提出这样的问题。区域社会史的研究固然是现在历史学研究领域的一个重要的突破点，很多所谓的学者也因此而取得了很大的建树，但作为我们这样的毛头小子而言，基础性的东西什么时候才能得到更多的补充呢？每每和别人谈起历史的相关话题，总有种自己不是学这个专业的学生的感觉，更别提这个毫无权威可言的硕士研究生了。因为我仿佛什么也不知道。

很想静下心来写一部关于教育改变农村面貌的小说，以自己的求学生涯为主线，以农村社会变革为暗线，将历史的变迁以教育的方式表达出来，形成记录的历史，探寻历史的记录。我觉得这是有人文情怀的、有温度的学术！

"大历史"与"小历史"的重新认识

晚上在和叶老师散步的时候,叶老师突然谈到了对于"大历史与小历史"的不同认识,觉得很有道理,记录和分析如下:

原来理解的"大历史"更多的是"王朝历史",是以中央王朝的统治者所进行的政治、经济、军事等为主要线索的历史,因历史以来以王朝为大,故称王朝史为"大历史"。但在一系列的社会调查和实地研究中,通过对区域社会运行的方式进行观察和总结,区域社会所涵盖的信息量似乎要大得多,从这样的角度出发,叶老师认为王朝历史相反为"小历史",而社会史因涵盖面更广而应被称为"大历史"。这样的认识似乎颠覆了以往的认识,以给以后的教学内容提供了一种新的思路。

2018年8月25日 星期六

今天的论文写作没有多少思路,感觉一天就这样白白浪费掉了。论文写着写着就觉得很多东西已经说不清楚了,或许是调查得不够深入,访问得不够勤奋?明天要对这些细节性的东西进行较为深入地调查和了解了,不然回到学校后想要顺利地完成写作将会是一件极为困难的事情。

论文的字数达到了106 666字,单从字数来论,早已适应于去写一篇博士论文了,可质量却总是让自己非常担心。写不出质量的话,似乎再多的数量也起不到论述中心思想的作用,对自己论文最后结论的提出毫无帮助。有效字数成为现在我较为担心的一个问题。每过那么几天,写作便会遇到一个瓶颈,我也不知道怎么去突破,或许这就是一种考验吧。

2018年8月27日 星期一

似乎又是较为蹉跎的一天,虽然论文写作有点字数,但还是没有能逃脱拼凑字数的怪圈。感觉自己的论文质量提不上去,到底能达到什么样的程度心理也没有谱儿。

叶老师要求我尽快将论文初稿写出来,集中时间进行考博的准备。

这段时间同时还要对英语开始较为系统的复习,以积累更多的词汇量和基础知识。

2018 年 8 月 30 日　星期四

也许是即将离开这个待了 5 个多月的地方,有些小小的伤感,苏东坡的词瞬间涌上心头,尤其是其中"也无风雨也无晴"句更是让人有种莫名的忧伤。

定风波·莫听穿林打叶声

苏　轼

莫听穿林打叶声,何妨吟啸且徐行,竹杖芒鞋轻胜马,谁怕?一蓑烟雨任平生。料峭春风吹酒醒,微冷,山头斜照却相迎;回首向来萧瑟处,归去,也无风雨也无晴。

人生之际遇万千,我再一次成为辽家坳的时间过客,转眼间过去了 5 个多月。离开时,似乎觉得有些什么不一样,或许是不舍,也或许是高兴。我将这首词自己谱了曲,来表达自己离别时的悲凉之情。曲听起来自己都觉得有些悲凉,也会忍不住流下一些多情的泪水。愿今后无恙。

太多的感谢的话显然已经表达不了我对这片土地,这片土地上的人们的热爱。感谢叶老师一直以来的关心照顾、鼓励启迪以及为我写作和学习提供的一切,谢谢!感谢房东老板姚叔、阿姨提供住宿,并多次请我吃饭。感谢村委的几位领导、哥哥姐姐等。感谢吴大旬老师及其中途带下来调研的辽家坳村寨志调查小组各位成员。感谢毛威、廖梦迪、李林照、龙世英、杨建武、杨双丽等师弟师妹陪同调查和讨论,感谢杨春燕老师在镇远县城请客吃饭……当然也还有许许多多没有来得及感谢的人,谢谢你们。纸短情长,不赘述。

出版致谢

拙著能够有机会出版，首先要感谢硕导叶成勇教授的抬爱。突然接到老师"修改增删后出版"的邀请，并承诺提供出版经费，那种激动的心情难以言表。因为作为一篇硕士学位论文，说实话我自己对出版是没有信心的。但既然老师提出了这个想法，我也就只能硬着头皮去努力使书稿更加完善。叶老师要求我在硕论的基础上增加关于"婚姻"和"丧葬"两部分，以充实书稿内容，我顺便也将写好的关于"烧蛋"习俗文化的内容加上，书稿勉强达到了十六七万字的规模。

接到叶老师出版"指令"，我再一次将自己原来的田野日记拾掇起来，重新翻阅，希望能够从中找到灵感，也联系了一同在辽家坳做田野调查以编修村寨志的张开富、唐志美等师弟师妹，向他们询问相关的调查情况，得到了很多有用的资料和启示，特此感谢。因为路途遥远，修改过程中遇到的为调查深入的问题只能通过电话调查的形式补充，这就得益于村委会罗世洁罗姐的几次三番不厌其烦地讲解并鼓励，在此深表感谢。罗家寨杨海燕姐姐在接受我微信采访的时候，积极为我解疑答惑，在她自己不知道的情况下，还替我打电话咨询她的家人，十分感动，在此再次表达感谢。在"烧蛋习俗"部分的写作，得到了博导杨老师精心的指导，其高屋建瓴的认识思维和角度，都对该部分提出了行之有效的指导。

叶老师在我的写作过程中自始至终都充当了"参与者"的角色，每当遇到具体细节上的疑惑，总能在与叶老师的聊天过程中得到解答，这是拙著能够得以成型的关键和基础，万千语言，难以表达感激之万一。出版社的李欣老师，在校稿过程中耐心、负责、包容的态度以及不时的鼓励，使得我倍感放松和感动，深表感谢。出版社的审稿专家们对文本提出的修改意见都经精准到位，看了之后让我受益良多，特此致谢。在修改书稿修改的过程中,毛威、李宁阳、聂开吉、赵永芬等师弟师妹帮忙查看错别字,感谢所有提供帮助的同学、朋友、师弟师妹。感谢硕导、博导两位老师百忙之中为拙著写序,学生定朝着你们期待的方向努力。

  拙著出版,是对自己的一种敦促。希望自己能在以后的学术路上积极追求上进,追求真善美的学术,秉着"做良心学术"的认知理念,继续在长时段的磨炼中成长。已然集多种宠爱于一身,何不奋力拼搏以求更善更美?绵绵用力,久久为功,不骄不躁,不卑不亢!

2020 年 10 月 15 日
于北民大 1-336 寝室